林肯传

[美] 理查德·布鲁克海瑟（Richard Brookhiser）/著
谷 华/译

Founders' Son

A Life of Abraham Lincoln

中国人民大学出版社
·北京·

目　录

引言

两个老人，一个年轻人

在林肯 20 多岁的时候，美国最后一位国父与世长辞。国父们赢得独立战争的胜利后又制定了宪法，但岁月流逝，他们相继辞世。一些心思细腻的人抓紧时间，赶在这些开国功臣辞世之前，记录下他们对美国的前景和问题所做的种种思考。

前来美国研究美国政治制度的法国青年亚历克西斯·托克维尔（Alexis de Tocqueville）就是其中的一个。1831 年 11 月，亚历克西斯·托克维尔拜访了最后一位在世的美国《独立宣言》签署人、94 岁高龄的查尔斯·卡罗尔（Charles Carroll）。卡罗尔是马里兰东海岸一位富有的种植园主。看见卡罗尔，托克维尔首先想到的便是英国贵族——友善、儒雅而尊贵（托克维尔写道："他的腰杆总是挺得笔直。"）对独立战争那段光荣岁月，以及自己对独立的捍卫和坚守，卡罗尔深感自豪。在《独立宣言》结尾，各位签署人宣誓用自己的全部生命、财产和荣誉来支持独立战争。卡罗尔告诉托克维尔他宣誓的财产在整个美国是"数额最大"的。（卡罗尔在宣言上签名时，另一位签署人带几分怨怒，又带着几分幽默说"那得有好几百万"。）

独立战争胜利了，卡罗尔的巨额财产也保住了。但他却开始为自己亲手打下的江山忧虑起来。在他看来，美国变得越来越过于民主了。他深切怀念马里兰过去的贵族制度，按照这种制度，是否拥有选举权是由财产的多少来决定的，但这个制度却在1810年被废除了。(在1810年以前，没有40英亩土地就没有选举权，这对卡罗尔来说根本不在话下，因为他拥有13 000英亩土地。)他担心未来还将有更多的变革。采访结束时，他告诫托克维尔"纯粹的民主不过是滋生暴民的温床"——这种民主就是异想天开，还可能导致血腥暴力。幸运的是，美国有一个安全阀——"每年我们都会把那些革新分子驱逐到西部去"。这就是卡罗尔眼中的美国边疆，一个"投放民主主义者的垃圾填埋场"。1832年，卡罗尔离开人世。

1835年2月，另一位求知若渴的访客叩响了最后一位在世的宪法签订人詹姆斯·麦迪逊（James Madison）家的大门。这位访客是哈丽雅特·马蒂诺（Harriet Martineau），她是独立研究美国的英国作家。93岁的弗吉尼亚人麦迪逊比卡罗尔更加尊贵，他不仅签署了宪法，还是这个国家的上一任总统，不过他的身体却不及卡罗尔灵便。因为风湿，他只能终日坐在卧室一角的椅子上——那是他最喜爱的椅子。但是他思维活跃，言谈机智。马蒂诺明显为他所倾倒，称赞他"棒极了""活力四射""童心未泯"。而麦迪逊的政治理想也完全符合他乐观的性情。和卡罗尔不同，麦迪逊不但不惧怕民主，他还是一位典型的民主政治家，他和他的挚友托马斯·杰弗逊（Thomas Jefferson）共同创建了一个政党(起初名为共和党，后更名为民主党)，这个政党统治美国政坛30

余年。用马蒂诺的话说："麦迪逊愉快地相信美国人有能力进行明智的自治。"

但对于这个国家，麦迪逊也有他自己的担忧——奴隶制。和卡罗尔一样，麦迪逊也是一个种植园主、一个奴隶主。他从小到大见惯了这种制度，所以这个罪恶的制度他一清二楚。他坦诚地同马蒂诺谈论奴隶制，并认为奴隶制让奴隶处于永远的恐惧之中。就算身体没受到残暴的对待，奴隶的头脑也会因这种制度而变得鲁钝。

这个国家怎样才能结束这种罪恶呢？麦迪逊认为，最理想的办法是解放奴隶（不过他还没有解放自家的奴隶），可这些获得解放的奴隶又将何去何从呢？自由州不欢迎他们——许多州已经颁布了严格的法律禁止任何黑人移民；加拿大对他们来说又太冷——在麦迪逊看来是这样；也许可以把他们送回非洲。（但马蒂诺认为这个方法行不通，因为美国奴隶是美国人，他们不会愿意离开美国的。）在奴隶制问题上，这位最后的国父"几乎彻底绝望了"。1836 年，麦迪逊也与世长辞了。

老去的父辈为自己留下的江山忧心如焚，年轻的继承者又何尝愿意看到他们离去？父辈总要先走一步，这是自然的规律。可这么一来，责任和忧虑就要落到下一代人的肩上了。

1838 年 2 月，林肯在伊利诺伊州的"青年学园"上发表题为"我们的制度万古长青"的演说。这次演说是与父辈的挥手道别，也是对前路不无忧虑的展望。

那时的林肯再过两周才刚到 29 岁，在政途上可谓乳臭未干。

没有好奇的外国人来拜访他，他的讲话也只是刊登在《桑加蒙日报》(*Sangamo Journal*) ——一份地方报纸上。

伊利诺伊州就是卡罗尔跟托克维尔说起的“西部”，那里几乎是美国文明的边陲。就在 6 年前，在伊利诺伊的西北部还发生了一场印第安战争（林肯参加了这场战争）。林肯的父亲靠做农活和木匠活维生，而他自己则除了外债一无所有，所以绝不会有人错把林肯当成英国贵族。二十几岁的时候，从船夫到小职员，从小店主到邮政局局长再到测绘员，林肯什么都做过。最后他决意从事政治和法律，并通过选举进入州议会，和一位比他年长的官员做了法律搭档。日常生活中，林肯接触的多是民主主义者，而他决意追求的生活正是在民主政治和立法的阶梯上不断攀登。

林肯是自学成材，他受过的学校教育加到一起不到一年，而且是在那种只有一间屋子的乡村学校。他在“青年学园”上的演说就留下了这种非科班出身的痕迹：虽然精心设计，但刻板僵硬，却还有点华丽，像一件还没上过身的西服。他的演说中有一句话预示着一个伟大领袖的崛起，那是在演说结尾说到国父的时候，他说：“前来进犯的敌人永远做不到的事情，时间这门沉默的大炮做到了……他们都已远去。”把时间比作“大炮”是诗的语言，有着诗的力量和朦胧之美。“大炮”是最具破坏性的武器，发出最惊天动地的声响，但沉默的大炮是悄无声息的，比滴答作响的表针还要安静。林肯的这一比喻还有诗的音乐美，动静相映，长短结合。但在演讲其余的部分，林肯的思想和语言时而妙趣横生，时而有待润色。但这没关系，因为在未来的岁月里他有充足的时间来改进自己的语言。

林肯在“青年学园”上探讨的“我们的制度万古长青”指的就是美国民主共和制。他庄严地对年轻人说：“这个体制比以往任何体制都更能从根本上实现国家自由和宗教自由。”这个体制由制宪元勋们亲手缔造，是“勤劳勇敢、以身许国的祖辈留给我们的宝贵遗产”。

而这宝贵的遗产在 1838 年的时候处境如何呢？林肯对此深感忧虑，虽然他那时还没有读到过卡罗尔或麦迪逊在弥留之际的忧思，但他有着同样的担忧。林肯对于“暴民”感想颇多，他大声疾呼：“漠视法律的狂潮正在席卷这个国家。”他还描述了前不久在密西西比、密苏里和伊利诺伊多地发生的滥用私刑事件，以此作为佐证。林肯认为，如果这些猖獗的暴民得不到遏制，那么愤怒的民众便会去求助一个像拿破仑一样的独裁统治者来驯服他们。不过林肯对奴隶制谈之甚少，唯一提到的就是：在离斯普林菲尔德（Springfield）西南部仅 60 英里远的奥尔顿镇（Alton），伊利诺伊的暴民对一名男子实施了私刑，这名男子是一家先锋废奴报纸的编辑。

因为开国元勋相继去世后留下了巨大真空，所以才有了林肯的这次演说和言语间流露出的忧虑。国父们缔造了这个国家并为之鞠躬尽瘁，但随着他们的离去，他们那种忠贞的精神也不可避免地日渐衰微。“我并不是说，（美国）独立战争的光荣岁月在现在或将来会被彻底遗忘，但是和世间其他一切事物一样，那些光荣岁月终将随着时间的流逝而黯然失色，在世人的记忆中渐行渐远。”历史将不断讲述国父们的伟大事迹，但他们已经不在你我中间，他们已经退出了眼下的历史。“他们曾是自由神殿的支柱，可现在，这些支柱已经坍塌，除非我们能够承其宏志，继其伟业，否则这神殿必将崩摧！”

从 1838 年算起，林肯还有将近 30 年的政治道路要走，在这条道路上，他几乎时刻不忘国父们——他们宏大的愿望、他们建立的体制，以及自己该如何实现他们的宏愿、如何保住他们建立的体制。作为立法者和律师，林肯在前人留下的体制内辛勤耕耘；作为政治家，他渴望把自己浸淫在前人的光辉里；作为高瞻远瞩的诗人，他从前人那里汲取灵感并写下震撼人心的辩词。

林肯一再呼唤国父们并不只是为了工作需要，赢得竞选，或是发表精彩的演说，他还要借此解决美国的问题。林肯对这些问题的看法并非一成不变，但在事业的巅峰时期，他致力于解决两个问题：一个是奴隶制问题，也就是困扰詹姆斯·麦迪逊的问题；另一个是民主问题，也就是困扰查尔斯·卡罗尔的问题。林肯的事业在 1854 年步入巅峰，那一年《密苏里妥协案》（Missouri Compromise）被废止，用林肯自己的话说，这件事把他“警醒了”，他以前从未受到这样的触动，而这一巅峰阶段也随着 1865 年南北战争的结束和总统任期的意外终止而告终。

美国从殖民时期便开始蓄奴，国父们也已接受了这一罪恶的事实（林肯认为，这是国父们的无奈之举）。但是，林肯会替国父们辩解说，他们其实希望奴隶制有一天会走向终结，而且他们已经采取措施来遏制它（禁止奴隶买卖，在西北地区废止奴隶制)。他们切实表达了对奴隶制的憎恶，《独立宣言》中第一个不言自明的真理就是“人生来平等”；他们还在多处保持缄默，尽管宪法在多个方面是保护奴隶制的，但却从未明示。(林肯说国父们此举的目的是等奴隶制最终消亡以后，在“伟大的自由宪章”上找不到任何奴隶制曾存在过的蛛丝马迹。)

美国的奴隶制根深蒂固，长期的废奴努力也未能撼动它，现在要怎样才能让它彻底消失呢？（在不同的时期，林肯对奴隶制的最后限期有过不同的设想——遥远的 1893 年、1900 年，甚至是更加遥远的 20 世纪中期。）民主政治论坛会引发危险，但也会带来机遇。如果美国人接受了奴隶制，或者哪怕是对奴隶制无动于衷，那么奴隶制就会向全国蔓延（林肯认为这种蔓延的趋势恐怕在 1850 年之后的几年里已经开始了）。如果少数美国人落选后便转身离开美国（1861 年时他们就是这么做的），那么他们会把奴隶制一并带走，并在出走的路上把共和政府观念砸得粉碎。(一种政府形式要是无法保护自己，那还有什么用呢?）但若是林肯能够让多数美国人相信奴隶制是罪恶的，并说服他们为自己的信念投票，那么奴隶制就会得到遏制。再进一步，如果这批人中又有很多相信联邦是一个值得浴血奋战的目标，那么联邦就会得以保全，而且不必等到 1893 年，奴隶制就会彻底终结。

在上述种种努力中，林肯最重要的盟友就是国父，虽然他们已经不在人世。林肯对斯普林菲尔德的年轻人说：“他们曾是参天橡树的森林，但所向无敌的飓风已横扫整个森林。”为了实现自己的目标，林肯让国父们起死回生。他坚称国父们的原则就是他的原则，他解决问题的方法就是国父们的方法，他用过去来拯救现在。（为使国父们成为他有效的盟友，他首先要对他们微做调整——为了让过去能派上用场，他得对过去有所取舍。）林肯把国父变成自己的父亲，变成即将到来的昌兴的美国民主的父亲。

在林肯看来，通向未来的道路总是始于过去——不管是美国的未来还是他自己的未来。孩童时代，林肯崇拜乔治·华盛顿，奉其为自由卫士；青年时代，林肯从托马斯·潘恩（Thomas Paine）那里学到了对宗教的认识以及如何赢得辩论，前者林肯最终放弃了，而后者林肯则至死铭记；在事业的巅峰阶段，林肯将托马斯·杰弗逊的《独立宣言》尊奉为金科玉律（他援引圣经，将其称为“金苹果”），对宪法序言深信不疑，因为在那里人民被称作自由的受益者和监护人。

一个人如此执迷于象征意义上的父亲，不免让人好奇他与生父之间的关系究竟如何。那么亚伯拉罕·林肯从生父托马斯·林肯那里得到了什么呢？“没学到什么。”林肯在谈论自己的身世时会这么说，而他极少谈论自己的身世。其实，虽然林肯从未开口承认，但他从生父托马斯那里得到了很多。还有几位女子也对他影响深远，其中一位是他的恋人，但不幸早逝了。林肯生命中遇到的最刚烈的女子都是寡妇，首先是他的继母，还有一些是他自己虚构出来的（其中不乏黑人女子）。

林肯以国父为盟友也面临重重险阻。一个很严重的问题就是当时政界其他人也在拿国父们说话，但目的各不相同。这也许是因为国父们是道德典范，超然于现今政治问题之外。帕森·威姆斯（Parson Weems）在他的《华盛顿的一生》（*Life of Washington*）中写道："赐予我们像他那样的个人美德吧，是那种老式的美德成就了华盛顿，个人生活就是真实的生活。"又或许在林肯看来迫在眉睫的问题其实根本不是问题，一切维持国父们生前的状态就可以了。林肯的夙敌斯蒂芬·道格拉斯（Stephem Douglas）就曾质疑说："为什么我们的政府就不能容忍自由州和蓄奴州并存呢？国父当初不就是这样安排的吗？"

又或许国父是错误的甚至邪恶的——持这种观点的只占少数，但也不乏追随者。也许《独立宣言》宣称的"人生来平等"并不是什么不言自明的真理，而是个"根本的错误"，林肯的朋友、前议会议员亚历山大·斯蒂芬斯（Alexander Stephens）便是这么说的。也许宪法并不像其序言中鼓吹的那样要保卫神圣的自由，而是像废奴主义者威廉·劳埃德·加里森（William Lloyd Garrison）说的那样，要保卫奴隶制度，从而"同死亡和地狱立下盟约"，也许我们无须信仰这些拟定、签署并实施了这样错误文件的人。

在国父这一问题上，林肯与异己争持多年。最终林肯胜出，而且胜得合情合理，他一直不断翻阅各种历史记录，为自己寻找佐证，他对国父的理解是正确的，比那时任何与他意见相左的人的理解都正确。

但是在生命接近尾声的那段岁月，林肯发现仅仅依靠国父是不够的。虽然他们设立的体制、怀抱的理想将经受内战的考验，但内战带来的无尽的恐慌和压力让人难以承受。最后可以求助的只剩下那位最伟大的父亲——圣父上帝。可对林肯来说，这位全知全能的父亲只是聆听，却几乎从不开口言语。连万能的圣父也弃他不顾，无尽的孤独吞噬着他的灵魂。

本书并非一本完全意义上的林肯传记或记录林肯时代的历史资料。虽然本书会谈及林肯的婚姻、葛底斯堡战役（Battle of Gettysburg）如何取得胜利以及其他的一些问题，但这些并不是本书的主要内容。本书书写的是一段政治生涯所经历的漫漫长路，还有让这段生涯灿烂绽放的光辉思想。

由于林肯是一个民主国家的政治家，他必须把自己的观点传达给大众，因此他的政治生涯实际上也是他的演说生涯。通过演说，民主政治家自豪地慷慨陈词，警觉地洞察时事，同时勾勒自己的设想，辩护自己的决策。要想获取声望、赢得竞选、行使权力，演说是最重要的途径之一。本书中收录了很多林肯的文字——随笔记下的笔记、国家文件以及旨在让大众能够读到的私人信件，但是书中更多的是林肯的演说——或是面对千百群众的露天演讲，或是在室内的娓娓交谈。林肯无师自通、才华横溢，他不仅旁征博引，而且各种文类体裁都运用自如。年少时的林肯嘲弄《圣经》，历经风雨后的他却醉心研究《圣经》，但是林肯还是时不时地呼唤给他灵感和启迪的诸位国父。

这本书也可谓是一部美国伟人（也就是林肯的前人）转世的历史，讲述那些伟人的言辞和声望如何在激烈的辩论中、在一个求知若渴的男孩对真理的探求中渗入 19 世纪。其他有关林肯的书都已注意到林肯对国父的兴趣，但在这本书里，探究美国建国的历史学家第一次将目光投向了林肯。

最后，这本书是一本训练人们如何思考、如何感知和如何行动的书。诸位国父均是闻名于世的历史人物，林肯也是。如果我们研究林肯如何走进国父的思想，那么我们便也可以走进国父的思想，走进林肯的思想，同时也走进我们自己的思想。

第一章

1809—1830 年：青年时代

林肯在小时候就听说，他的家族中有两件让人忐忑的往事：一件是父亲这边的，一件是母亲这边的。

林肯的爷爷也叫亚伯拉罕·林肯，在 42 岁的时候被人枪杀了。这个林肯是弗吉尼亚人，在独立战争时期担任过民兵队队长，曾率众修建边疆的堡垒。战争结束后，他携家眷来到了肯塔基。1786 年的一天，他正带着三个孩子在地里劳作，突然，一个躲在树后的印第安人朝他开了枪。二儿子赶紧四处求救，大儿子跑去拿枪，而那个印第安人则冲着七岁大的小儿子托马斯跑去，要把他掠走，不过大儿子最终扣动扳机打死了那个印第安人。

托马斯长大后时不时就会给自己的儿子亚伯拉罕讲述那段“传奇”，亚伯拉罕说那段传奇“深深地烙在了他的脑海里”。在“青年学园”的演讲中，林肯说从独立战争的战场上回来的老兵让每个美国家庭都对那场战争有了清晰的记忆。不过给林肯家族带来这种清晰记忆的不是独立战争中的老兵，而是在边疆的暴虐中逃过一劫的幸存者。多年前那次猝不及防的、偶然又无情的枪响险些改写了历史，如果托马斯·林肯随着老亚伯拉罕·林肯一起命归黄泉，那么就不会有后来的小亚伯拉罕·林肯。

1806年，托马斯·林肯在肯塔基迎娶了汉克斯（Hanks）家的南希，也就是林肯的母亲。汉克斯家族也是从弗吉尼亚搬来这里的。一个挥之不去的阴影——通奸——一直笼罩着这个家族，南希出生8年后，她的母亲露西才正式出嫁。而这个阴影又笼罩着下一代人，南希死后多年，老街坊邻居还在盛传她过去与人通奸，说林肯不是托马斯·林肯的孩子，而是这个或那个男人的孩子。亚伯拉罕·林肯的表兄丹尼斯·汉克斯（Dennis Hanks）常常怒气冲冲地对传记作者说，那些"关于汉克斯家族不检点行为的沸沸扬扬的传言"都是假的。可丹尼斯·汉克斯本人也是私生子，他的争辩少有人信。家族中的这个污点亚伯拉罕·林肯心知肚明，但几乎总是缄口不提。

父亲在儿时与死亡擦肩而过，差点断送了亚伯拉罕·林肯来到这个世界的机会，而母亲汉克斯家族惹人非议的道德问题又让他的身世疑云密布。

孩童时代的林肯还学到了另一门重要的人生课程——这次不是关于他自己的而是关于这个世界的。还不到7岁的时候，林肯跟随父亲到自家的田地里耕种，那是一块7英亩的庄稼地。亚伯拉罕要做的是往每一个会长出庄稼的小土包上撒南瓜种——"隔一垄，种一垄；每隔一个小土包撒一次种子"。可第二天忽降大雨，从四周高地上涌下来的洪水淹没了林肯家的田地，南瓜种、庄稼、泥土，所有的一切都被冲走了。

这次洪水没有让林肯憎恶辛勤劳动，林肯毕生都在讴歌辛勤劳动的价值，但不是在农田里辛勤劳动，林肯讨厌农活，他讴歌的是在不断自我完善上的辛勤劳动，对此他有着无尽的激情。但因儿时的那次经历——一整天的努力顷刻间化为泡影，林肯明白了一个道理：我们的努力未必总会得到造化的垂怜，因为造化自有安排。托马斯·林肯先后三次在路易斯维尔（Louisville）以南的肯塔基腹地拥有自己的农庄。他和南希育有三个子女：萨拉（Sarah，1807年出生）、亚伯拉罕（1809年出生）和小托马斯（1812年出生，三天后夭折）。1816年12月，林肯一家离开了肯塔基，穿过俄亥俄河进入印第安纳西南部，林肯在那里一直生活到21岁。

对林肯的母亲南希我们几乎一无所知。她没有给谁写过信，别人的信里也不曾提到过她，我们没有她的照片，也没有关于她的任何可靠描述。丹尼斯·汉克斯在肯塔基结识了林肯一家，并跟随这家人一起辗转搬迁。他回忆说，南希·林肯让他的儿子识字、读《圣经》。她不会写字，连自己的名字也不会写，但她很可能把《圣经》里的故事讲给亚伯拉罕听。丹尼斯·汉克斯对这家人的回忆中有一段跟《圣经》中的一段话有关，而且听起来也的确像记忆中的一个场景。有一天，南希正在织布，亚伯拉罕突然问道，"西庇太（Zebedee）的孩子的爸爸是谁?"［《马太福音》（*Matthew*）27：56提到过"西庇太的孩子的母亲"，西庇太是加利利海上的渔夫，他的儿子詹姆斯和约翰后来成为耶稣的使徒。西庇太的孩子的父亲当然就是西庇太了。］南希笑着赶走自己的儿子说："快走开，你这个小调皮蛋。"丹尼斯·汉克斯说，亚伯拉罕"看见自己难住了母亲，就笑着跑开了"。这种简单的小谜语也许是一个机灵的小孩子能想到的世间最有趣的事情，而南希的回答也是一个忙于家务的勤劳、慈爱的母亲会给出的回答。

1818 年 9 月，南希的叔叔和婶婶去世了，他们与林肯一家是邻居。死因是“牛奶中毒症”，如果牛吃了一种有毒的野生白蛇根，喝了牛奶的人就会中毒。症状非常恐怖，舌头由白色变成褐色，胃痛、便秘、呕吐，三天后死亡便会降临。刚入 10 月，南希·林肯也因牛奶中毒症溘然长逝。临死前，她叫她的孩子们孝敬父亲，善待彼此，敬奉上帝。随后托马斯·林肯鳏居一年，然后回到肯塔基以期再娶。他要找的人是萨拉·布什·约翰斯顿(Sarah Bush Johnston)，他的旧识，比托马斯小几岁，正在守寡。给他们颁发结婚证的人说，这次结合非常迅速。托马斯对萨拉说他们从小就认识，现在他没有老婆而她也没有丈夫，他大老远跑来就是要娶她，要是她愿意，他想马上完婚。萨拉说她得先还清几笔小债务，托马斯让她列一个清单，当晚他就替她还清了债务。然后托马斯便带着新婚妻子和她的三个孩子回到了印第安纳。

萨拉·布什·林肯在历史上留下的印记比南希·林肯的生动清晰。她的寿命比她的丈夫和她著名的继子都长，晚年的时候她还接受了采访。和童话故事（以及现实生活）中那些心肠恶毒的继母不同，萨拉欣然融入这个新的家庭。她让丈夫在家里铺上地板，在墙上凿出窗户，她为亚伯拉罕和他的姐姐萨拉缝缝补补，她给这个被死亡蹂躏的家庭带来了整洁和温暖。

她是个了不起的女人，她注意到亚伯拉罕与众不同。听她回忆亚伯拉罕的童年，你会觉得她的观察敏锐入微、让人叹服。“他不喜欢体力活儿，但他对待知识很勤奋，他渴望知识，要是下力气能学来知识，那他就一定会下力气的。”他是通过倾听来学到知识的，“有长辈来我家的时候，他就默不作声，认真地听……从不说话，也从不问任何问题。他们一走，他就会把他们说过的每一件事弄得一清二楚，哪怕是最细小的事也不放过。接下来他就会一遍又一遍地跟自己重复这些事情，有时候还变换方式重复。直到这些都牢牢记在脑子里的时候，他才松口气。”但他最主要的学习方式还是读书，“只要能弄到手的书，亚布都会去读。要是遇到让他有感触的段落，他就会把它写下来。要是没有纸他就会写在木板上放好，等弄到纸了，再誊写到纸上，一遍遍地看，一遍遍地重复。”

林肯是在学校里学会识字的。很小的时候，林肯两次在肯塔基的乡村学校就读，但都很短暂。在印第安纳，他去过三所学校，但这些学校都是没过多久就关门了。学校能否维持要看这个地方有多少这样的年轻人——他们知道的东西要比自己的学生多，而且他们还得能管住比自己年长的学生。林肯的一个校长姓黑兹尔（Hazel），于是就有学生拿这个取笑，管黑兹尔校长叫“黑枝儿教鞭”。后来林肯慢慢长大，能不能上学就要看他能从农活里挤出多少时间了，林肯在这些学校里就读的时间加到一起不到一年。成年后，林肯说他在那些学校里没有学到什么，但其实他在那里学会写字，学会交叉乘法之前的算术，还学会读书。

他读到了几本流传甚广的启蒙读物，几本热门经典——《伊索寓言》(*Aesop's Fables*)、《天路历程》(*Pilgrim's Progress*)、《鲁滨孙漂流记》(*Robinson Grusoe*)、《天方夜谭》(*Arabin Nights*)节选，还有几本热门传记。读书这门技巧赋予了他力量，让他能够描绘自己、走进自己，摆脱周遭的环境。萨拉·布什·林肯带着同情观望着林肯的种种努力，“他的思想和我的思想，哦，我的思想少得可怜”，萨拉谦逊地补了一句，“我们的思想似乎汇到了一起”。

林肯的生母在他 9 岁的时候就去世了，快到 11 岁的时候他才迎来了他的继母。然而，在他 22 岁以前，他的父亲一直和他在一起。托马斯·林肯抚养他、开发他、塑造他。亚伯拉罕·林肯为父亲劳作，但也排斥他，而且林肯从未承认过自己与父亲有相似之处。然而，他们的相似之处虽然不多，但却非常关键。

林肯的父亲一生都在都在做农活和木工。他的农场不大，亚伯拉罕出生的那个农场有 300 亩地，他在印第安纳的第一个农场有 160 亩地。若是在旧时的马里兰，这些田产足以让托马斯拥有选举权，不过在查尔斯·卡罗尔这样的大人物眼里，他可能根本不值一提。作为木匠，他搭建自家的房子，给死去的家人做棺材，有时还给别人做些木工活。他从未穷得一文不名，也从未欠下巨额债务，事实上，他还曾做过几次陪审员（如果这不是富足的象征，起码也是受人尊敬的象征）。

托马斯属于中下阶层，标志之一就是尽管肯塔基是蓄奴州而托马斯却从未养过一个奴隶。奴隶制也是他远走印第安纳的原因之一。作为一个小农场主，托马斯·林肯惧怕奴工的竞争，但这种竞争在他的新家园里是不存在的，因为印第安纳在 1816 年 12 月也就是他搬去的那个月加入了自由联邦。

印第安纳州本是西北领地的一部分，美国独立后改归美国。它毗邻宾夕法尼亚、俄亥俄河、密西西比河和五大湖区。《西北法令》(Northwest Ordinance) 是治理这块土地的法令，它彻底扫除了奴隶制——“此领地内不得有奴隶或强迫劳动，违者以犯罪论处。”《西北法令》比宪法诞生得早，1787 年 7 月依据《邦联条例》成立的邦联议会投票通过了《西北法令》。新宪法开始实施后，众议院、参议院和总统乔治·华盛顿在 1789 年确认《西北法令》有效。

托马斯·林肯搬离肯塔基更直接的原因是他在肯塔基的土地所有权岌岌可危——那时很多肯塔基人都面临这个问题。这个州的土地所有权问题可谓梦魇——土地丈量混乱、土地所有权不清不楚。而西北领地则不同，那里的土地是政府丈量划分的，土地的归属也一清二楚。在奴隶制和土地这两个问题上，联合政府的立法有着什么样的力量又会带来什么样的结果，这一点林肯一家有切身体会。

林肯一家刚搬去的时候，印第安纳西南部还是茂密的森林，野葡萄铺天盖地，各种古老的北美植物盘根错节、驳杂丛生。刚能拎得动斧头，林肯就被遣去干活，开路拓荒。开完荒还要耕种、收割。12 岁左右的时候，林肯开始飞速发育，活儿干得也更快了。林肯长得太快了，裤子似乎一夜间短了一大截，袜腰和裤脚之间留出长长的空当。是 6 英寸还是 12 英寸长的空当呢，林肯的老朋友们说法不一，人们竞相编造关于这个大个子男孩的种种荒唐故事。但不管林肯的裤子到底多长，从少年时期开始，林肯慢慢长成后来的那个样子：身材非同一般的修长。幸运的是，林肯虽然高高瘦瘦，但浑身是劲，所以尽管谁都笑他，却没人敢欺负他。而且林肯不游手好闲，他在父亲的农庄里干活，他父亲还把他当劳动力租给附近的农场，然后把林肯的工钱揣进自己的腰包。

林肯曾经对他的雇主（也就是他的邻居）说，他父亲教他怎么劳动，却从未让他喜欢上劳动。而林肯没有喜欢上劳动是因为他不是在为自己劳动，在自家的田地里干活儿是一码事，可是被租出去在别人家的田地里当牛做马则是另一码事。虽然那时候把自家人当雇佣工租给别人是常有的事，可不同的人对于“常有的事”有不同的感受，而林肯的感受是“糟糕”。也许就是在给父亲做免费苦力的时候，林肯的心中萌发了这样的想法：一个人有权享有自己的劳动成果，这个想法在日后被林肯打造成一门政治哲学，或者叫政治神学。

林肯的继母说得没错，林肯喜欢的不是农活，是读书和学习。林肯的父亲对此非常矛盾。

托马斯·林肯也算识字，他能读些简单的东西，还能写出自己的名字。他希望儿子比自己强，所以他先后五次把林肯送进学校。虽然每次入学时间都不长，但也要花费一笔钱，有时数目还不小。而林肯长成劳动力后，还意味着为了学习放弃农活，这也可以说是一笔支出。晚年接受采访的时候，萨拉·布什·林肯坚持说，她的丈夫和她一同鼓励林肯求知，“不到万不得已，林肯先生绝不会让亚布放下学习干别的，他会自己先做的”。读书、写字、算术，这些都是有用的技艺，托马斯想让自己的儿子学会这些技艺。

而对亚伯拉罕来说，读书却不仅仅只是一门技艺，它是通往思想与灵感的大门。从喜爱读书这一点也看得出，林肯胸怀大志。不管是在外面还是在家里，林肯随时随地都在读书。在田里犁地的时候，他会带上一本书，每到马停下来歇息，他就会拿出书来读。任何书迷都知道，林肯这样做是因为书会让人着迷。但他这样做也是为了让家人和朋友知道他是多么热爱读书，可这些都是托马斯·林肯无法理解的。

睿智机敏会让一个孩子超脱自己的处境，但托马斯·林肯不喜欢这样。如果有陌生人骑马从林肯家的田地路过，林肯父子同在栅栏边劳作，那么林肯就会抢先搭话，有时他的父亲会为此打他一巴掌。当林肯问他的生母“谁是西庇太的孩子的爸爸”的时候，他的生母会笑着叫他小调皮蛋，可当林肯在他父亲面前耍点小聪明的时候却要挨一巴掌。（萨拉·布什·林肯不记得林肯跟自己抢话，也许是因为林肯觉得和继母之间没有什么要争要抢的。）

这对父子的精神世界是不一样的，林肯肯定是这么认为的。多年后，在为总统竞选写自我介绍的时候林肯说他的父亲“除了会歪歪扭扭地写出自己的名字，什么都不会写”。“歪歪扭扭”这四个字里含着多少轻蔑啊，不过虽有轻蔑，却也有评判：要是我的父亲肯努力，他是能写好自己的名字的，可他不努力，但是我努力了。

托马斯·林肯说过的话里只有一句刻在了林肯的脑海里，晚年的林肯还曾重复过这句话："要是你被宰了，那就更要珍惜这高价买回来的东西。"这句话的意思含混不清，可能是说人要坚持，这一点托马斯·林肯做到了。说是坚持其实也是固执——他只知道死守着一小块农田，而这种生活林肯不喜欢。托马斯·林肯这句格言最明确的意思可能是：哪怕做了不明智的选择，也尽量做到最好。在对待父亲这件事上，林肯并没有遵守这一格言。他的父亲是谁不由他选择，他也没有试图让他的父亲成为自己人生最重要的人。

但是，是父亲给了我们生命，林肯的父亲除此之外更是给了林肯 21 年的陪伴，影响还是有的。

托马斯·林肯懂得节制。在那个年代那个地方，这是非常少见的。19 世纪早期，酒鬼在美国随处可见，一个美国人平均一年喝掉 5 加仑烈酒，有些干重活的男人一天会喝掉一夸克（将近 1 公斤）。但托马斯·林肯没有加入这个全民热潮，据一个姻亲亲属说，他"从来没喝醉过"。而亚伯拉罕和父亲一样懂得节制。

林肯父子身材迥异。亚伯拉罕长到 1.93 米，瘦瘦长长，看上去笨手笨脚，托马斯只有 1.77 米，结实稳健。但父子两人都很强悍。托马斯不轻易展露自己的强悍，但被逼无奈时他就会大显身手。在肯塔基的时候，一个有名的壮汉向他挑战，但在交手时被托马斯打得落花流水，打那以后“再也没有谁胆敢与他较量”。这样的较量是边疆生活的家常便饭，不同群体的人借此恃强凌弱。林肯也曾卷入这样的较量，并也像他父亲那样大败对手。

这种身体对抗都是主动找上门的，因为林肯父子都安分守己。这也是非常了不起的，因为那时群体殴斗的事时有发生，并且往往一发不可收拾，连抓带咬、你死我活。也许是林肯父子不嗜酒，所以能平静度日。

但父子二人最重要的共同点是都会讲故事说笑话。林肯的很多表亲都这样评价这父子俩。约翰·汉克斯认为托马斯很会讲故事，和亚伯拉罕不分伯仲，丹尼斯·汉克斯则坚称托马斯更胜一筹。每每和过路人说话，林肯就会挨父亲的巴掌，这可能是因为他坏了父亲讲故事的好事。在乡下，消遣方式少之又少，除了布道、庭审和选举就只剩下讲故事了。布道一个礼拜一两回，而庭审和选举就更难盼了。但故事只要你会讲，随时随地都能讲。随便哪一个酒吧、商店、哪一家的壁炉前都是讲故事的好地方。人们通过讲故事来传布消息，聚揽朋友，躲避黑暗。

亚伯拉罕爱讲故事是因为他会讲。他不管模仿什么都惟妙惟肖，而且时机把握得很准，因为他喜欢听到掌声。讲故事为他在世上谋得一个角色，这是他出演的第一个角色，也是出演时间最久的一个角色。年轻时期的林肯相貌奇特，还一脸书呆子气，日后随着年龄的增长，他还将再添几个其他的弱点（在女人面前就会害羞、忧愁）。可是只要他一张嘴说话，无论什么样的聚会都会瞬间活跃起来。他还会把自己滑稽的身高和笨拙的举止一起派上用场。一个滑稽的人要是长得也滑稽，那他会变得更滑稽。

讲过那个“西庇太的孩子的爸爸是谁”之后，林肯在逗笑方面的深造也算学满毕业，之后他的常备笑话是低级笑话（更多的是粗俗笑话，有时也讲色情笑话）。林肯的一个法律搭档威廉·赫恩登（William Herndon）曾记录下林肯讲过的一则粗俗笑话，他说林肯最喜欢讲这个笑话，“讲了一遍又一遍”。这也从侧面证明林肯深知如何开发利用自己在讲故事说笑话方面的天赋。这则笑话讲的是“一个大无畏男子汉”的故事。

“曾经有这么个派对，就在离这儿不远的地方”，林肯总会这样开场，“派对上有这么一位，他是那种无所畏惧的男子汉……脑子灵、脸皮厚、沉着冷静、遇事不慌。”“晚宴开始，大家让这位厚脸皮切火鸡。他嚓嚓几声将刀磨好，开始动手了。刀刚落下，他放了个屁，这可是个名副其实的响屁，在座各位听得一清二楚。现场顿时鸦雀无声。不过，我们这位厚脸皮镇定自若，不动声色……这脸皮厚得可谓登峰造极、炉火纯青。他脱下衣服，撸起袖子，又一本正经地把衣服放在椅子上，然后噗噗往手心吐了两口吐沫，再次站回到桌子的主位前，拿起刀，又是嚓嚓一阵磨，脸上没有一丝笑意，也没有一丝表情。接着，他挺直身子，扯着嗓子大声说：‘我就不信了，不放屁我就切不开这只火鸡！’”

屁已经放了，遮遮掩掩也于事无补，不如拿它大做文章。要是长得滑稽，那就整个人都滑稽到底；要是挨宰了做了冤大头，那就更要珍惜这高价买回来的东西。

会讲故事还会在别的方面派上用场，在印第安纳的时候林肯就意识到了这一点。1826年，林肯17岁，他的姐姐萨拉嫁给了邻居艾伦·格里格斯比（Aaron Grigsby）。40年后，格里格斯比家的人还清晰地记得萨拉："她愉快的笑容我至今还记得，而且记得清清楚楚，仿佛昨天刚看见。"可1828年，这个脸上带着愉快笑容的萨拉因难产死去。至此，除了一个与自己不对头的父亲，林肯的血亲都一个一个相继离开了他——弟弟、妈妈、姐姐。1829年，林肯把这口气出在了格里格斯比家人身上，那是在格里格斯比两兄弟一同举办的婚礼上。在朋友的帮助下，林肯让格里格斯比两兄弟进了彼此的洞房，然后他模仿《圣经》的风格写了一段文字，讥讽这次"阴差阳错"入错洞房的事："两位新郎走进洞房……他们的父亲还有信使来到他们面前，大声宣礼。接着所有人手舞足蹈奔了出来，各种乐器声不绝于耳，有人弹拨竖琴，有人拉奏维奥尔琴，有人吹奏羊角。"这算不上多么有意思，但却把邻居们逗得前仰后合。有一个邻居说几十年后在那个地方人们还对此事津津乐道，"比《圣经》有意思"。可见在美国乡下娱乐真是太少了。

愚弄格里格斯比家的人也不能让萨拉起死回生——愚弄谁都不能唤回已经踏上黄泉之路的人，但这可以让人从烦恼中暂时解脱。如果生活让你受了委屈，那么一个好笑的故事会让你得到暂时的解脱。

1830年林肯21岁那年，这家人又举家搬迁，这次是搬到伊利诺伊。一年后，亚伯拉罕与托马斯分道扬镳。

打那以后林肯与父亲极少来往，两人之间也没什么事值得细说。托马斯继续他的农耕生活，托马斯已经和约翰·约翰逊建立了亲密的父子关系。约翰是萨拉·布什·约翰斯顿与第一任丈夫生的三个孩子中排行最小的，和他的继父一样，他也是一辈子务农。萨拉·布什·林肯最器重的是求知若渴的继子林肯，而托马斯最疼爱的则是甘于躬耕的继子约翰逊。1840 年以后的 10 年里，托马斯和约翰逊动辄就为了些小钱联系林肯。亚伯拉罕替他们还债，他开始怀疑父亲精神不正常（托马斯快 70 岁了），并怀疑约翰逊也在其中捣了不少鬼。

1851 年新年刚过不久，林肯听说他的父亲将不久于人世。他写信给约翰逊，信中说他不能回去见父亲，因为他的妻子生病了（“我有了新的家庭，这个新家庭取代了以前的家庭”）。他把父亲托付给上帝，“我会弃他不顾，但上帝不会”。此后不久，托马斯撒手人寰。

林肯以父亲的名字给一匹马命名为汤姆，而且他的第四个儿子也叫汤姆（1853 年出生）。后来，林肯一直想在父亲的坟前立块墓碑，但始终没立。

第二章

乔治·华盛顿与自由

这就是林肯的家庭，以及这个家庭给予他的和没有给予他的。人生总不能应有尽有，家人无法给予我们的东西，我们会到他人身上求索——朋友、良师，还有历史和传奇人物。在 19 世纪早期的美国，一个男孩能够找到的既熟悉又敬畏的精神导师就是国父。

“国父”是公元前 4 世纪罗马议会赐予当时的军事家卡密鲁斯（Camillus）的称号。卡密鲁斯击退高卢人的入侵并重建了罗马城，因而得此称号。美国人重新使用这一称号，并在“国父”后面加了“们”，以纪念独立战争中的诸位英雄。

亚伯拉罕·林肯从未亲见过国父们。唯一曾走近他的是一个法国英雄——拉斐特（Lafayette）。拉斐特忠贞、爱国、诚实、无私，他远渡重洋来到美国与北美并肩作战。他热爱美国，而美国也爱戴他。1824 至 1825 年，他荣归他的第二故乡美国，所到之处张灯结彩，名士豪杰竞相来访。他在马萨诸塞州见到了他的故友约翰·亚当斯（John Adams），在蒙蒂塞洛（Monticello）见到了另一位故交托马斯·杰弗逊。他在白宫与总统约翰·昆西·亚当斯（John Quincy Adams）共进晚餐，他还在纳什维尔见到了新奥尔良的英雄安德鲁·杰克逊（Andrew Jackson)。1825 年 5 月，拉斐特乘坐的汽船在俄亥俄河触礁沉没，拉斐特弃船登岸，顶着倾盆大雨在位于印第安纳的河岸上度过一夜，此地离林肯家的陋宅大约 15 英里，不过林肯一家不在他的行程安排之中。

林肯只能在书中一睹国父风采，而让林肯印象最为深刻的一本书写的是国父们中最伟大的一位——乔治·华盛顿。

当美国人说“国父”而非“国父们”的时候，这位国父指的不是别人，就是华盛顿。华盛顿享此殊荣是因为他漫长而卓绝的事业：他统率大陆军团八年半，随后成为美国的第一任总统并蝉联两届，在接下来的岁月中他凭借独特的个人品质将自己打造成一位自信的硬汉。华盛顿比大多数独立战争战友都年长，他比约翰·亚当斯大 3 岁，比托马斯·杰弗逊大 11 岁，比詹姆斯·麦迪逊大 19 岁，而亚历山大·汉密尔顿（Alexander Hamilton）和拉斐特与他站在一起就只能算是孩子，因为华盛顿比他们大 25 岁。但也有几个例外，乔治·梅森（George Mason）比华盛顿大 8 岁，而本杰明·富兰克林（Benjamin Franklin）似乎是所有人里最年长的。华盛顿身高 1.88 米，所以不管在哪里他几乎都是最高的，他也是最强健又最优雅的（女士们都喜欢与他跳舞）。他是最好的骑手（杰弗逊本人是位了不起的骑手，但他盛赞华盛顿是“他那个时代最好的骑手”）。华盛顿用共和制来取代帝制——华盛顿·欧文（Washington Irving）在 1819 年创作的故事《瑞普·凡·温克尔》（*Rip Van Winkle*）其实就是用戏谑的方式来说明这一点。这个故事讲一个叫瑞普·凡·温克尔的人，喝了仙酒之后一觉睡到独立战争，当他醒来的时候，他最喜爱的那家小酒馆的招牌上的人像戴的不再是乔治三世（George Ⅲ）的王冠而是乔治·华盛顿的三角帽。人像一样，姓也一样，但是理想却变了。

个人生活中的一个缺憾成就了华盛顿在政治上扮演的父亲的角色——他没有自己的孩子，可能是因为他不能生育。玛莎·华盛顿（Martha Washington）与她的第一任丈夫丹尼尔·帕克·卡斯蒂斯（Daniel Parke Custis）育有四个子女，但与她的第二任丈夫华盛顿却没有生养。由此便不会出现华盛顿王朝，不会有另一个乔治国王。华盛顿说："在我的国家的废墟上不会建立家族王朝。"他不是哪一个人的父亲，他是所有美国人的父亲。

早期最流行的华盛顿传记是《华盛顿的一生》，作者名叫帕森·威姆斯，但更多人叫他为威姆斯牧师。林肯在孩童时代读到了这本书。

至于林肯从哪里弄到这本书也已成传奇，林肯的几位旧识坚称他们知道来龙去脉。林肯是从乔赛亚·克劳福德（Josiah Crawford）那里借来的这本书。乔赛亚·克劳福德是肯塔基人，林肯家在肯塔基时和他是邻居。林肯的卧室在父亲的木屋的阁楼里，睡觉前他把书放在靠近窗户的一个书架上，夜间，书被屋顶的漏雨打湿了。克劳福德让林肯留下这本打湿的书，条件是林肯要给他拉两三天的草料。

威姆斯是位巡回牧师，也是个书贩子。他是正式的圣公会牧师，但他主要依靠在东海岸贩卖书籍来获得收入。他估计"华盛顿的一生"会有市场，所以华盛顿1799年去世，他在1800年就撰写并自费出版了一个简短的华盛顿传记。如他所料，这本传记大受欢迎，于是他在 1808 年把原先简短的传记进行了扩充，这就是林肯读到的那本。

威姆斯吹嘘自己与华盛顿过从甚密，他说他们曾有过几次书信往来。一封信中写道："我决定让民众传阅道德和宗教类书籍，我知道尊贵的国父大人您不会对此感到不悦。"他甚至还去弗农山（Mount Vernon）拜访过华盛顿，借这几次零星的接触，威姆斯为自己杜撰了一个身份，也就是他在传记扉页所自我标榜的"弗农山教区长"。但这一切纯属虚构，没有所谓的弗农山牧区，自然也就没有他这个教区长。书中还有若干处虚构臆造的东西，威姆斯由此沦为后世华盛顿传记作家的笑柄。

不过威姆斯的确做过认真调查，四处寻访华盛顿的旧识。（一位历史学家说，威姆斯的问题在于他不会撒谎。）不管怎么说，威姆斯的目的不是要搜集史料存档，他是要讲述一位伟人的故事，借以鼓舞世人。

书中某些章节深深地鼓舞了林肯，但那些最著名的章节倒并未触动林肯。

威姆斯开宗明义点明他写此书的目的是将华盛顿奉为道德典范——"笃信上帝、忠贞爱国"，"孜孜不倦、维护荣誉"。书的前两章写青少年时代的华盛顿，那时的华盛顿已经被威姆斯刻画成模范男孩。

林肯读这本传记的时候也许稍感宽慰，因为华盛顿似乎也没受过太多教育。按照威姆斯的说法，华盛顿只经历过两个校长，而且威姆斯坚持说华盛顿“一个拉丁音节都没学过”（在华盛顿和林肯生活的年代，学习拉丁文是受过大学教育的标志）。后来，林肯在写给自己的传记作者的短信中说，“要是在印第安纳出现一个懂拉丁语的人，人们就会把当成‘巫师’”。从威姆斯的这本传记中，林肯还得知年轻时的华盛顿很有气力——站在拉帕汉诺克河（Rappahannock River）这边，他能把石头投到对岸，还有华盛顿从不跟其他孩子打架。在这些方面他们彼此很像。

但威姆斯笔下的华盛顿的家庭生活在林肯看来一定很陌生。威姆斯几乎没有提及华盛顿的母亲玛丽。他重点写的是华盛顿的父亲奥古斯丁·华盛顿（Augustine Washington），以及华盛顿父子间的关系。在威姆斯的笔下，那是一种父教子从其乐融融的父子关系。

威姆斯描绘了父亲给乔治上的三堂人生课。

第一堂人生课是做人要慷慨。秋日里的一天，奥古斯丁带着儿子来到一个果园，果园里硕果累累。回顾那年春天，有一次乔治的一个表兄给了乔治一个苹果，而乔治不想跟兄妹分享，于是奥古斯丁对乔治说：“我向你保证，如果你愿意与人分享，全能的上帝将会在今年秋天赐予你吃不完的苹果。”现在看着眼前上帝丰厚的恩赐，乔治发誓以后再也不做小气鬼了。

第二堂人生课是做人要诚实，这堂课也是通过一个故事来讲的，也就是至今人们仍津津乐道的樱桃树的故事，不过故事的背景现代人已经忘了。故事一开始，奥古斯丁就告诫儿子永远不要撒谎，他甚至说宁愿看到儿子死去也不愿看到他撒谎，接着他话锋一转对乔治解释说："小孩子受到惊吓就会撒谎，因为他不想挨棍打。"威姆斯的这段话不仅是讲给孩子听也是讲给孩子的父母听，他通过这个故事告诫孩子不要撒谎，同时告诫孩子的父母不要对孩子棍棒相加。接下来才是那个樱桃园的故事——乔治不小心用他的小斧头砍断了一棵樱桃树，然后他向父亲承认是他干的："我不能撒谎，爸爸；您知道，我不能撒谎。"于是奥古斯丁践行了自己的教子之道，"到我怀里来，我太高兴了。乔治，你砍断了我的樱桃树，可你回报给我一千只羊"。

林肯对这一堂人生课以及这种父子情深怎么看，我们无从知晓。他在自家的栅栏边挨父亲的巴掌，又被父亲租出去当苦力，他可能会羡慕乔治与奥古斯丁之间的父子情意，也可能会觉得这不真实而因此不予理会。

第三堂人生课是最离奇的。

这堂课是关于上帝的。有一天，乔治发现花坛里新发出的嫩芽上有他的名字：乔治·华盛顿。他百思不得其解，于是问奥古斯丁这是怎么回事。父亲逗他说："我想那几个字是偶然长在那里的。"乔治当然不相信这个说法，于是父亲就说出真相，是他把那几个嫩芽栽到那里的，他想让乔治结识"真正的父亲"——上帝。"要是我的儿子不相信是'偶然'创造了构成他名字的字母，并且把这些字母分毫不差地组合到一起……那么他又怎么能相信是'偶然'创造了他现在美好生活的一切呢！"眼前的美好世界一定是上帝创造的。乔治信服了。

这就是哲学家和神学家所谓的设计论。威姆斯借奥古斯丁之口说的这段话有说服力是因为乔治相信这个世界是美好的，并且待他不薄。但在读到这本书之前，林肯已经在种植园里学到了一堂完全不同的人生课。林肯父子在田间播种谷物和南瓜，这些种子不仅没发出写着“亚伯拉罕·林肯”的嫩芽，而且它们还没等发芽就被暴风雨或者说暴风雨般的上帝扼杀了。看来上帝对林肯的家庭和这个世界的安排完全不同，没有明智的父亲就没有友善的上帝。

华盛顿的父亲和林肯的父亲的结局也不相同，这也让威姆斯笔下的华盛顿的一生朝着与林肯不同的方向发展。第三章一开始，乔治的父亲就去世了，那时乔治还是个孩子。在威姆斯的笔下，奥古斯丁临终前的场面要比现实中林肯母亲去世的场面更让人痛心。当父亲病情恶化的时候，小乔治和他的表兄在一起，因此没能及时赶回来与父亲做最后的道别。

书的内容就此出现巨大转折。乔治一下子长大成人还当了兵，从这开始威姆斯的这本传记就变成了对华盛顿公共事业的记叙，但条理不清。威姆斯写道，“乔治从哪里获得的军事才能”是一个谜。可以肯定的是，这才能与他在尘世间的父母无关。两人在威姆斯的笔下都喜欢恬静安宁的生活：奥古斯丁是位“和蔼可亲的老绅士”；玛丽则一心只操心家事，听说儿子在特伦顿战役（Battle of Trenton）中大获全胜，她没说别的，只问他什么时候回来照管农场。

威姆斯不大质疑自己在前两章里写的内容：华盛顿小时候就

是一个道德典范。威姆斯还坚信华盛顿的军事才能是上天的恩赐，不过，威姆斯似乎又想说，当家人退居幕后时，华盛顿就可以大显身手了。威姆斯在书中写道，华盛顿要想“崛起”只能凭靠“美德和善行”。这肯定极大鼓舞了林肯。

但是他崛起后获得的将是什么呢？是财富、名誉，还是别的东西？《华盛顿的一生》给出了答案，林肯相信书中给出的答案，因为后来他给出了同样的答案，并指出他在哪里读到了这个答案。

1861 年 2 月，当选总统的林肯乘坐火车从伊利诺伊州的家中来到华盛顿哥伦比亚特区，他要在这里发表他的第一次总统就职演说。这是一次政治巡游，当时美国陷入分裂，林肯作为联邦政府的旗帜在六个州做了停留。

当月 21 日，林肯在位于特伦顿的新泽西议院发表演说。在给参议院做的演说中，林肯首先回顾了新泽西在独立战中扮演的重要角色。他说没有哪个州像新泽西这样身经百战。林肯说得没错，新泽西经历了三次重要战役［特伦顿战役、普林斯顿战役 (Battle of Princeton)、蒙莫斯郡战役 (Battle of Monmouth)］以及数不胜数的小型战役。

接着林肯说：“小时候，我偶然获得一本小书，在座较年轻的议员很少有人见到那种小书，书名是《华盛顿的一生》。”然后他对议员们讲了书中第九章里的一个细节，威姆斯是这样描述的：在所有的战役中，“没有哪一场战役像特伦顿战役那样让我永生难忘……强渡特拉华河（Delaware River）、与黑森佣军短兵相接、历经艰险奋勇杀敌，所有这一切深深地烙在我的脑海里”。

我们能期待林肯说什么呢？一个政客除了这场战役还能说什么呢？他身在特伦顿，第二天就是华盛顿的诞辰，而威姆斯的书那时仍在印行而且广为人知。

但林肯的话不是政治空谈，他的话尽管简短，却勾勒出威姆斯对那场战役的描述。林肯不是笼统地回顾历史，而是重拾三十多年前的阅读经验。

林肯概括的特伦顿战役的三个特征：特拉华河、黑森佣兵、艰险，这些在威姆斯的笔下都有详尽描述。在描述华盛顿率兵强渡特拉华河时，威姆斯可谓不吝笔墨：“河面布满浮冰……四周伸手不见五指，疾风骤雪片刻不停……浮冰在汹涌的河面上相互撞击发出震耳欲聋的声响……五个小时无尽的艰险……冰凉刺骨”。威姆斯对渡河细节的描写绝非无中生有，这是史实。而林肯口中的“历经艰险”也正是以此为依据。

从1861年那次演说可以看出，最能证明威姆斯的《华盛顿的一生》对林肯产生决定性影响的就是林肯从特伦顿战役中学到的最重要的东西，这也是威姆斯在书中极力传达的东西。林肯接下来说：“我记得，虽然那时我还是个懵懂的孩子，但我感觉得到那些人为之奋战的一定是某种不寻常的东西……某种比国家独立还更重要的东西……某种给世世代代、全世界任何一个角落的人都带来希望的东西。”

威姆斯也是这样想的，不仅如此，他还不遗余力地把这种想法描绘得有声有色。威姆斯是这样写的：华盛顿率军渡过特拉华河后向特伦顿挺进，但是他们并不是孤军奋战，有一个无形的存在伴随他们左右——“潸然泪流的自由守护神”。“她在世界各地惨遭驱逐，最后逃进美洲的荒山野林，安心歇息”。不料强权暴政穷追不舍，“那些灭绝人性的暴君，率领军队坐着舰船尾随而至”。谁会为她而战？“只剩下一小撮人……决意与她生死与共”。对威姆斯来说，特伦顿战役是为世界而战，它决定着世界各地的自由的命运。

当美国人最终登陆特伦顿，威姆斯把话筒交给了华盛顿。他在部队冲锋陷阵之前说：“我只要你们记住你们是在为什么而战。”

林肯记住了，他告诉新泽西议员他要让自由和联邦永世不朽，“这就是（特伦顿和其他）战役打响的原因”。往昔华盛顿和他的追随者奋力捍卫自由，现在林肯和整个国家必须时刻准备再次捍卫她。华盛顿的使命现在落在了他的身上。

林肯在威姆斯那里找到了华盛顿，但他也必须从威姆斯那里把华盛顿拯救出来，或者说把华盛顿从《华盛顿的一生》中那些最为人熟知的章节中拯救出来。威姆斯所编织的华盛顿的童年影响太深了，结果国父成了远离甚至超脱政治的道德模范。多亏了威姆斯，华盛顿的那句“我不能撒谎”天下人争相传颂，但我们几乎可以肯定华盛顿从未说过这句话。

诚实是好事，但它有不同的含义。对情感诚实谓之真诚，对目的诚实谓之正义。但如果我们的情感或目的是幼稚的，或是险恶的，会怎么样呢？说出这些或幼稚或险恶的情感与目的，我们会从中获得什么呢？最重要的一种诚实是找到正确的行动方向，并坚定地向前迈进，这对领导者来说尤其如是。

当林肯第一次读到《华盛顿的一生》的时候，触动他最深的不是那个好孩子华盛顿，而是那个行事果断、坚守原则的华盛顿。多年后他就是怀揣着这种深深的触动，在政治道路上风雨兼程。他并没有在做那次议会演讲之前再次温习威姆斯的那本书（也许和乔赛亚·克劳福德两清之后，他再也没温习过这本书）。他不需要温习，因为华盛顿一直在他心中，正如他在演讲中所言："你们都经历过童年，所以你们一定知道儿时的影响是最深远的。"无论是对当年那个踌躇满志的少年林肯还是对日后荣登总统宝座的林肯，特伦顿战役都要比那棵樱桃树更有助益。

在威姆斯笔下，华盛顿是一个道德模范，同时也是一个自由卫士。而华盛顿眼中的自己也是如此。华盛顿漫长的事业生涯始于独立战争，随着他第二个总统任期结束而结束。在这几十年里，他以身许国，保卫自己的祖国免受外敌和政治问题的进犯。他热爱农庄里的田园生活，无论是在沙场上保家卫国还是在办公室里忙于政务，他都时刻惦念他的农庄。但只要听到责任的召唤，他便义无反顾。

但是华盛顿不是林肯一个人的华盛顿，在每一个美国人的心目中，最受爱戴的美国人都是华盛顿，而且每个人对华盛顿都有自己的理解。在未来的岁月中，林肯要努力让自己的理解打败其他人的理解而成为对华盛顿的正解。

林肯还暗暗地看到了华盛顿的另一面。据我们所知，这一点他只对一位朋友吐露过一次。

大约在 1850 年，林肯和他的法律伙伴威廉·赫恩登同坐一辆马车去一个县级法庭出庭辩护。途中，林肯向赫恩登吐露了一件让人瞠目的事：自己的母亲是私生子。对他的母亲林肯没再多说。现在大多数历史学家和宗谱学家都认为，南希出生八年后，她的母亲露西·汉克斯才正式出嫁。林肯对赫恩登说，南希的父亲并不是后来迎娶露西的那个人——一个和汉克斯与林肯家族的人一样的普通农民，而是一个“出身优越的弗吉尼亚农民或种植园主……一个不知名的但胸襟开阔的弗吉尼亚人”。林肯说自己就是从这个人那里继承了头脑、抱负、“更善良的天性和更优秀的品质”。换句话说，林肯“更优秀的品质”是来自他的外祖父，与托马斯·林肯毫无干系。林肯相信私生子比婚生子“更刚毅，更聪明”，也就是现代人所谓的杂交优势，所以在林肯看来虽非婚生但基因更加高贵，这是一个优势。说到这里，林肯缄口不语了，赫恩登也没有追问。不一会儿，一个健谈的老人上了车，坐在他们身边，林肯讲了几个故事，那扇朝向过往秘密的窗户就此关闭了。

父亲是一位高贵的神秘人——这是小说和童话里最常见的情节，有时也会出现在现实生活中，也许南希·汉克斯便是一例，不过提起过这件事的人，除了林肯本人，就是那些谈论林肯家族和这个家族中的私生子问题的人。可是林肯怎么会知道这段过往呢？下一代或下一代的下一代最不大可能知道这种过往。林肯也没有对赫恩登提起任何细节，那么到底谁才是露西·汉克斯的孩子的父亲呢？

那个出身优越、胸襟开阔的弗尼吉亚人是一个幻想，而林肯心存这一幻想是因为只有这个幻想才能解释他生活中的一切。除了他的继母，林肯和身边的每个人都大不相同，和他的父亲更是如此（林肯是在 1850 年对赫恩登说起他对于遗传与私生的看法，就是从那时开始他父亲的健康开始恶化，这一点值得玩味）。他在威姆斯的书中读到了华盛顿，但自己与华盛顿之间一定有一种更直接的联系——自己的血液里流淌着像华盛顿这样的人的血液。

玛莎没有给乔治·华盛顿留下子嗣，这说明华盛顿不育，但谁能肯定不是玛莎后来不孕了呢？如果是这样，那么华盛顿就有可能有私生子［现在就有一些美国人声称自己是华盛顿和他的黑人女仆维纳斯的后代。不过我们几乎可以肯定，这些人真正的祖先是华盛顿的侄子，也就是维纳斯的主人布什罗德·华盛顿（Bushrod Washington）的儿子］。还有一位了不起的弗吉尼亚人——托马斯·杰弗逊，他与自己的妻子生了孩子，但人们普遍认为他与女仆萨莉·赫明斯（Sally Hemings）也生了孩子。林肯将自己与杰弗逊之间建立起道德和政治联系，一种比自己与华盛顿之间的联系更为清晰醒目的联系，但也许他与杰弗逊之间还有别的联系。

如果林肯的外祖父不是这两个伟人，那就是某个邻居或相识，一个不甚知名的弗尼吉亚贵族，这也算得上是一个国父。不管怎样，林肯本人可能就是林肯家族中独立战争的活的历史。

这一切让林肯浮想联翩，饥渴忐忑的内心让他饥不择食。

第三章

1830—1840 年：成年之时

经历了一系列摸索之后，二十几岁的林肯找到了自己毕生追求的事业：政治与法律。他失去了两个恋人，结交了两个朋友。而他取得的成功和经历的磨难使他能再度与国父们联手。

1830 年，林肯一家搬到了伊利诺伊州腹地，迪凯特（Decatur）桑加蒙河村（Sangamon River Village）附近。这里和地形复杂的印第安纳西南部不同，这是一片大草原，若干蜿蜒的河流穿过草原流入密西西比河。

伊利诺伊在 1818 年便已成为一个独立的州。按照《西北法令》，这是一块自由领地，所有厌倦了奴隶制的人都可以搬来这里。有个年轻的弗吉尼亚人名叫爱德华·科尔斯（Edward Coles），是杰弗逊和麦迪逊的朋友和邻居。科尔斯是个理想主义者，他在 1819 年解放了自家奴隶并带着他们来到了伊利诺伊州，随后又分给被他解放的奴隶每户 160 英亩土地。然而也有些定居这里的人想把这个新的自由州变成蓄奴州。（只有在西北领地《西北法令》才有效，一旦建州，任何州都可以选择蓄奴。）为了让伊利诺伊州摆脱奴隶制的阴霾，科尔斯在 1822 年竞选州长。他赢得了竞选，也赢得了反对蓄奴的胜利，不过严格限制黑人权利的法律依旧存在（比如，黑人无权投票）。1831 年，位于迪凯特以东的一个县以科尔斯命名。就在这一年，托马斯带着萨拉·布什·林肯搬到那里。

这一年，亚伯拉罕·林肯 22 岁，依据法律他可以自立了。他不想再同家人住在一起，所以他没有随父亲一起搬到伊利诺伊州，而是只身来到桑加蒙河下游以西的一个小村庄——新塞勒姆（New Salem）。林肯后来说，那时他像是河面上的一块漂流木漂泊到那里。

他先是找了份船上的差事。新塞勒姆有个商人叫登顿·奥林斯（Denton Orleans），这是一个典型的美国人：精力旺盛，能说会道，还通马语。他要雇些年轻人用平底船把家畜通过桑加蒙河运到伊利诺伊河，再经由伊利诺伊河送到密西西比和新奥尔良。林肯报名应聘。

林肯在此之前曾坐平底船经由俄亥俄河和密西西比去过新奥尔良，那是在 1828 年，当时林肯住在印第安纳。边疆地区地域辽阔，屈指可数的几条道路破烂不堪，所以走水路是最方便的交通方式。密西西比河是半个美洲的分水岭，在新奥尔良汇入大海。新奥尔良是美国第五大城市，人口逾 4 万（而新塞勒姆只有 100 人）。这里曾是法国和西班牙的殖民地，所以很多人讲法语，大批讲英语的人是在最近才大量涌入。在这里，奴隶和自由黑人随处可见。像林肯这样的乡下人从未见过这样的大城市，这也是林肯毕生去过的唯一一个位于南部的城市。

鉴于林肯后来的作为，那些早年和他一起去新奥尔良的人都纷纷回忆当时的林肯对奴隶制的反应如何预示着他未来的奋斗理想。在这样一个蓄奴大都市，随处可见奴隶拍卖，随处可见买家仔细检查待售的奴隶的身体。第一次看到这样的场面，有人会心生反感，而有人则会兴奋不已。林肯的朋友们回忆说这样的场面让林肯非常痛苦。但他们的回忆可靠吗？林肯第一次去新奥尔良时的一个同伴叫艾伦·金特里（Allen Gentry），他告诉他的儿子“林肯非常愤怒”，不过这是他从别人那里听来的，而他的儿子又将这话告诉给别人。第二次去新奥尔良的时候，约翰·汉克斯也去了，他说在那里“林肯的心在滴血”。若果真是这样，汉克斯也不可能看到，因为走到圣路易斯的时候他们就分道扬镳了（当然也有可能返回家中以后林肯对汉克斯讲了他的感受）。

林肯本人记录的唯一相关的记忆是第一次去新奥尔良的时候，他们的平底船遭到一伙黑人的袭击。这伙逃跑的黑奴潜伏在河岸伺机袭击，但被船上的伊利诺伊州人击退。可怜的白人与生活悲惨的黑人时有这种不愉快的交锋。

但这份工作林肯没有一直做下去，后来他在奥福特（Offut）的商店里做些杂活。那时，他和当地的一个壮汉杰克·阿姆斯特朗（Jack Armstrong）摔跤，阿姆斯特朗借一记阴招才把林肯放倒。不打不相识，林肯因此和阿姆斯特朗以及他的朋友成了朋友。有其父必有其子。

1832 年，林肯参军，这是他人生中唯一一段军旅生涯。有一个年老的索克酋长名叫布莱克·霍克（Black Hawk），他在 1812

年战争中与英军并肩作战。如今他带领 450 名勇士进入西北部的伊利诺伊，幻想着要夺回他们失去的家园（美国政府逼迫西北印第安人搬离了密西西比）。为了镇压这些印第安勇士，伊利诺伊州政府召集了民兵。林肯在军中服役了 3 个月，头一个月他就被自己的同伴选为民兵上尉，受到大家的认可，林肯满心欢喜（阿姆斯特朗是他的中士）。

但这其实算不上什么军旅生涯。布莱克·霍克很快遭围剿，被抓的时候林肯的小分队也不在场。林肯没参与过军事行动，所以林肯后来还拿那段所谓的军旅生涯开玩笑。尽管林肯崇拜乔治·华盛顿的理想主义和大无畏的男子汉气概，但他不想追随偶像的足迹投身军旅生活。

布莱克·霍克战役带给林肯的更像是人们在和平年代才能获得的东西。他扩大了自己在战友中的影响，在穷困潦倒的时候有份收入。

但有一件残忍的事林肯终生难忘：有一天早晨，他意外发现 5 个在小规模冲突中战死的士兵，他们刚刚战死，还被剥去了头皮。林肯后来回忆说："每个人的头上都有一块圆形的血红的斑块，像美元那么大"，到处都是鲜血，"红色的晨曦似乎把一切都染成血色"。林肯带领的小分队埋葬了这 5 具尸体。这件事在林肯的脑海里留下了深深的印记。

我们再回到新塞勒姆，回到那个四处寻找工作的林肯。林肯和别人合伙开了个综合商店，但这家商店几个月后就破产了，林肯也因此背上了沉重的债务（他说那是“国债”，他花了 10 年时间才偿清这笔债务）。1833 年，他当上了村里邮局的局长，于是他有了些许收入和大量的时间，他还可以阅读别人订阅的报纸。他学会了测绘，所以同时被委任为县勘测局的副测绘员（一些他当年设计的道路现在仍在使用）。

新塞勒姆有几个读书人，林肯把他们一一找了出来。林肯整天书不离手，而且总在人多的地方读。一天，一个叫纽·塞尔迈特（New Salemite）的人看见他手里拿着本书端坐在一垛木头上，于是张嘴问：“您在学什么?”林肯说：“法律。”“我的老天!”邻居非常吃惊。那时没有法律学校，学法律通常要到有资历的律师那里边工作边学习。通过自学进入这个行业倒也不是不可能，但太艰难了。

林肯在地方法官面前作为业余律师出庭，他还常常骑马或步行去 12 英里外的斯普林菲尔德镇，到镇上的约翰·斯图尔特（John Stuart）那里借书，这位约翰·斯图尔特是林肯在布莱克·霍克战役中结识的一位律师。不管是地方法官还是这位律师，又或是木垛边的那位邻居，他们都觉得林肯有些古怪，第一眼看见他甚至觉得他很可笑。斯图尔特的搭档说：“他是我见过的样貌最粗鄙的年轻人。”可他一张嘴说话，这些人立刻被他的聪明才智所折服。

林肯经受了巨大的痛苦，对此他的朋友们印象非常深刻。林肯的痛苦始自一段爱情。安·拉特利奇（Ann Rutledge）是新塞勒姆一家旅店店主的女儿，她 18 岁那年，林肯第一次见到她。她是个美人，30 年后一位邻居回忆起她时，说她“腰杆像箭一样直，手脚像闪电一样快”。那时她已经和当地的一个店主订了婚，但在 1832 年，她的未婚夫离开了新塞勒姆，说是回东部打理家族生意。几个月、一年、两年，他始终没回来，两人之间的通信也越来越少。林肯是邮局局长，所以对此自然一清二楚。未婚夫长期杳无音信，安便与林肯定下终身。

她在什么时候又是怎样把这个消息告知给她的第一个未婚夫，我们不得而知。因为 1835 年 8 月，她得了“脑热病”，很有可能是伤寒，她说胡话、腹泻并发烧，直至死去。安的死让林肯痛不欲生，林肯的一位朋友回忆说：“林肯曾跟我说他几次想寻死。”另一位朋友的女儿说：“他情绪非常激动，让人十分担心。我父亲只好把他关起来，时刻看着他。我想这大概持续了两周”。

糟糕的天气尤其让林肯心痛。那时的一个女房东回忆说：“有一天，天正下着雨，（林肯说）一想到凄风冷雨在糟蹋她的坟墓，他就受不了。”布莱克·霍克战役中的一个战友的说法和这个女房东的一样。他记得林肯曾跟他说：“只要有风暴雨雪击打她的坟墓，我就受不了。”那一年，年轻的伊利诺伊州经历了最潮湿的春夏，雨持续不停地下了四个半月。儿时的林肯就知道雨的威力，虽然死去的安不会被雨水冲走——安卧在坟墓里的人比田垄上的菜种更安全，但因为这晦雨潇风，安的离去更显溅泪惊心。

至此，已有三个女人相继与他长别——先是母亲，而后是姐姐，现在是安。换作谁都会痛不欲生，但此时的林肯感受到的是抑郁症病人才能感受的那种痛苦，不曾抑郁过的人几乎无法理解这种痛苦。抑郁不是一种偶尔造访的情绪，它是最忠实的朋友，时时刻刻不离不弃。拿林肯对雨的敏感反应来说，天若下雨，谁都逃脱不了——不管是正人君子还是阴险小人，不管是存活在世间的还是长眠于地下的，不管是抑郁惆怅的还是乐观豁达的，可是抑郁的人则会觉得这雨就是为他下的。

新朋旧友都知道，抑郁纠缠了林肯一辈子。对此，林肯的最后一位法律搭档威廉·赫恩顿有一句最为著名的描述："林肯每走一步，浓浓的忧郁就会从他身上滴落下来。"踏上法律政治生涯后，工作以及他讲不完的故事和说不完的笑话暂时遮蔽了他的抑郁。幽默是他的消遣、他的安全阀、他抵御忧郁的屏障（由于幽默，别人窥探不到他的悲伤，有时连他自己也会暂时获得解脱）。但是，忧郁的魔爪从未对他撒手。

大约就在那个时候——19 世纪 30 年代中期——他对一个朋友说他从不随身带刀。那时每个人的兜里都会有把小刀，用来切东西、修整东西，或随便削削剪剪打发时间。但林肯说他从来"不敢"随身带刀子，他害怕自己会用这刀做些什么别的事情。

悲剧幕落，闹剧幕开。新塞勒姆的一位夫人有一个未婚姐姐名叫玛丽·欧文斯（Mary Owens），住在肯塔基。1836 年她来伊利诺伊州看望姐姐，并在这里住了很久。她迷人、有教养、活泼独立，在接下来的一年里，林肯对她展开了热烈追求。或许林肯觉得这一切来得太快，或许朋友极力撮合，林肯觉得自己是身不由己进入这段感情。与玛丽分别期间，林肯给玛丽写信，对于两人的未来究竟通向哪里，林肯犹豫不决。在其中一封信中，林肯甚至把决定权交给了玛丽："我真心希望由你来定夺我俩的未来。"不出所料，她的决定就是他俩没有未来。玛丽是这么说的："我觉得他太不注重小节"（大节更是如此）。

一切都结束后，林肯给一个朋友——一位已婚女士——写了一封信，粗略讲述了他这第二次求爱经历。他一再揶揄玛丽的体重、皮肤和残缺的牙齿，仿佛是她不堪的外表让他望而却步。这是心虚的伪装，林肯想在谈笑中挥别此事，但无论是时机还是方式他都选错了。在信末，林肯坦诚地说出这次失败的罪魁祸首："别的男人都是被女孩子愚弄了，我却不能这么说，我只能说，我被自己愚弄了。"

也许他这样做对两人都好，他不爱玛丽·欧文斯，玛丽·欧文斯就不会死。

林肯失去了安，又驱走了玛丽，但他在毕生追求的事业上迈出了第一步——做了州立法官并和一个年长的律师合开了律师事务所。

1832 年林肯第一次竞选伊利诺伊州众议院议员。由于布莱克·霍克战役，林肯错过了大部分竞选活动。当他最终站在选民面前投身竞选的时候，杰克·阿姆斯特朗带领的兵团热情地支持他。但林肯毕竟在整个县范围内太默默无闻了，结果他落选了，不过在他的家乡新塞勒姆，他赢得了300张选票中的277票。到了1834年，由于身兼邮政局长和土地测量员，林肯的知名度大大提高，因此轻松赢得竞选。他因约翰·斯图尔特提携进入州议会，约翰·斯图尔特是他昔日的战友，后来林肯在他那里借书研修法律。

自从第一次参选，林肯就开始使用他在日后屡屡使用的策略——自我菲薄。“善良而聪慧的民众，如果你们觉得我该退出，那么我不会懊恼，因为这种失落我经历得太多”。这话像是在竞选一开始就甘拜下风——我是可怜的亚伯！但这种谦逊质朴实在是极其高明的策略。林肯为自己打造了一个角色、一个形象——朴实憨厚的人民公仆。当年林肯在讲笑话的时候拿自己奇特的样貌做帮衬，而如今他为自己打造的这一形象——我是个出身卑贱的普通人——对他的政治生涯来说可谓异曲同工。但是，林肯幽默风趣又有政治抱负，这让群众对他刮目相看。作为幽默大师，他似乎在说：“我定会牢牢抓住你们的注意力。”而作为政坛新秀，他又似乎在说：“我要么说服你们，要么领导你们，要么激发你们。”林肯袒露弱点以彰显锋芒，当然，若无锋芒，这一策略就不能奏效。

这种公仆形象能够奏效意味着美国人民的生活日趋民主。昔日的国父们均是一丝不苟的共和主义者，他们拒绝听命于君主与贵族。但正如杰弗逊所言，他们自认为是“天生的”贵族，并为自己的天资感到骄傲。同时他们几乎都富甲一方，或者是生活富足。第一任总统乔治·华盛顿虽没学过拉丁文，但他是弗吉尼亚的种植园主；第三任总统托马斯·杰弗逊、第四任总统詹姆斯·麦迪逊和第五任总统詹姆斯·门罗（James Monroe）均是如此；而剩下的第二任总统约翰·亚当斯则是哈佛的法律高才生。年轻的伊利诺伊州的居民并非对以往总统炫目的背景无动于衷，但他们希望有一位从他们中间走出去的领袖。

为什么林肯会选择仕途？因为其他的道路对他来说都走不通，他不喜欢务农，1833 年他经营的商店倒闭又说明他没有商业头脑。相比之下，仕途则非常诱人。在一个年轻的、不断壮大的州，仕途相对通畅，险阻较少。而且林肯也许很适合走仕途，他头脑聪明，善于思考，而且喜欢站着讲话，而最后一条原因则是林肯志向高远。在第一次竞选声明中，林肯说“每个人都有自己的抱负”，但他的抱负就是要“将自己打造成家乡人的骄傲，让他们能真真正正享受荣耀”。这话稍有点刻板造作，但揭示了他内心的向往。他自己的禀赋，或许再加上威姆斯的启发，开拓了他的视野。

在 19 世纪 30 年代，伊利诺伊州的政坛一片混乱。在一次会议上，林肯把一个起哄的人拎起来丢到一边；候选人和他们的拥护者在酒馆里、大街上吵吵嚷嚷；在竞选国会议员的时候，约翰·斯图尔特和他的劲敌在一家论杯卖酒的店铺大打出手，厮打过后，二人都筋疲力尽，斯图尔特还不忘买下一整桶威士忌犒赏观战的人；有时甚至能看到手枪出套，不过很少真的拨动扳机。

这人仰马翻的骚动不只是血气方刚的结果，还是真正存在的问题。美国第一个两党制曾挑起两个党派之间的争斗——华盛顿、亚当斯和亚历山大·汉密尔顿所在的联邦党和杰弗逊、麦迪逊所在的共和党。联邦党拥护由自信满满的领袖阶层管理的强大的联邦政府，虽然杰弗逊和麦迪逊远非平庸之辈，但他们领导的共和党则拥护小型政府和普通民众。不过在林肯还是个孩子的时候，这种两党制已不复存在，因为反战的联邦党在 1812 年战争后彻底消失了。在 1824 年的大选中四位共和党候选人争夺门罗（最后一位开国总统）卸任后空出的总统宝座。这四位候选人分别是：安德鲁·杰克逊（Andrew Jackson）、约翰·昆西·亚当斯、威廉·克劳福德和亨利·克莱（Henry Clay）。杰克逊以微弱劣势败给亚当斯，但四年后他卷土重来并连任两届，他是新两党制的触媒。

杰克逊的追随者自称民主党，他们同他们的共和党先辈一样拥护小型政府和普通民众，同时他们还秉承了杰克逊好斗的个性。杰克逊在新奥尔良战役中战功显赫，他是继乔治·华盛顿之后第二个大将军出身的总统，但两人的脾气秉性截然不同。华盛顿为人克制忍让，堪称楷模。威姆斯说得没错，在华盛顿身上，“勇气这一‘高贵的品质’总是向理智‘俯首称臣’”。杰克逊则恰恰相反，他是一个斗士，任性、暴躁。他曾在决斗中杀死对手，还在一个边陲旅馆里与手下的上校刀枪相向。

哈丽雅特·马蒂诺——那位来美国拜访麦迪逊的英国游客——在华盛顿哥伦比亚特区见到了杰克逊总统，这次见面恰逢一个突发事件，很能说明杰克逊的个性。1835 年年初，一个疯子在国会大厦的台阶上朝他开了两枪（都没射中，杰克逊毫发无损）。在马蒂诺看来，接下来数周“总统对此事处理失当，死缠烂打，居心恶毒”。杰克逊见人就说有个心怀敌意的议员密谋要杀害他；但他嘴里的密谋其实子虚乌有，朝他开枪的人不过是个离群索居的疯子，他怪罪杰克逊阻止他继承英国王位。总统的偏执妄想让马蒂诺深感不安，她也因此为这个国家担忧。她说，杰克逊总是带着个人感情处理事情，这将助长“百弊丛生的愚蠢行径”。几十年后，林肯对杰克逊另眼相看，但这位“老山胡桃”在他如日中天的时候似乎是个危险人物。

19 世纪 30 年代，杰克逊的政敌自称辉格党。辉格党源自 18 世纪的英国政治，他们反对皇权。同样的，美国的辉格党反对“国王安德鲁”和他的专横跋扈。

林肯加入了辉格党，这个决定影响深远，因为伊利诺伊州是坚定的民主自由州。20 年后，辉格党不再产生总统候选人或参议员，派往众议院的代表一次最多一个。（后来有一次辉格党出了一个伊利诺伊州州长。）伊利诺伊中部是辉格党唯一据守的阵地，林肯身在伊利诺伊中部，所以加入辉格党是明智的，但若站在整个州的角度看，林肯则是投靠了一个前途无望的党派。辉格党是个小党派，这锻炼了林肯的奋斗意识和精神，这个政党教会了林肯很多，但都不是通过政党取得胜利的方式教授的。

民主党人和辉格党人成为这个国家的两个对手党，二者对众多问题上争持不下，1837 年杰克逊下台后情况更是如此。第一个让林肯绞尽脑汁的问题就是发展民生，尤其是该不该修建运河。

河流本是大自然的杰作，但要是人类能对河流加以改造，或干脆开凿运河，情况将会如何呢？美国的第一条运河是 1825 年开通的伊利运河（Erie Canal），它的成功开启了开凿运河的狂潮。伊利运河横穿纽约州，连接五大湖和哈得孙河，实现了水路直达大西洋。有了这条运河，旧西北地区生产的农产品可以长驱直入纽约州，无须绕道圣劳伦斯（St. Lawrence）或密西西比，纽约北部因此蓬勃发展，并助推纽约城成为美国最大港口。

伊利运河成就了纽约共和党人德威特·克林顿（Dewitt Clinton）的英雄美名，因为是他发起并督建了这条运河。1824 年，在他的家乡伊利诺伊，一个县以他命名，即克林顿县。他声名远播，1839 年又有一个县以他的名字命名，即德威特县。

对于水路运输林肯有亲身体会，而且他也知道伊利诺伊州诸河的问题，例如，桑加蒙河弯弯曲曲。修建运河会为他赢得大众的爱戴，他曾告诉一位朋友，他立志要做“伊利诺伊的德威特·克林顿”。

政界普遍赞同修建运河，但是，有个问题他们争执不下，就是该不该由联邦政府来为运河买单。民主党人谨遵前辈遗志，认为政府不该买单，而辉格党人的想法则恰恰相反。不过两个政党都认为各州在这个问题上有自主权，于是纽约州就自筹经费修建了伊利运河，并大获丰收。伊利诺伊当然要效仿。

但这个运河该怎么建呢？最简便的办法是在芝加哥原先的贸易中心将伊利诺伊河（这条河流入密西西比河）和密歇根湖连起

来，这样南北走向的密西西比河就可以和东西走向的五大湖以及伊利运河交叉起来。但伊利诺伊土地广袤，南北距离是东西距离的二倍，所以大片土地离五大湖或密西西比河有几十里甚至一百里远，而政府资助的项目一定要保证惠及每一个人。

林肯最终支持的体系是在整个伊利诺伊广建运河和铁路（就是所谓的“大系统方案”），而铁路是当时刚刚问世的基础建设形式。1827 年，美国第一条铁路通过许可，这条铁路连接巴尔的摩和俄亥俄。翌年，查尔斯·卡罗尔为动工奠基。1837 年，伊利诺伊通过贷款提案启动若干项目：850 万美元修建伊利诺伊和密歇根运河；40 万美元改善 5 条河流的航行条件；1 000 万美元修建 2 条铁路主线和 6 条支线；20 万美元用于在运河和铁路没有惠及的地区建设各种项目。

采纳这个“大系统方案”带来了两个副作用，一是州政府转移，另一个是林肯也随之转移。自 1819 年以来，伊利诺伊的首府都是迈达利亚（Vandalia），但若是整个州都蓬勃发展起来，那么州政府必须向腹地迁移。来自桑加蒙县的林肯和其他 8 个立法官力主迁至斯普林菲尔德（这 9 个政客人称“长躯九人组”，因为他们的身高加到一起足有 16.46 米那么长）。他们的提议被采纳了，1837 年州政府迁往斯普林菲尔德。

林肯也随之搬到斯普林菲尔德，并开始在政界崭露头角。斯普林菲尔德可不是个小村庄，这是个有 1 500 人的大镇，而且人口还在增长。现在的林肯是约翰·斯图尔特的法律合伙人，一个正儿八经的律师，再也不用在乡下的治安法官面前辩得口干舌燥了。

在斯普林菲尔德，林肯遇到了他一生中最重要的两个人。一个是乔舒亚·斯皮德（Joshua Speed），一个是威廉·赫恩登。斯皮德是林肯来到斯普林菲尔德后的第一个房东，他经营一家杂货店，林肯租住的是杂货店楼上的房间，但杂货店的地方很挤，林肯和斯皮德在一张床上睡了四年。那段时间，斯皮德是林肯最要好的朋友，也许也是林肯毕生最真诚的朋友。他们性情相投——一样的聪明，一样的敏感，也一样的忧郁。

威廉·赫恩登是斯皮德店里的店员，比林肯小九岁。有两年，他和林肯还有斯皮德挤在一间屋子里住，不过他睡在另一张床上。虽然他的性情与林肯不同——他没那么喜怒无常，但他是林肯的信徒，对林肯满心钦佩、忠心耿耿。他后来做了林肯的法律搭档，还为林肯写了一本传记，没有哪本林肯传能与他的相媲美。

然而，"大系统方案"最终以惨败收场，看来成为另一个德威特·克林顿可没林肯想得那么容易。纽约比伊利诺伊资金雄厚，在兴建伊利运河之前就已经非常富庶，而当初德威特·克林顿的目标也特别明确：只修建一条运河，而非一系列大大小小的项目。

当时席卷全国的经济风暴也让"大系统方案"不攻自败。美国管理资金供给的银行是美国第二银行，而1829年安德鲁·杰克逊却向美国第二银行宣战了。安德鲁·杰克逊认为第二银行是富豪和辉格党人的傀儡，所以对其恨之入骨，并最终在1836年将其彻底瓦解。随着第二银行的倒闭，贷款在全国上下逐渐枯竭，而对于“大系统方案”这样宏大的项目，情况更是如此。1840 年 2 月，批准这一方案的法令被撤销了，那时运河只挖了 105 英里，而铁路也只铺了 29 英里。在给斯图尔特的信中，林肯沮丧地说，大系统方案“被瞬间瓦解了”。

大系统方案的夭折一度拖累了伊利诺伊州的发展。但伊利诺伊发展迅速，很快就恢复了正常。最终，无论是通往密歇根湖的运河还是重要的铁路线都修建了。年轻的、健康的一代还是愿意冒险一搏的。

“大系统方案”的夭折同样也拖累了林肯的事业，直至方案彻底搁浅，林肯都在为它奔走疾呼，虽知是徒劳，还是敦促立法部门“从废墟中挽回些损失”。不过一切完结的时候，他又找到了其他等待他解决的问题。优秀的政客总会知道如何放手过去，面向未来。

与此同时，林肯接触到了奴隶制这个问题。不过那时，对林肯来说奴隶制倒不是迫在眉睫的问题。19 世纪 30 年代，美国经历了废奴运动，此前便有教友会信众等人抨击奴隶制，现在一群更加激进而善辩的人也加入进来。刚刚刊印的由威廉·劳埃德·加里森创办的报纸《自由人》（*The Liberator*）为这一运动奠定了基调：“一座房子着了火，你可以告诉男主人，‘别急，慢慢来’；他的妻子落入淫贼的手中，你可以告诉他，‘别急，慢慢来’；孩子掉进火海，你可以告诉孩子的母亲，‘别急，慢慢来’。但是，面对眼前这样的问题，你不能继续说‘别急，慢慢来’。”

尽管这些废奴主义者热情高涨，但人数却少之又少。民主党和辉格党是国家政党，这两个阵营内部又都有奴隶主，而废奴很可能意味着颠覆这个国家一半的经济和社会，也意味着推翻宪法中保护奴隶制的内容。（按照宪法第二章第一条，在分配众议院席位时，一个奴隶相当于五分之三个自由人；按照宪法第二章第四条，逃至自由州的奴隶需交还其奴隶主。）尽管伊利诺伊是自由州，但不管是自由黑人，还是黑人奴隶，大多数伊利诺伊人对他们都没什么好感。1837年1月，州议会就一项谴责“废奴人士”的动议进行投票，投票结果是绝大多数人支持这项动议。

在3月份的州议会例会接近尾声的时候，林肯和另一位来自桑加蒙县的立法者丹·斯通（Dan Stone）一起，把一个简明的“抗议奴隶制”议案写进会议记录。虽然林肯和斯通赞同同僚的观点，反对废奴，但二人宣称“奴隶制是在非正义的、糟糕的政策上建立起来的”。同时，尽管二人都赞同国会不应“干涉”蓄奴州的奴隶制，但他们认为国会应废除哥伦比亚特区的奴隶制，因为哥伦比亚特区受国会直接管辖，不过虽然如此，二者又认为，“除非特区人民主动要求废奴”，否则国会不应率先行动。

既然那时的林肯最关心的是“大系统方案”而非奴隶制，那么他为什么愿为废奴如此费尽周折，何况他的努力不会有什么实际效果。（州议会议员里，只有林肯和斯通在“抗议奴隶制”议案上签了字。）其实，“抗议”体现了林肯的某些思想特征：林肯尊重立法程序，因此他详尽描述了国会的权利；同时林肯也尊重公众的意见，因此他认为国会做什么应由民众投票决定；不仅如此，林肯还是一个坚守原则的人，因此，虽知奴隶制违背正义这一言论是空谈，他还是要站出来直抒胸臆。正如林肯受教育的历程一样，这份“抗议”内容谨慎，由浅入深，见解独到。他通过这件事磨砺了自己的思想，而任何事情只要他思考过，他就永远不会忘。

如果没有独立战争，林肯 1837 的“抗议”不过是件不起眼的小事，但也许大多数原则在遭遇挑战之前都不过是不起眼的小事。

第四章

托马斯·潘恩的欢笑与理智

和大多数人一样，从 20 岁到 30 岁这 10 年里，林肯做了两件事：恋爱和工作（在恋爱上他要比多数人不幸，但在工作上他要比多数人走运）。同时他还在不断地学习，在这 10 年里，他“结识”了托马斯·潘恩——国父中的一员，不过这位国父有些特立独行。从潘恩那里，林肯为眼前的一些重大问题找到了暂时的答案；也是从潘恩那里，林肯受到鼓舞，尝试用新的方式思考和写作。潘恩教会林肯去嘲笑基督教——起码有那么一段时间是这样的，潘恩还现身说法教会林肯如何用笑声在论辩中胜出，这一点林肯受益终身。

和其他几位国父相比，潘恩很特别。他从未担任过什么政治或军事要职，只是在内战期间担任过两年的国会委员会秘书，听上去很光鲜，但其实不过是办事员。潘恩一生辗转迁移：1737 年，他在英国出生；1772 年美国独立战争前夕，他来到美国；1792 年，他又去了法国，那时法国大革命正如火如荼；1802 年，他返回美国；1809 年，林肯出生了，而潘恩则在格林尼治村(Greenwich Village) 去世。

潘恩鼓舞人心的作品使他成为享誉美国的爱国主义者。1776年1月，潘恩的《常识》（*Common Sense*）问世，这本小册子大声疾呼美国要争取独立，而半年后国会便宣布美国独立。《常识》一经发表，立刻引起轰动，发行量达15万册（当时北美殖民地只有300万人口，所以当时的15万册就相当于现在的1 500万册）。独立战争期间，潘恩又以《美国危机》为题发表一系列文章评论战争的进程。其中的第一篇在1776年那个灰色的12月发表，一周后特伦顿战役爆发。这篇文章的第一段文字（“考验人类灵魂的时刻到了……”）慷慨激昂、震撼人心，在新闻史上绝无仅有。这位共和党人的这段话可与莎士比亚笔下《亨利五世》（*Henry V*）中哈里王在阿金库尔战争前的那番演讲媲美，只不过莎士比亚是用韵文写的。

但这些作品也几乎让潘恩名声尽毁。18世纪90年代中期，潘恩出版了《理智的时代》（*The Age of Reason*）。在这本书里，潘恩大肆抨击基督教，因此树敌无数，包括许多昔日与他并肩的国父。潘恩回到美国后，《独立宣言》签署人之一本杰明·拉什（Benjamin Rush）拒绝与他见面；另一位签署人塞缪尔·亚当斯（Samuel Adams）在写给潘恩的信中，严厉谴责他的宗教观点：“听说你改变心意，不再笃信上帝，我无比震惊，痛心不已。”只有托马斯·杰弗逊坚守在他身边，将白宫的门向他敞开。

然而，这些一方面充满爱国热情一方面又对抗宗教信仰的书一直在印行。威姆斯的杂货店里就有卖这些书，不过威姆斯会在顾客买这些书的时候推荐他们再买上些宗教读物来拨正思想。林肯在新塞勒姆的时候初次读到潘恩的作品。

潘恩的父亲是教友会信徒，而他的母亲是圣公会信徒，所以潘恩打小就接触了两种宗教。不过，在《理智的时代》中，潘恩说他是在七八岁的时候开始逐渐疏远基督教的。有一次，家里一个人给其他人讲道，说耶稣代人类受死，就是耶稣用死为我们赎罪。在基督看来，亚当和夏娃罪大恶极（还殃及了他们的子孙后代），所以他们和他们的后代必须死。但耶稣主动要求被钉死在十字架上，把自己的生命献给上帝，借此为人类赎罪。讲道结束，小小的潘恩走出屋外，“我一边走下花园里的台阶（那个地方我记得非常清楚），一边对刚刚听到的事感到不快。当时我想，万能的上帝怎么像一个暴虐的父亲，因为实在找不到办法复仇，居然对自己的儿子下毒手。我敢肯定谁要是做了这样毒辣的事，他是一定要被绞死的，那我就不明白了，讲道的时候为什么要说这种事。”

潘恩在《理智的时代》一开篇便宣布了他自己的成熟的信条：他只相信“唯一的上帝，别无其他”，他认为一切现存的宗教不过是“人类编织的谎言，用来威吓、奴役世人”。潘恩嘲弄了伊斯兰教和犹太教，但他把主要火力指向基督教。他有三个论据，都是围绕《圣经》的。

《圣经》里处处有前后龃龉的地方，潘恩对此大加讨伐（在潘恩的笔下“圣经”也降格为“经文”）。《以斯拉记》（*Ezra*）和《尼希米记》（*Nehemiah*）上说，被囚禁在巴比伦之后，一些犹太部落返回了耶路撒冷，两本书中多处列举了这些部落，但这些名单并不一致，数字也对不上。潘恩这样写道："这些作者写《圣经》还行，可要是指望他们讲出真理和确凿的事实那就别想了。"福音书上对耶稣出生、受刑、记忆复活的描述也处处是漏洞。潘恩说，要是这群作者胆敢把这样前后矛盾的证据呈上公堂，"他们怕是要因为作假证而被割掉耳朵，割掉也是罪有应得"。很多人都注意到《圣经》中的诸多矛盾，潘恩不是第一个。几个世纪以来基督徒和非基督徒一直为《圣经》中的某些字句争持不下。但潘恩精心构思该如何呈现这些矛盾，所以他的作品要么就让奉读《圣经》的人为之一振，要么就让这些人怒不可遏。潘恩在《圣经》的字句上下功夫，不是为了维护它，而是为了推翻它。

潘恩对《圣经》的攻击还有一个突出的特点就是他谴责《圣经》下流猥琐。哪儿稍有点不对劲的地方，潘恩就会邀他的读者和他一起嘲弄取笑它。他说鲁斯（Ruth）向未来的丈夫博厄斯（Boaz）求爱就是"一个乡下女孩悄悄爬上"博厄斯的床。"怎么能说这种话是上帝说的！"他说《所罗门之歌》（*Song of Solomon*）"下流又愚蠢，"说《传道书》（*Ecclesiastes*）是"一个纵欲过度的无耻淫徒"的思考；说玛丽·玛格达莱妮（Mary Magdalene）是在"四处散步"的时候碰巧走进了耶稣的空墓穴，也就是说书上说的纯属谎言。耶稣降生的故事在潘恩看来"下流无耻，亵渎神明……要是一个身怀六甲的女孩说一个鬼魂让她怀了孕，而且这是一个天使告诉她的，会有人信吗？哪怕她发誓她说的是真的，也不会有人信"。潘恩肯定是不信。

潘恩情路坎坷，不输林肯。他经历了两次婚姻，分别是在 22

岁和36岁的时候。他的第一任妻子在婚后一年便难产死去，第二任妻子和他生活了3年后与他分道扬镳，原因可能是潘恩阳痿。同时也没有传过他有情人。他喜欢在咖啡馆和酒馆里同人们争论政事，这没什么不对劲，在潘恩去过的每一个地方，争论政事都是男人的消遣。但是性，尤其是再和女人联系起来，似乎让潘恩十分警觉，不管是在《圣经》里还是在现实中都是如此。

《圣经》中的暴力，也就是潘恩攻击《圣经》的第三点，让潘恩非常反感。《旧约》中描述的以色列与其众多敌国之间的战争在潘恩看来很“恐怖……是一段充满劫掠与杀戮的历史”。宣称上帝赞同并命令这些杀戮是“渎神”。但最让潘恩恼火的还是那个从小就困扰他的问题：上帝的儿子耶稣为了给人类赎罪把自己当作牺牲品献给上帝，而耶稣的父亲上帝居然接受了这个牺牲品。这似乎既不合理，又很残暴。既然上帝是万能的，那么不做这笔交易应该也能洗去人类的罪，不是吗？处死一个无辜的人能惠及千万人，怎么会呢？“上帝作为父亲处死自己的儿子，这则基督故事……不能让父母讲给孩子听。要是告诉孩子这样做是为了全人类更幸福更美好，那情况就更糟糕了，因为那仿佛在告诉孩子杀了人，人类的福祉就会改善。”

那用什么来代替宗教呢？潘恩的回答是：理智（这就是为什么他把书命名为《理智的时代》）。上帝的意旨在经文中是找不到的，我们只能运用理智到上帝亲手创造的万物中去寻找，“理智是上帝赐予人类最珍贵的礼物”。用我们的理智来观察周遭的世界，我们就会明白这个宇宙是如何运转的，就会知道自己应该怎么做。潘恩心中的上帝说："我创造了地球，让人类在上面栖居。你们要学习我宽广的胸襟，善待彼此。"潘恩不信《圣经》，但他信仰这句话体现的真理。

《理智的时代》颠覆了林肯自小对宗教的了解。托马斯·林肯是浸礼会信徒，浸礼会在 18 世纪末 19 世纪初发展迅速，托马斯·林肯参加过在印第安纳举行的礼拜仪式，甚至还做过教会的受托人。亚伯拉罕·林肯小时候就随父亲参加各种宗教活动，活动结束后，他就会把听到的布道内容背诵给其他的小孩子听，通常都是为了闹着玩。但是，林肯的继母注意到林肯对宗教其实很冷淡："亚伯什么教都不信……他从不谈论宗教。"

来到伊利诺伊后，林肯读到了潘恩和其他两位反基督教作者的作品，即使在乡下这些作品也会看得到。这两位作者是法国的伏尔泰和康斯坦丁·德·沃尔尼（Constantin de Volney），后者著有《废墟》（*The Ruins*），书中写到一切帝国与宗教尽是过眼云烟。但潘恩是美国人，他用美国人的方式表达他的怀疑论观点。

书可以表达我们已有的想法，也可以激发新的思考。来到伊利诺伊后，林肯开始谈论宗教。这是因为他读了这些反基督教的书，还是因为他再也不必随父母一起去教堂，我们不得而知。

詹姆斯·马西尼（James Matheny）就曾听过林肯在斯普林菲尔德谈论宗教。马西尼比林肯小九岁，在不同的政府部门担任办事员。斯普林菲尔德有个小小的闹市区，是结交朋友的好去处。马西尼回忆说，那时林肯已经是约翰·斯图尔特的法律合伙人，每当林肯和他的同事们“无所事事”的时候，他就会到那个小闹市区，“拿起一本《圣经》，读上其中的一段，再评论一番，指出要是理智地看，《圣经》中漏洞百出。”马西尼记得林肯曾说耶稣是个“私生子”。《圣经》自我矛盾、《圣经》经受不住理智的考验、耶稣是私生子——这听起来像是按照托马斯·潘恩的套路列出的《圣经》的三大漏洞。

林肯对《圣经》的解读在某种程度上是一种表演。虽然林肯没有念过大学，但他比马西尼和其他同事年长，所以拿起书来的时候不免以前辈自持。耶稣不是婚生，这对林肯来说有着特别的意义，不过这一点林肯从未跟这几个年轻人提过。如果耶稣也是寻常的私生子，那么上帝一家和汉克斯一家岂不没什么两样？这么一来，《圣经》没那么神圣，而汉克斯一家也没那么不堪。

对于宗教，林肯不仅仅只是说说而已，他还写过一个和潘恩风格相近的小册子来论证《圣经》不是上帝口授的，耶稣也不是上帝的儿子。那时林肯是新塞勒姆的邮政局局长，每当邮局业务清闲的时候，他就会大声地为朋友朗读他的小册子。林肯还说要印刷发行这本小册子，不过村里有个年长的店主叫萨缪尔·希尔(Samuel Hill)，他偷走了林肯的小册子，并将其付之一炬。

林肯当时始入仕途，并因其爱国热忱而颇有名气，可是追随潘恩的观点已经让他名声受损，要是再将这些观点付诸笔墨流传开来，那么林肯一定会名声扫地，所以萨缪尔·希尔其实帮了林肯一个大忙。即便如此，这本化为灰烬的小册子还是让当地人议论纷纷，希尔的儿子就曾听长辈“无数次”提到这本小册子。在1846年参加国会竞选的时候，林肯遭遇对手彼得·卡特莱特(Peter Cartwright)。卡特莱特是民主党人，同时也是一位卫理公会牧师，他在竞选时散布林肯的无宗教信仰立场，借此攻击林肯。于是，林肯被迫发表声明，否认自己曾“公开讥讽”基督教。不管他当时让满座听众瞠目结舌还是醍醐灌顶，那都是关起门来说的话，所以只能算作私下讥讽，可一旦刊印发行那就无疑是公开讥讽了。多亏了希尔，林肯逃过一劫。

林肯所读到的第一个用第一人称抒写心意的国父便是潘恩。《华盛顿的一生》是用第三人称写的，虽然书中华盛顿的某些话和书信有据可考，但有很多是作者威姆斯杜撰的。

而潘恩是用第一人称写自己，而且写得精彩酣畅。当然，威姆斯也很会讲故事，两个世纪过去了，我们依旧记得樱桃树的故事，不过威姆斯文笔拖沓，本可以用5个字说清楚的事情，他偏要用20个字。而华盛顿也是文如其人，庄重但又有点刻板。潘恩则像社论作者一样恳切扼要，又像优秀的记者一样清晰流畅。

正是由于这一点，潘恩对林肯日后的写作和演说影响深远。林肯以前就会讲故事，但潘恩教会他如何辩论，并在辩论时战胜对手。

潘恩善于讥讽，这一点让林肯尤为受益——虽然林肯已经深谙讥讽之道。潘恩能够笑着把自己的观点深深烙在人们的脑海里，他说《耶利米书》(*Jeremiah*)是“由风马牛不相及的奇闻怪谈构成的大杂烩”，接着又补充说，“仿佛是从一堆报纸上摘录了些五花八门又彼此矛盾的报道……然后胡乱堆砌在一起，又不做任何解释”。碰到不喜欢的观点，潘恩总能笔锋疾走，有理有据进行抨击，让这些观点变得荒谬滑稽。他这样写道，基督徒居然会相信“上帝兼有人和神的双重身份；神会和人一样死去；就像神话中说的那样，神也有亲眷；还有，基督教的算术法则：3 等于 1，1 等于 3”。

最有趣的是，潘恩还用到了归谬法，拿出一个命题，不断推理，直至推理出一个荒谬的结论。在驳斥“基督为了替我们赎罪而被钉死”这一点的时候，潘恩就用到了归谬法，并选择了天文学的角度。“在无穷的宇宙中，不管哪个世界里都有一个夏娃，一只苹果，一条魔蛇，还有一位救世主——我们真的要相信这些吗？要是这样的话，那个被轻蔑地唤作‘圣子’的人怕是要整天在不同的世界里来回穿梭，死了一回又一回，连一刻活着的功夫都没有。”

幽默与庄重不容易调和，所以林肯花了好一阵子才学会潘恩的这些演说技巧。但林肯能言善辩，在未来的岁月中他将娴熟地运用这些技巧。19 世纪 50 年代，林肯指责政敌对奴隶制问题漠不关心，他是这样说的：“他们怕说错话，他们索性只字不提，在他们看来，奴隶制不过是个普普通通的财产问题，他们说起奴隶就跟说起牛马没什么区别。”林肯的头两句话直接点明问题的本质，而第三句话则用了家喻户晓的比喻。林肯的政敌攻击林肯支持种族混合，而林肯则回敬对方说，不雇用黑人女子做奴仆并不意味着就要把她娶回家做老婆，“我为什么非得让她做我的仆人或老婆呢？我完全可以和她没有任何牵扯”。在这里他不兜圈子，直接用他本人对奴隶制的反应来打消人们的疑虑。美国在内战时期采取诸多战时临时措施，身为总统的林肯用反证法捍卫这些措施。战争过后，这些措施就不会再用，这就好比一个病人痊愈后，就不用“继续服用催吐药”了。这是故事高手常用的嬉笑怒骂的技巧，有胆识的人凭此化解自己的尴尬，而潘恩和后来的林肯则凭借这些技巧攻击政敌论辩中的漏洞。

这些技巧林肯在不同场合屡次使用。乔纳森·斯威夫特（Jonathan Swift）是这种嘲弄揶揄之术的大师，在林肯生活的年代，斯威夫特的著作《小人国历险记》（*Gulliver's Travels*）是经典读物。林肯的幽默很有几分斯威夫特的味道，不过林肯似乎从未读过斯威夫特的书，甚至也没有提过斯威夫特和他笔下的人物格列佛和利利普。但潘恩的书林肯确确实实读过。

潘恩的风格极大地影响着林肯，但林肯最终未能成为另一个潘恩，因为他和潘恩之间有一道屏障，那就是潘恩的乐观主义。

潘恩坚信研究这个世界就会了解上帝的“大德”，因为在他的眼中这个世界是美好的。“我不是已经看见了吗？我们呱呱坠地，便被一个美好的世界拥入怀中。我们坐享其成，因为这里的一切都已经齐备，不是吗？是我们点亮了太阳吗？是我们降下丰沛的雨水灌溉广袤的土地吗？不管我们是清醒还是沉睡，宇宙这台大机器都在轰鸣运转。”此时的潘恩很像威姆斯笔下的奥古斯丁·华盛顿，教幼小的乔治了解上帝的慷慨胸怀。

但潘恩只说对了一半。这个世界的确是美好的，但它不是每时每刻都这么美好。宇宙这台大机器就没有出故障的时候吗？那些洪水、饥荒、干旱、瘟疫、火山喷发、地震又是怎么回事？每个人都有难以逃脱的痛苦和灾难——潘恩第一任妻子、南希·林肯、萨拉·林肯、安·拉特利奇的相继死去，这些又是怎么回事？潘恩不去想这些，这也许是他的信念或性情使然，也许是因为他有英雄主义情结或干脆是因为他愚昧天真，但是林肯不能不想这些。

世界是什么样的，父辈们就是什么样的。父亲居然要儿子用性命来赎罪，这让潘恩惊讶不已，怒不可遏。他确信，不管是谁，只要做出这样的事，“都应被绞死”。不过，林肯拒绝评判父亲该做什么，不该做什么。

林肯从诗中读到了大自然的灾难和自己的不幸。林肯生活的年代不乏伟大的诗人：华兹华斯（Wordsworth）、柯尔律治（Coleridge）、济慈（Keats）、雪莱（Shelly）、丁尼生（Tennyson），还有惠特曼（Whitman），但他们都无法激起林肯的兴趣。林肯最喜爱的是威廉·诺克斯（William Knox）的《死亡》（*Mortality*），威廉在诗中悲观地认为人的一切愿望都是虚妄。林肯喜欢这样一首诗让人深感不安。林肯是在新塞勒姆的时候读到了这首诗，于是终身不忘，并在未来的日子里多次引用。他曾说：“要是我能写出这么好的诗，哪怕让我倾尽所有，债务累累也在所不惜。”林肯还喜爱苏格兰诗人罗伯特·彭斯（Robert Burns），彭斯的讽刺诗让林肯钦佩不已，《假圣人的祈祷》（*Holy Willie's Prayer*）是林肯最钟爱的一首。

在新塞勒姆的第三个重大发现是诗人拜伦勋爵（Lord Byron）。在 19 世纪初期，人们眼中的拜伦到底是怎样的人物，现在我们很难说清楚。他是诗人，是名流，是演员，是英雄。他英俊多金，魅力四射，但又玩世不恭，放荡不羁。他让人捉摸不透，又让人为之倾心。拜伦的政治主张和潘恩有些相似，因为拜伦也是一个热爱自由的贵族，他奔赴希腊，为了从奥斯曼帝国的铁蹄下解放希腊而奋战，但不幸于 1824 年病逝。但是，和潘恩不同的是，或者说和启蒙时代的所有人不同的是，他能感受到一切最阴暗的情感——抑郁、绝望、虚无和疯狂。这些情感他信手拈来，这让我们不免怀疑他是否有些虚伪做作。但是，林肯和身边大多数人一样热爱拜伦。旅途闲暇时，林肯会借来拜伦的诗集阅读他喜欢的段落（其他人都有拜伦的诗集）。

不过，林肯最喜欢的是莎士比亚。林肯没有读完莎翁所有的剧作，这很符合林肯涉猎知识的习惯，林肯读的书没有教授那么多，甚至没有记者多，但是一本书只要他读了就会读得很精。莎翁的戏剧里林肯最喜欢的是不大闻名的那几部悲剧和历史剧（尽管莎士比亚笔下的历史总有美好的结局，比如都德王朝迎来了自己的春天，但通往美好结局的道路却总会布满荆棘），这其中林肯最喜欢的是悲剧《麦克白》——以巫师的预言开场的故事。

从 28 岁到 30 岁出头的几年里，林肯自己也写诗，都是伤感的诗。有一首诗叫《自杀的独白》（*The Suicide's Soliloquy*），曾刊登在《桑加蒙日报》上，不过后来此诗从《桑加蒙日报》的历史档案中移除了，可能是不希望人们把林肯和这么阴冷的话题联系到一起。2004 年，一位学者重新找到了这首诗，光看其中的一节便可窥见原诗全貌：

> 是的！我决心已定要了此夙愿，
>
> 就这样：
>
> 我要把匕首插进胸膛，
>
> 尽管我将在地狱里嗟悔颤抖。

这首诗的措辞完全没能传达林肯意欲表达的情感，因为“膛”(嘡) 和“抖”(咚) 更像是木桶从楼梯上滚下来发出的声音。

林肯最成功的尝试或许得数《被猎杀的熊》(*The Bear Hunt*)，这首长诗描写一群猎手带着咆哮的猎犬追杀一只野熊。写到野熊已穷途末路，猎人即将得逞的时候，林肯把自己的同情献给了野熊，于是便有了下面这句用词犀利的诗句：“整个世界都弥漫着狂欢的腥味”。这种黑色幽默非幽默大师所不能。

林肯热爱诗歌，一生都从诗歌中汲取力量。他在诗歌中瞥见自己多变的情绪，借诗歌排遣自己的情绪，又用诗歌把这些情绪封存起来。但是他后来不再尝试写诗，也极少在演讲中引用诗歌。林肯很明智，他将自己的情绪融入音乐，不断回味，并在需要的时候将其写进演讲。

1838 年 1 月，林肯做了一次演说。他凭借长久以来学到的演说技巧表达他对政治的感悟，他还说起国父，说起他们留下的宝贵遗产，说起他们的伟大成就以及在他们离去后，这些遗产将会面临怎样的命运。

这次演说是在斯普林菲尔德的“青年学园”上做的。那时有很多这样的学园，其实是由年轻的美国人组织起来的讨论小组。这些小组在镇上聚会，倾听各种演说，有本地人的演说，也有流动演说家的演说。使用“学园”这个堂皇的名字表明这些年轻人志在自我完善，因为“学园”原本是亚里士多德在古雅典开办的学校的名字。林肯的听众都是年轻人，其中赫恩登和马西尼早已是他的拥趸。虽然此时的林肯即将年满 29 岁，但他依旧愿意做学园中的一员。

他演说的题目是“我们的制度万古长青”，这样一个题目显然对政客很有吸引力（此时的林肯正担任伊利诺伊众议院议员的第二个任期）。这次演说体现了他了不起的修辞水平，太了不起了甚至有些过了头。陈述完演讲题目后的第一句话实在太长：“翻开美国的日记，阅读发生在这个世界上的诸多事端，美国人会发现我们正处公元 19 世纪。”这样的话如鼓声一样洪亮，但也如鼓声一样空洞。不过，当台下的年轻人慢慢熟悉他的主题之后，他们就会发现接下来的演讲越来越有趣了。

在林肯看来，美国的政治制度“是要实现公民自由和宗教自由”，林肯将此归功于“勤劳、勇敢和满腔爱国热忱”的国父们，因为是他们建立了这个国家。这个国家刀枪不入，1812 年战争就证明了这一点——英国军队战胜了拿破仑却无法战胜美国。

然而这一政治制度却因为自身的毒瘤而命悬一线，那就是暴乱。林肯在演讲中说“报纸每天登载的尽是暴徒令人发指的恶行”，“这些恶行已蔓延到全国，民众已司空见惯，报纸对此的报道也不过寥寥数语”。林肯还举了两个例子：1835 年 5 个赌徒在维克斯堡（Vicksburg）被以私刑处死；1836 年黑人弗朗西斯·麦金托什（Francis McIntosh）在圣路易斯被以私刑处死。被处死的这 6 个人也都不是善辈，因为他们都杀过人，但是用私刑将其处死不仅手段残忍，而且有违法度。那 5 个赌徒未经审判便被绞死，而麦金托什更是被绑在树上慢慢烧死。从这里可以看出林肯作为辉格党党员的党派意识。1837 年安德鲁·杰克逊第二届任期期满卸任，民主党人马丁·范布伦（Martin Van Buren）上任。(1836 年，为使民主党候选人在总统大选中落选，辉格党推选了 3 名候选人，以期在众议院选举阶段使选举陷入僵局。但他们的计划落空了，此后再也没有哪个党派试过这一策略。）马丁·范布伦结实强健、能言善辩、礼貌儒雅，一句话来说就是和安德鲁·杰克逊绝非同一路人。可对于前任民主党总统杰克逊的个性，民众仍惊魂未定。林肯甚至不用多说什么，台下的听众中的辉格党员早已认为，一个管不住自己的总统自然也管不住蔑视法律的暴徒。上述私刑均发生在密西西比和密苏里，而这两个州正是民主党的势力范围。

除了这两个州外，伊利诺伊州在不久前也发生了暴乱。被害人是伊利亚·洛夫乔伊（Elijah Lovejoy），他来自缅因州，是一位长老会牧师，定居圣路易斯后，他创办了一份废奴报纸，并在报纸上严厉谴责了麦金托什被处私刑一事，一伙暴徒因此毁掉了他的报纸，于是他又到密西西比河对岸伊利诺伊州的奥尔顿市继续发行这份报纸。结果，1837 年，一伙暴徒开枪打死了他，并把他的报纸投入河中。林肯列举了一些暴徒的恶行，其中之一便是这件：“（暴徒们）焚烧教堂，洗劫粮库，把报纸扔进河里，枪杀报纸编辑……”伊利亚·洛夫乔伊事件距林肯的演说仅仅两个月，而奥尔顿距离斯普林菲尔德也不过 60 英里，所以林肯不必指名道姓，听众都心知肚明他说的是谁。

林肯详尽描述了暴徒残忍的手段，但他认为暴乱最恶劣的地方是它的影响。如果人民的生命和财产要听任“变化无常的暴徒”任意摆布，那么正直善良的民众必将慢慢“疏远”政府，这样一来，一些野心家将伺机推翻政府，改朝换代。在林肯眼中，这才是美国的政治制度面临的最大威胁。最可怕的不是安德鲁·杰克逊和他那些狂热的追随者，而是可能借此执掌美国的叛乱分子。

无法无天的暴乱触目惊心，这将使叛乱分子有机可乘，他们一心想在历史上留下自己的印记。说到这里，林肯再次回到伟大的开国元勋，他们建立了一个自由的政府，这让他们青史留名。“要是他们成功了，他们便会青史留名。”结果是他们成功了，历史也的确这样回报了他们，“他们辛勤耕耘结出了丰硕的果实，自然实至名归收获了伟大的荣誉”。

但林肯话锋一转，“可是新的割麦人还会出现，他们也要寻找一片肥沃的田野”。维护别人开创的制度会让这批新的割麦人得到他们渴望的荣誉吗——哪怕开创这一制度的是伟大的国父。

林肯不这么认为，“这种抱负非雄狮所有，亦非苍鹰所有……盖世英才不屑走别人走过的路。他们会开拓属于自己的新天地”。

这几乎是林肯的演讲中最精彩的部分。“田野”“收获”“苍鹰”——和潘恩使用的意象一样平实近人（雄狮则稍显奇特了些），不过林肯的话是严肃的，没有讥讽挖苦的意思。这几句话简直像诗一样，而且林肯的确是在诗中读到的他所描绘的“盖世英才”。诗人拜伦最著名的一首诗叫《恰尔德·哈罗德游记》(*Childe Harold's Pilgrimage*)。这首长诗记录了拜伦对人生和现代欧洲的思考，诗中若干著名的章节中有一首描绘了拿破仑：

那活跃的心胸唯恐安闲，
而这正是你一生的祸根；
有一种灵魂动荡而且烧着火焰，
它不愿在狭隘的躯壳里居停，
而喜欢做非分的憧憬；
一旦火势高涨，就难以熄灭，
它嗜好冒险……

拿破仑的丰功伟绩还只是不久前的事，因为他在 1821 年去世。没有人不感叹他非凡的能力和一往无前的精神，但他是个典型的躁动不安的政治冒险家，一刻也停不下来。包括拜伦和林肯在内的任何共和党人都强烈谴责他，因为他毁掉了法兰西共和国，建立了他自己独揽大权的法兰西帝国。

要如何阻止在美国出现拿破仑呢？林肯再次向国父们求助。

林肯坚称，是热情铸就了美国的政治制度，并让这一制度长存，这其中有国父们的热情也有民众的热情。国父们为独立战争赴汤蹈火，林肯淋漓尽致地描述了这场战争如何激励着诸位国父，让他们放弃个人恩怨，同仇敌忾。只要国父尚在，年轻一代就会无限拥戴他们，因为他们是英雄。林肯接着说："家家户户都清晰地记得那场战争……因为亲人的残肢和伤疤。"

可现在国父们已经故去，连接美国和独立战争的那根线也就此断了。国父们曾是"坚强的堡垒，在敌人面前岿然不动。但静默的时间的大炮却渐渐将其攻破，只剩残垣断壁……他们曾是参天橡树之林，但势不可挡的飓风过后，剩下的只是几根孤寂的木桩"。这段演讲，尤其是"时间这门沉默的大炮"这一措辞是林肯这次学园演讲中最精彩的部分，它预示了一个伟人的崛起。

国父已经故去，我们对他们的忠诚也日渐消退，下一个拿破仑的出现似乎无法阻挡。那么美国人该向谁求助呢？林肯给出了答案：理性。"热情曾帮助我们取得胜利，但它对我们的帮助将到此为止。而理性，冷静、谨慎、持重的理性……将是我们未来的支柱。"

林肯对理性的呼唤让人想起潘恩的《理性的时代》，不过林肯所指的理性的时代和潘恩的不同，林肯指的是政治上的而非宗教上的理性的时代。理性将教会美国人如何尊重法律，"让每一个咿呀学语的孩童从他们的母亲那里听到法律神圣不可侵犯"。这样，美国的制度将会免遭暴徒和盖世英才的进犯，免遭民众疏离的厄运。林肯甚至希望遵守法律会成为一种"政治信仰"。这种新的信仰建基于理性，并接受理性的指引。

斯普林菲尔德的《桑加蒙日报》登载了学园演讲，报纸还特别附文表示感谢，“尤其感谢亚伯拉罕·林肯”。

不过林肯的学园演讲并非无可挑剔——语言过于花哨，这点稍加留意便会注意到（比如“咿呀学语的孩童”）。在林肯看来，独立战争时期全国人民都同心协力一致对外，但他错了。战争期间出现过叛徒，比如，贝内迪克特·阿诺德（Benedict Arnold）；在纽约州和美国南部，成千上万的亲英派疯狂抵制独立战争。继《华盛顿的一生》之后，威姆斯又出版了传记《大将军弗朗西斯·马里恩的一生》（*Life of General Francis Marion*）。弗朗西斯·马里恩将军号称“南卡罗来纳的沼泽之狐”，这本传记里便详细记录了发生在那里的内战。

林肯呼唤“冷静、谨慎、持重的理性”，可他在演说过程中似乎并未做到这一点。如果他热爱“冷静的理性”，他怎么会在演讲时用到那些华而不实的辞藻？理性的人不会说什么“势不可挡的飓风”，也不会说什么“时间这门沉默的大炮”。

但有一个模糊的主题松松散散地贯穿于林肯的演说，那就是废奴的问题。洛夫乔伊因为支持废奴而惨遭私刑，甚至连发生在密西西比的私刑也与废奴主义者有关：1835 年，维克斯堡的人听闻一群废奴主义者和强盗纠集在一起，准备策划奴隶造反，于是他们用私刑处死 5 个赌徒，借以让全州提高警惕。维克斯堡人的担心毫无根据，但残忍的绞刑却是真真切切。

林肯不愿与废奴主义者为伍。在 1837 年 3 月的《抗议奴隶制声明》中，林肯和丹·斯通认为废奴主义者的宣传活动实际上让奴隶制问题变得更糟，比如，它有可能使奴隶主陷入恐慌。林肯认为废奴主义过于激进，终将堕入无视法律的泥沼。

林肯在学园演讲中告诫美国人，美国“那些盖世英才”同样有可能用自己的才能来“解放奴隶，奴役自由人”。事实证明，林肯担心会出现另一个拿破仑是毫无根据的，并未出现这么个人物。林肯在后来的政治生涯中遇到的挑战与此刻他所担心的完全不同。

然而，的确出现了像雄狮苍鹰一样强健有力的人和独领风骚的天才，但他们没有像拿破仑一样建立自己的帝国，他们出现在林肯的政治征途上，有时甚至和林肯并肩作战。

学园演说具有里程碑意义，对于林肯近 30 年的所学，这次演说可算是一次试演、一次排练。此时的林肯尚不知如何将幽默引入严肃的话题，但他的初次尝试便以诗来展开——这不是以自杀或猎熊为主题的短诗，而是关于自由、死亡和人性的真真正正的诗。

林肯呼唤着开国元勋，不过他呼唤得有些生硬。他汲取了潘恩的“理性”（不过林肯的理性指的不是要放弃基督教），林肯知道国父们虽然伟大，却已不过是远去的亡魂。在演说结尾，林肯甚至呼唤乔治·华盛顿的帮助。

“我们应谨记，现在我们仍旧是自由的……我们的最后一招是唤醒华盛顿。很久以前，华盛顿为自由而战，但现在他帮不上什么忙，因为他已经死去了，但要是他能死而复生，他会发现能帮助我们的其实是我们自己。”

事实就是这么简单，不过日后林肯还会祈求国父的帮助。

第五章

1840—1852 年：日臻成熟

林肯曾说别人走过的老路，“盖世英才”是不屑走的，但进入而立之年的林肯却走上这条老路，这条老路引领他迈向自我成熟，迈向事业成功。

由于法律业务不断增多，林肯在伊利诺伊州中部的大街小巷来回奔走，在县级法院出庭辩护。他在政坛上摸爬滚打，最终成为国会议员。他马不停蹄地忙着赚钱糊口，为他的政党呕心沥血，抨击民主党推举的总统和民主党发起的战争。

在此期间，他时不时陷入绝望，并结婚生子。

他还会一再提及乔治·华盛顿，但这都被派系忠诚或派系斗争湮没了。林肯走的这条路人来人往，熙熙攘攘。

林肯总担心暴徒四起，拿破仑式的野心家借机登台，而事实上，伊利诺伊的政治生活还是照着民主党的方式进行着——错综复杂，吵吵嚷嚷。林肯曾涉入的一系列事件中，有那么几件很典型地展示了这种地方特色。

1840年12月，伊利诺伊州的民主党人极力想促成议会休会，这样一来，一项旨在向州银行提供救助的法律条文便不会获准生效。伊利诺伊民主党憎恶州银行，其原因和安德鲁·杰克逊打击第二合众国银行的原因如出一辙：他们认为这个银行只代表商人和富人的利益，而不代表普通民众的利益。而林肯和其他辉格党人则坚称州银行向任何人提供信贷，因此辉格党人要让议会保持正常工作状态以保护州银行。为阻止休会动议通过，辉格党人拒不参加会议，只让林肯和几个辉格党人参会观察事态。这样一来，参加投票的议员无法达到法定人数，投票自然无法进行。没想到这几个参会的辉格党人算错了数，参会的民主党人加上他们几个刚好达到投票的法定人数。发现出错后，这几个辉格党人赶紧准备离开议会会场，而民主党人则马上锁上会场大门，情急之下，林肯和他的朋友纵身从二楼的窗户跳了出去。事后，民主党在报纸上调侃说，要是议会大楼多盖一层就好了。

两年后，林肯卷入另一次党派纠纷，同样荒诞但更加惊险。到 1842 年的时候，伊利诺伊州银行已经奄奄一息，于是州审计员民主党人詹姆斯·希尔兹（James Shields）宣布，伊利诺伊州不再接受州银行用其银行货币还贷。林肯认为，民主党多来年一直蛊惑人心，攻击州银行，现在他们终于如愿，所以他决定假借他人的名字写信嘲弄希尔兹，并把信投到《桑加蒙日报》。

这封信在 8 月份被登载出来。林肯用的笔名是贝嘉姨妈，一个爱闲聊的乡村老妇，老妇想表达的就是希尔兹是专横跋扈的家伙。信中有段内容非常有趣，描述的是希尔兹在一次舞会上说的话（可以想象，当时希尔兹一定是衣冠华丽）：“希尔兹对围拢在他身边的女士说：‘我亲爱的女士，我实在是太英俊潇洒、风趣幽默了，可这不能怪我啊。’”

但希尔兹可不觉得这个有趣，提出要与林肯决斗。1804年与1820年，国父历山大·汉密尔顿与海军英雄史蒂芬·迪凯特(Stephen Decatar)分别惨死在个人决斗中，决斗从此备受争议。但是希尔兹和林肯都非常严肃地看待此次决斗，作为接受挑战的一方，林肯先挑选武器。他选择了骑士砍刀，这样他修长的双臂可以派上用场（希尔兹没有林肯那么高)。9月份的时候，来自两个党派的党员及其随从来到密西西比一个与奥尔顿相望的小岛上，但决斗最终并未进行，因为林肯说假借贝嘉姨妈之名写的那封信“完全出于政治目的”，并不针对个人。

通过这几次交锋，林肯明白了两点：一是算准投票人数；二是不要把对手逼上绝路。

这些斗智斗勇的交锋都是政治内幕，除了政客和新闻记者几乎无关其他人什么事，但政治也有需要举世皆知的事——大选。

在1840年的总统大选上，林肯的政党取得了美国历史上最引人瞩目的胜利。杰克逊瓦解了合众国第二银行之后，美国的经济在杰克逊的继任者马丁·范布伦的手中崩塌了。辉格党人决意借这片废墟成就自己的胜利，一旦获胜，这将是辉格党的第一次胜利。辉格党推举威廉·亨利·哈里森（William Henry Harrison）为总统候选人，他是1812年战争中的英雄，也曾在政府供过职。哈里森仪态庄重，声名远播，又受人爱戴。

在大选初期，民主党人的一份报纸讥讽哈里森为无名之辈：给他一份退休金，他就会“待在小木屋里度过余生”。辉格党人立刻意识到，民主党攻击哈里森为无名之辈实则是在鄙视他身份低微，而绝大多数选民都是身份低微的无名之辈。于是辉格党人赶紧抓住这一机会，把哈里森打造成普通民众的形象，手杖、手帕、肥皂箱、笑话书、威士忌酒酒杯——处处都贴上了小木屋的标志。

不过这个“小木屋大选”其实弄错了一件事，哈里森可不是无名之辈，他的父亲是弗吉尼亚显贵，还是《独立宣言》的签署人之一。但辉格党言中了一个政治事实：辉格党人过去十年未曾当政，而哈里森的对手范布伦却是政界老手，他一直在主持着一个弱不禁风的政府。虽然辉格党人一直喋喋不休东拉西扯，可他们说对了一件事，就是在两党制的政治体制内，一个政党执政太久就该轮到另一个政党登场了。

然而林肯关心的倒也不是这个，林肯鼎力支持哈里森并为他积极奔走。要是哈里森到伊利诺伊做竞选巡游，林肯便会是那里的总统选举团成员。他经营着一份竞选报纸叫作《老兵》，他还在伊利诺伊州与民主党人进行辩论。有一次在与史蒂芬·道格拉斯（另一个冉冉升起的政治新星）交锋时，林肯读了范布伦早前竞选总统时的一份竞选档案，内容是范布伦支持纽约州黑人享有选举权（伊利诺伊州的自由黑人没有选举权）。这是林肯手中的一张王牌，他亮出这张牌就是要让道格拉斯难堪，他的确做到了。道格拉斯大声呵斥了一声“这该死的档案”，然后夺过林肯手里的档案，扔向台下的群众。当时的林肯反对私刑也认为奴隶制不公平，但他对黑人还是心存偏见，只是不易察觉。

但大多数时候，他忙的是那件他无法卸下心头的事，那件让他从州议会二楼纵身跳下去的事，即民主党对银行的攻击。有一份报纸曾说，林肯在政治演说中，生动描绘了合众国第二银行使我们的生活昌盛幸福的美丽画卷。经济史学家盖博·博里特(Gabor Boritt) 说，林肯生来是个“有问题逐一解决型”的候选人 。“大系统方案”瓦解后最关键的问题就是银行，所以他专注于银行问题而不是“小木屋选举”。

虽然没有全心关注，林肯还是注意到辉格党走的是平民路线，他小心地将其存入档案以备日后参考。“有问题逐一解决型”的候选人做不到三头六臂事事躬亲，但他可以借力他的拥护者。

哈里森赢得了大选。他获得了 234 张选举团选票，范布伦只获得了 60 张；哈里森获得了 57％的公众选票，范布伦获得了 43％的公众选票。哈里森没有获得伊利诺伊州的支持，因为伊利诺伊是民主党的地盘，不过范布伦也只是以微小优势获得伊利诺伊支持。林肯没有投出他手中的选举团选票，因为他当时也在经历低谷，虽然他第四次当选州议会议员，但只是险胜。大系统方案的搁浅折损了他的声望。

1841 年 4 月，68 岁的哈里森在宣誓就职后一个月因肺炎去世，这让辉格党在全国的胜利戛然而止。哈里森在任期间逝世，副总统继任为总统，这在美国历史上还是首次。而约翰·泰勒(John Tyler) 根本算不上是辉格党人，而是一个变了节的民主党人，当初他被拉入候选人名单不过是为了扩大辉格党的影响力。一上台，他便攻击当初勉强提拔自己的辉格党，并否决了恢复合众国第二银行的议案。林肯愠怒地写道："多亏了泰勒先生，我们的对手的政策方针得以推行。"

但 1840 年的大选对林肯来说并不是一无所获，因为他通过大选结识了未来的妻子，不过他俩的感情进展比大选拖得时间更久，也比大选更加艰难。

玛丽·托德（Mary Todd）比林肯小了将近 10 岁。她出生在肯塔基州列克星敦蓝草县一个显赫的家族，这与林肯的家庭截然相反。林肯的法律搭档约翰·斯图尔特是她的表兄，她的两个姐姐都嫁入斯普林菲尔德的名门。1839 年年末，玛丽来此探望亲戚，并住了一段时间。

玛丽个子不高，体态丰腴，聪明、活泼又时髦，很有魅力。流传着这样的一个故事：在 1839 年 12 月的一个舞会上，林肯对玛丽说他想跟她跳一支"最糟糕的舞"，玛丽后来说林肯的舞跳得"的确是最糟糕的"。一些学者怀疑这个故事的可靠性，但是这个故事让我们对玛丽有所了解——林肯是不会对一个安静沉闷的女子说这种俏皮话的。

政治让他俩走到了一起。玛丽、玛丽的家人、所有玛丽结交的人都是辉格党人。玛丽对政治满腔热情，尤其是在属于辉格党的 1840 年，女辉格党人都全心投入哈里森的竞选。有一个民主党人甚至不耐烦地说，这些女人胸前系着带子，"带子上印着两个名字"（哈里森与泰勒——一个戴在左胸前，一个戴在右胸前）。初次相识的喜悦在热气腾腾的政治氛围中逐渐升温。

可突然，一切归于沉寂。大选还未结束，这段爱情却画上了休止符。很难说到底是为什么，林肯和这位政治恋人之间的共同语言要比他和玛丽·欧文斯之间的要多，也许是胜利的前景警醒了他。总之，玛丽·托德和林肯都开始把目光投向了别人。到了1840 年 12 月，林肯告诉自己的朋友兼室友乔舒亚·斯皮德，他决定写信告诉玛丽要断绝两人的往来。斯皮德说这种事要当面说，于是林肯去见了玛丽，玛丽哭了，林肯亲吻了她。就这样，大选中成长起来的爱情以吻别落下帷幕。

林肯随后陷入忧郁。在给斯图尔特的信中，林肯写道："现在，我是世上最悲惨的人。如果把我惨淡的心情平均分配给这世上的每一个人，那世间别想找到一张愉快的面孔。"斯皮德把他们的刀子剪子都悄悄收了起来，林肯在政界的其他熟人也在窃窃私语，说林肯如何忧郁消沉。有传闻说，林肯"时而捶胸顿足，时而一声不吭"。一名辉格党立法委员的妹妹写信问她的哥哥："那是真的吗？快跟我们说说。"

1841 年的大部分时候，林肯都是郁郁寡欢，只差没自我了断了。斯皮德卖掉了自己在杂货店的股份，搬回路易斯维尔城外的家人那里，夏天快过去的时候，林肯去那里拜访了他。斯皮德的母亲给了林肯一本《圣经》，可能是想稳定林肯的心情。在回途的蒸汽船上，林肯看到了触目惊心的一幕，他的内心为之一震，并在写给斯皮德的姐妹的信中描述了他看到的场景："一个绅士买了 12 个黑奴……正在把他们运往南部的庄园。每 6 个奴隶拴在一起，每个奴隶的左手腕上拴着一块马蹄铁，这块马蹄铁再拴到一条铁链上……为了行走方便每个奴隶之间都留着一段距离，奴隶们就这样被拴在一起，就像很多条鱼被拴在一条线上。”让林肯惊讶的是，这些奴隶都兴致高昂。“在这样的处境下，他们将永远无缘儿时的家园，再也见不到自己的家人和朋友。”“我们认为，他们的处境糟透了，可他们看上去却是船上最高兴、最幸福的人。”“一个黑奴拉着小提琴，其他的则在唱歌、跳舞、讲笑话、打纸牌。”

林肯对眼前这幅景象的感慨是带有种族偏见的：黑奴是头脑简单的生物，他们很容易淡忘一切。林肯用一双忧郁的眼睛看这一切，“连奴隶都可以幸福，而我却不能”。他是这样对斯皮德姐妹说的：“再糟的人类处境，上帝也会让它变得可以忍受；但再好的人类处境，上帝也会让它变得不过尔尔”。在快乐的人看来，抑郁的人总是夸大自己的痛苦，可这丝毫不能让这些不幸的人感觉好点。

不过后来在帮助斯皮德摆脱沮丧的过程中，林肯自己也慢慢走出了抑郁的阴霾。事情是这样的：1841 年夏天，斯皮德爱上了一个叫芬妮·亨宁（Fanny Henning）的年轻姑娘，然后就开始沮丧起来。他担心自己不够爱她，又总觉得她会早早过世。1842 年，婚期临近，林肯在 1 月和 2 月多次写信劝慰他。林肯坚信斯皮德的问题是“神经性无力”。因为自己也深受其害，林肯跟斯皮德保证说：“困扰你我的这些不祥预感……根本毫无意义”。在这些信里，林肯用到了他父亲当年说的一句话：“要是挨宰了做了冤大头，那就更要珍惜这花高价买回来的东西”。林肯给的是于事无补的医学诊断、故作轻松的开导，还有晦涩的格言，这些也许算不上激励人心，但似乎帮助斯皮德坚定了信念。1842 年 2 月，斯皮德与芬妮的婚礼如约举行。

斯皮德结婚后，林肯又想起了玛丽·托德，但并非朝思暮想。他在 7 月 4 日给斯皮德写了一封信，信中说："既然上帝让我成全了你的幸福，那么上帝也能成全我的幸福。"在信的结尾，林肯引用了《圣经》中上帝给以色列人下达的命令："只管站住，看神今天向你们施恩。"

1842 年，林肯险些与詹姆斯·希尔兹在决斗中交手，那次经历似乎让林肯集中起了心思。林肯的爱情自始至终都是政治的功劳——林肯在辉格党内的朋友牵线搭桥让他和玛丽·托德再次见面。玛丽·托德比玛丽·欧文斯更执着，也更宽容。林肯再次也是最后一次给斯皮德写信，信中林肯紧张不安地问斯皮德结婚后是否幸福。斯皮德一定是给了肯定的回答，因为林肯和玛丽·托德在 11 月便举行了婚礼。

然而圆满的爱情不代表圆满的婚姻。夫妇俩都不是容易相处的人，他们的一位共同的朋友这样描述玛丽："她不是在阁楼里就是在地窖里——一会兴儿高采烈，一会儿垂头丧气"；而林肯则总是垂头丧气。玛丽的心情阴晴不定，脾气也是如此。情绪低落的时候，她对丈夫要么苦苦哀求，要么破口大骂，甚至拿东西往他身上砸。每当这样的时候，林肯要么读报纸，要么陪孩子玩，要么就躲得远远的。

玛丽·林肯这些翻云覆雨的古怪举动在林肯参加总统大选期

间给林肯带来了诸多麻烦。但是与此同时，玛丽对政治有着浓厚的兴趣，所以积极参与丈夫的事业，而且她有着敏感的政治嗅觉(她总是责骂林肯过于轻信别人——林肯的确如此，不过从长远来看，这是一大优点)。

历史并不关心林肯的婚姻——除了这段婚姻中的不幸。事业上的成就并非总能补偿个人生活上的不幸。世上有这样的伟人，他们的事业成就斐然，个人生活也幸福美满，有慈爱的父母，有甜蜜的婚姻，有优秀的子女。但林肯却不在其列，在个人生活中他是个无所依靠的流浪汉，不断地寻找着他从未拥有的东西。他呕心沥血解决人民生活中的难题，因为他有充足的政治上和道德上的考虑，但也因为他的满腔热情在个人生活中没有用武之地。

1841 年，在林肯最抑郁的时候，他告诉斯皮德他将一事无成，没有人会记得他曾来过这个世界。他不指望自己会因家庭生活而青史留名，而当时他在政坛上也是业绩平平。

林肯的法律搭档约翰·斯图尔特在 1838 年当选国会议员，1840 年再次当选。到了 1841 年，林肯和斯图尔特都意识到，由于斯图尔特很多时候都在华盛顿，合作很难继续，所以两人终止了合作。于是林肯找了一个新搭档——辉格党的律师兼政客斯蒂芬·罗根（Stephen Logan)，他们合作到 1844 年，林肯又换了一个搭档，这是林肯的第三个也是最后一个搭档，他与林肯搭档时间最久。他就是曾给斯皮德做过店员的威廉·赫恩登。

伊利诺伊州的最高法院和联邦法庭设在斯皮尔菲尔德，林肯的大部分法律业务也都在那里。但是每逢春秋两季，林肯都要长途跋涉出席伊利诺伊第八巡回庭审，每趟跋涉都需要 10 周。住宿条件很差，就像在印第安纳州时的小木屋。受理的都是些寻常的案件，而且薪资微薄，但林肯喜欢和其他律师并肩忙碌。同时巡回庭审让他的名字家喻户晓，因为巡回庭审路线经过了他的选举区的大部分地区。

作为律师，林肯亲切而温暖。在他斯普林菲尔德的办公室里，他把信件、账单、便条都塞进一顶旧丝帽里，或用绳子捆成一捆放在案头，绳子下面夹一张小纸条，上面写着："要是别的地方找不到，就看看这里吧。"巡回庭审期间，林肯穿着宽大的衣服和总是短一截的裤子，手里拿着没有圆把手的雨伞，还有一个旅行袋，里面装着文件和内衣。他根本不在意自己的衣食起居，林肯不修边幅，这加深了他留给别人的又笨又土的印象，但这种印象却帮了他的大忙。普通的客户和陪审员会觉得他平易近人，对方律师也会放松对他的警惕。和林肯共过事的一位律师说："任何小看林肯的人很快就会对他刮目相看，但那时为时已晚。"

作为律师，林肯最大的长处是能专注于手上的案子。他的第二个搭档罗根认为，林肯对一般法律知识的了解"向来算不上渊博"，毕竟他的法律知识是自学的，但他对自己办理的案件全力以赴，不仅对案件的细节一丝不苟，对所涉及的法律原则也掌握得一清二楚。赫恩登写道："他不仅要找到问题的根源，还要把整个问题连根拔起。"

林肯找赫恩登做自己的法律搭档，也因此有了一个为自己著书立传的人。虽然赫恩登直到晚年才在一个笔记员的帮助下开始写林肯传，但他毕生都在准备和构思这本传记。我们知道林肯在当选总统前是什么样子，有什么样的习惯，这其中很大一部分要归功于赫恩登以及赫恩登在林肯去世后对其家人的访谈。赫恩登知道林肯有多么忧郁，“每走一步，浓浓的忧郁都会从他身上滴下来”。他知道林肯是在用幽默来支撑自己，或者用赫恩登访问过的一个人的话说林肯借幽默“来暂时忘却忧伤”。

赫恩登说林肯的信仰中有些宿命论的成分。林肯曾说过一句话，赫恩登和玛丽·林肯都记得——“要发生的终将发生，祈祷不能逆转乾坤。”林肯的宿命论思想很可能是受父母信仰的影响。林肯的父母是一个浸礼会教派的信徒，这个教派相信天命，虽然林肯后来不去教堂做礼拜，但他并没放弃这种信仰。林肯用宿命论来解释自己灰暗的心情：“我之所以这么抑郁是因为我命该如此。我注定要受这样的罪。”一天林肯对赫恩登说：“在我的人生哲学里，没有‘偶然’这回事，人的每一个举动都是‘一条无限延长的因果链条’上的一环。‘人的每一个举动的动机是命运早就安排好的’。动机和心情，都是这样。”

19 世纪 50 年代初期，林肯在巡回庭审过程中对一个新知识产生了兴趣，他艰难地读完了欧几里得（Euclid）《几何原本》（*Elements of Geometry*）的前六本。林肯对此深感骄傲，他在竞选总统的自述中提到了这段经历。痴迷逻辑的人都会倾心于欧几里得。托马斯·霍布斯钦慕欧几里得，托马斯·潘恩也是如此。

潘恩在《理智的时代》中说，欧几里得和《圣经》的作者不同，他证明了自己说的每一句话（潘恩将《几何原本》称作“不证自明的示范”），这种证据环环相扣，层层递进，就像林肯眼中的因果链条那样慢慢展开。但欧几里得提供了一样宿命论不能企及的东西，即清晰明确的解释，欧几里得告诉我们每样东西具体是什么。宿命论给我们上了枷锁，让我们寸步难行。而欧几里得是一种方法，一种一丝不苟、严谨可靠的方法，它引领我们明白一切。

但作为律师，林肯不是一台单靠理智驱动的机器，他有着柔软的情感。赫恩登记录了这样一起案件：有一个独立战争的老兵的遗孀，名叫丽贝卡·托马斯（Rebecca Thomas），她雇了一个人帮她领取已故丈夫的体恤金，却遭到这个人的诈骗。1846 年的一天，丽贝卡“一瘸一拐地来到林肯的办公室，跟林肯讲了她的不幸。林肯勃然大怒”。开庭的前一天，林肯让赫恩登给他找来一本关于独立战争的书，他要重新温习那段历史。第二天，在法庭上，他开始辩护了。他只传唤了一个目击证人，就是托马斯夫人本人，然后便向陪审团陈述案情。他“生动地讲述了福吉谷战役（Battle of Valley Forge）的艰险，身临其境般地描述着战士们如何赤脚在寒冰上艰难地行进，脚上满是鲜血”。这和威姆斯描述横渡特拉华河的场景有几分相似。最后，林肯说：“岁月流逝，昔日的独立战争英雄已经逝去，尸骨也留在了河的另一边。我们的士兵安息了。现在，士兵的妻子双目失明、身无分文，一瘸一拐来向诸位陪审员和我求助，帮她讨回公道。她从前不是现在这副模样，她曾是位漂亮的妇人，腿脚灵便、面容清秀……可现在她一贫如洗，孤苦无依……我们坐享战争英雄们用生命换来的美好生活，现在英雄的妻子在恳求我们同情她、保护她。我只想问一句：我们要抛下她不管吗？”陪审员各个泪光闪闪。林肯打赢了官司，但分文未收。

林肯这段话不是在公众面前讲的，所以直到赫恩登在几十年后重新整理出版才广为人知。这段话纠正了林肯在学园演讲中关于国父们的话。英雄已经死去，但是我们可以召唤他们回到我们中来。尤其当正义被践踏的时候，我们更是有义务召唤他们回来。虽然阴阳两隔，他们仍能助我们一臂之力（我们在享用他们的胜利果实），所以我们必须帮助他们（同情他们，保护他们），英雄的亡魂激励着我们这样做。理智有无穷的力量，往昔的记忆也是如此。林肯还会在更广大的听众面前，为了更伟大的事业而召唤他们。

林肯一边忙法律，一边在政坛上昂首挺进。约翰·斯图尔特决定放弃 1842 年国会议员选举，这给伊利诺伊州的辉格党党员腾出了一个席位。3 个 30 岁出头的年轻辉格党律师——林肯、约翰·哈丁（John Hardin）和爱德华·贝克（Edward Baker）——都想获得这个席位。

作为候选人，林肯的一个举动就是推动禁酒运动。禁酒运动是具有一定宗教色彩的道德改革运动，在 19 世纪 30、40 年代这类运动非常盛行（遵守安息日是当时的另一项运动）。与民主党相比，辉格党更倾向于支持这些运动。康涅狄格州的牧师莱曼·比彻（Lyman Beecher）曾经写道："本州的民主党是基本上一群贩卖酒水不敬上帝装腔作势的醉鬼。"林肯不饮酒，这一点很适合他的新角色，但是林肯却对禁酒斗士威吓的语气非常不喜。

1842年华盛顿诞辰，以首位总统华盛顿命名的禁酒运动社团在斯普林菲尔德的基督教长老会教堂里举行了集会，林肯在集会上发表了演说。他奉劝禁酒运动倡导者放弃不禁酒就下地狱的威吓，因为正如一个古老而实际的格言所言："一滴蜂蜜要远比一桶苦胆更能吸引苍蝇。"不幸的是，这次演说成了他一生最为浮夸的一次表演，演讲最终以对禁酒运动之父的华盛顿的赞颂结尾："华盛顿是世间最伟大的名字，在过去争取人民自由的事业中是最伟大的，在当下的道德重塑运动中同样还是最伟大的。"这些溢美之词可谓是威姆斯笔下苹果园和樱桃树故事的延续，目的都是把华盛顿打造成道德样板。只不过这次听故事的人成了故事的编造者。在这一点上林肯似乎做得过分夸张了。站在教堂门口的赫恩登听见大家离开时的议论，他说大家认为林肯是在和他们开玩笑。可能是因为林肯没有用心，也可能是因为他压根就不太乐意做这个演说，总之林肯没能很好地拿华盛顿做文章。

最终这三个辉格党政客就这个国会席位进行了交易，结果是1842年哈丁参选，1844年贝克参选，1846年林肯参选。这似乎是对战利品的光明正大的瓜分，但私下也不乏排挤和阴谋。举措之一就是他们每个人的支持者都鼓动另两个人中的一个去做辉格党的州长候选人。但是三个人都没有上钩（在民主党主导的伊利诺伊州，辉格党的州长候选人是毫无胜算的）。

1846 年，贝克任期即将结束时，哈丁做出姿态要再次出任。他给林肯的信中写道："国会席位不是每个候选人都能骑在身下遛两圈的马。"林肯悟到了哈丁隐含的喻义，并用了这个喻义反击哈丁。他质问哈丁是不是认为国会席位是"一匹只有第一位骑士才能骑在身下，被抽打得转了一圈又一圈，直到骑士或者马或骑士与马两者都死掉才能停下的马"。哈丁退出了竞选，林肯兵不血刃就赢得了 1846 年的提名。

林肯的民主党对手彼得·卡特莱特重提林肯在新塞勒姆镇的无神论言论和早年在斯普林菲尔德的生活经历，他指控林肯暴躁易怒，这促使林肯不得不通过发传单来声明他从未当众嘲讽过基督教。林肯承认自己是宿命论者，相信"人的思维是被某种力量驱动或禁锢的，而思维自身却对此无能为力"。但是林肯强调"一些基督教的教派"有相同的观点（比如说，他父母的教派）。民主党的指控最后无疾而终，林肯轻而易举地取得了胜利。

林肯竞选议员时，正赶上如火如荼的总统大选，又恰逢两党在扩张版图和对外战争的问题上意见不一，事态更是紧张。

泰勒总统先后背叛其所在的两个政党，这一举动可谓空前绝后。而这两个政党自然都没有提名他为 1844 年的总统候选人。辉格党推举来自肯塔基州的亨利·克雷（Henry Clay）为候选人，克雷从 1812 年战争爆发前就一直活跃在政坛上，先后做过国会议员、众议院议长、国务卿、参议员（他还在 1824 年和 1832 年两次竞选总统，但均未成功）。民主党推举詹姆斯·波尔克（James Polk）为候选人。波尔克也是政绩斐然，他担任过田纳西州的州长，而且也曾做过众议院议长。克雷此时已经 67 岁，而波尔克才 48 岁，比起年长将近 20 岁的克雷，波尔克自然让人眼前一亮。

波尔克旗帜鲜明地提出了一个问题：领土扩张。自从 1803 年购入路易斯安那州以来，美国的领土面积几乎没有任何变化。现在波尔克力争兼并美国西北部和得克萨斯（1836 年的得克萨斯是一个独立的国家，移民墨西哥的美国人宣布脱离墨西哥成立了独立的得克萨斯共和国）。

克雷则和大多数辉格党人一样，担心兼并得克萨斯会引发与墨西哥之间的战争。美国与墨西哥在边界问题上一直存在争议，墨西哥也从未承认得克萨斯独立。与此同时，克雷又希望获得南方的选票，而南方欢迎得克萨斯加入进来，因为得克萨斯共和国允许蓄奴。于是矛盾中的克雷采取了骑墙政策，这让自由党这个反对蓄奴的少数党抓住了机会，在纽约州把辉格党打得落花流水，克雷因此失去了纽约州及其 36 张选举团投票。波尔克获得了 49.5%的全民选票和 170 张选举团投票，克雷获得 48%的全民选票和 105 张选举团投票。如果克雷获得纽约州的支持，他的选举团选票就会升至 141 张，而波尔克则会降至 136 票，那样克雷就会胜出。同往常一样，民主党赢得了伊利诺伊州的支持。

林肯在自己的选举区奋力支持克雷，他甚至回到他的家乡印第安纳的西南部为克雷做宣传。他曾给伊利诺伊北部的一个自由党拥趸写过一封信，信中林肯分析了辉格党失败的原因。林肯认为，虽然克雷对蓄奴问题夸夸其谈，但他不会当真兼并得克萨斯，因此林肯不明白自由党为什么要向克雷发起攻击。“我一直认为，自由党人极其反对兼并得克萨斯，果真如此的话，他们为什么不肯把票投给克雷，借此阻止得克萨斯被吞并呢？……这样做不是更好吗？”林肯不会为了妥协而妥协，也不会放弃最根本的目标，他是想对自由党人说他们应该借支持克雷来实现自己的目标。

1845 年，波尔克将得克萨斯作为新州并入美国版图，并派兵进驻争议边界［指挥官是扎卡里·泰勒（Zachary Taylor），黑鹰战争中的老兵］。1846 年春，冲突开始了，克雷曾担心的战争爆发了。

美国数战告捷，这让人始料未及，但是战争代价惨重。1847 年华盛顿生日那天，约翰·哈丁在比尤纳维斯塔战役（Battle of Buena Vista，克雷的儿子也死于这次战役）中战死。曾经要与林肯决斗的詹姆斯·希尔兹于同年 4 月在塞罗戈多战役（Battle of Cerro Gordo）中受伤，爱德华·贝克接管了他的职务。黑鹰战役之后，林肯的戎马生涯已经彻底结束，但对这场战争他不能不闻不问。战争终于在 1847 年 9 月结束了，美国军队在温菲尔德·斯科特（Winfield Scott）的带领下攻占了墨西哥城。

在 19 世纪，议员当选后要等上一段时间才能赴任，所以林肯在 1846 年 11 月当选议员，却一直等到 1847 年 12 月才赴任。

10 月底，林肯离开斯普林菲尔德前往华盛顿，与他一同前往的还有他的妻子玛丽和他们的两个儿子——1843 年出生的罗伯特和 1846 年出生的爱德华（虽然林肯和爱德华·贝克是冤家对头，但他还是以他的名字给自己的儿子命名)。林肯夫妇后来又生了两个孩子——1850 年出生的威廉（昵称威利）和 1853 年出生的托马斯（昵称塔德)。林肯非常宠爱孩子，从不让他们去田里干活，也不给他们立什么规矩。赫恩登觉得林肯的孩子不懂规矩，不过事实未必如此，因为赫恩顿也不喜欢这些孩子的母亲。（不管是谁，只要同林肯很亲密，胜过他自己与林肯的亲密程度，赫恩登都会嫉妒。)

到林肯赴任的时候，战争已经结束，只剩下和平协议尚待拟定。虽然战争爆发后辉格党与民主党联合起来一致对外，但战争一结束，辉格党又开始竭尽所能攻击波尔克，林肯一到华盛顿便也加入进来。

林肯旧事重提又说起了墨西哥战争。波尔克说战争是在美国境内首先打响的，因为得克萨斯的军队越界进犯，美国军队当然要奋起反击。但辉格党则坚持说是美军越过边界进入墨西哥才引发了战争。同年 12 月林肯提出一套议案，要求美国总统公布冲突发起的“具体地点”。转过年 1 月，林肯又发表演说再次提出这一要求，并敦促波尔克诚实作答。林肯再次提到了那个伟大的名字：“希望波尔克记得，他正坐在华盛顿曾经坐过的位子上，换成华盛顿定能明确作答，所以希望他能效仿先人，诚实作答。”

但林肯的质问是搬起石头砸自己的脚。各家民主报纸纷纷抓住“地点”这个字眼，大肆发挥。他们称林肯为“斑点林肯”，还说林肯得了“斑点热”卧床不起。华盛顿的大名似乎也并没有起到振聋发聩的作用。这次演说虽不像坦珀伦斯演讲那么矫揉造作，却是一样的空洞无物。林肯本可以把华盛顿这个名字用在更恰当的地方——开国总统华盛顿虽然军功显赫，却一直敦促国民与其他国家“和平相处”，可林肯忽略了这一点，只是把华盛顿当作一个道德标尺。

同年 2 月，另一个辉格党人也做了一次反对波尔克的演说，演说十分精彩。这个人是佐治亚州的亚历山大·斯蒂芬斯，比林肯小 3 岁，此时是他在众议院的第 3 个任期。林肯是这样描述他的——身材瘦小，面色惨白，萎靡不振。斯蒂芬斯的体重从未超过 100 磅，但他机智善辩，语锋犀利。对于战后波尔克向墨西哥提出的战争条款，斯蒂芬斯大加挞伐，严厉谴责波尔克总统垂涎墨西哥领土，“我听说，有的国家以掠夺黄金为荣……可我怎么也没想到，在我有生之年居然目睹这样的事：我们竟然为了点儿泥土不惜舞刀弄枪，这真让人作呕”。在写给赫恩登的信中，林肯说：“一个小时的演讲能说得这么精彩，我还是头一回遇到。”林肯没细说斯蒂芬斯的演讲到底精彩在哪里，但是斯蒂芬斯在演讲中用到了一个技巧，这个技巧林肯曾在潘恩的书中读到过，他自己也将在日后用到，那就是“大事（与墨西哥交战）化小（泥土之争）”。

但无论是林肯的诘问，还是斯蒂芬斯的演说，波尔克都置之不理。就在斯蒂芬斯发表演说的同一天，《瓜达卢佩·伊达尔戈条约》（Treaty of Guadalupe Hidalgo）在墨西哥签署，美国因此而获得的“泥土”可远非“一点儿”。得克萨斯将永无战事，墨西哥的努埃瓦和艾尔塔弗尼吉亚两省也并入美国版图（这两省便是日后新墨西哥州、加利福尼亚州、内华达州、犹他州，还有怀俄明州和科罗拉多州的一部分）——整整 75 万平方英里。

那个夏天举行了华盛顿纪念碑的奠基仪式，这更是让人满怀崇敬地想起这位伟人的名字。华盛顿尚在世的时候，美国人就通过各种方式表达对他的敬意。弗吉尼亚州请伟大的法国肖像雕刻家让-安东尼·乌东（Jean-Antoine Houdon）为华盛顿雕刻了一尊极其尊贵威武的雕像，这座雕像至今仍屹立在里士满州议会大厦里。华盛顿在弗农山庄去世并安葬在那里，随后有人提出要把华盛顿重新葬在美国国会的圆屋顶下，但华盛顿的家人不同意这么做。就这样，接二连三这样或那样的想法纷纷破产，最终，华盛顿雕像于 1848 年 7 月 4 日破土动工。

没有开国元勋参加奠基仪式，因为他们都已经不在了，只有两位元勋的遗孀坐在主席台上，她们像伊利诺伊州的丽贝卡·托马斯一样弱不禁风：一位是 80 岁高龄的多莉·麦迪逊（Dolley Madison），另一位是年近 90 岁的伊丽莎·汉密尔顿（Eliza Hamilton）。参加奠基仪式的还有乔治·华盛顿·帕克·卡斯蒂斯（George Washington Parke Custis）——华盛顿最后一位仍在世的继孙（67 岁，和两位元勋的遗孀相比，精神还算矍铄），在美国人看来，这些人无异于伟人的“亡灵”，所以美国人将他们奉若至宝。

有幸受邀在仪式上献辞的是另一位伟人的“亡灵”——前总统约翰·昆西·亚当斯。亚当斯卸任总统后作为马萨诸塞州的辉格党党员供职于众议院。不过他能获得献辞的殊荣是因为他的另一个身份——国父约翰·亚当斯的儿子，而且他与多位国父熟识，他的第一份差事驻荷兰公使就是乔治·华盛顿亲自任命的。不过亚当斯拒绝了这份殊荣，因为身体状况不佳，实际上，同年 2 月亚当斯便去世了。于是，这项殊荣就落到了众议院议长、来自马萨诸塞州的辉格党人罗伯特·温斯洛普（Robert Winthrop）的肩上。

温斯洛普的演讲中最独具匠心的地方就是把华盛顿和眼下的欧洲局势联系起来。自从法国发生暴动，革命的狂潮便席卷整个欧洲。过去的 40 多年里，法国经历了一个皇帝、三个国王，现在终于再次迎来共和制。这个新世界可以垂范旧世界，他用了一个比喻来表达自己的这个想法，这个比喻有点别扭，不过倒也生动：“在自由的铁轨上，上行和下行的火车终于猛烈地撞击到了一起！……美国制造的伟大的‘自由号’蒸汽火车一直平稳地行使在轨道上，毫发无损。”

温斯洛普说华盛顿谨慎克制，对共和政府一片赤胆忠心，这为欧洲革命者树立了典范。温斯洛普还引用了赞同此观点的法国人的说法，法国新政府的临时领袖、诗人阿方斯·德·拉马丁

(Alphonse de Lamartine) 曾说："这个时候，我们缺少的是一位欧洲的华盛顿。"华盛顿确实伟大，但很难效仿。在温斯洛普发表演说的同时，拉马丁正被拉下台。第二共和国踉踉跄跄地维持了三年就被另一个拿破仑（第一个拿破仑的侄子）推翻了。

温斯洛普知道自己演讲的重头戏是如何将华盛顿和1848年的美国联系起来，于是他转向了忠于联邦这一主题："完完全全地、全心全意地、坚定不移地（效忠联邦）。"捍卫联邦的确是华盛顿孜孜以求的事。在其任职期间，宾夕法尼亚州发生暴动，暴民持枪械反对纳税，而昭示内讧的两党制也初现端倪。（主席台上两位遗孀的丈夫生前便分属两个不同的党派：詹姆斯·麦迪逊是共和党的创始人之一，而亚历山大·汉密尔顿则极力捍卫联邦党。）华盛顿是联邦党人，但他总担心激烈的政治热情会拆散他掌管的这个国家，而他这种担心并非毫无道理。在第二任总统任期期满的卸职演讲中，华盛顿告诫美国人要"真诚地、一贯地、坚定地捍卫"联邦。

《瓜达卢佩·伊达尔戈条约》给美国带来的意外收获让联邦的命运再次难以预料，此前的墨西哥战争饱受争议，现在如何在这片新的土地上获得和平则惹来了更大的争议。新划入美国版图的75万平方英里土地该怎么办，如何管理？在这里建立起来的州将会是什么样子？墨西哥在1824年已经废除了奴隶制，但美国从墨西哥手里拿来的这片土地应该废奴还是蓄奴呢？

温斯洛普对此不置一词。"我不会把丝毫党派色彩带进我的演说，因为我不想破坏眼前这幅和睦融洽的景象。"温斯洛普的缄默很有讽刺意味。当初，华盛顿在他的卸任演说中首先赞美了联邦制度，然后特别指出了一些政策（发展国内经济的同时，和他国和睦相处），这都是联邦党的政策，因此华盛顿的卸任演说有着浓重的党派色彩。这位国父渴望团结统一，不过是以他设想的方式实现团结统一。

林肯曾两次在演讲中提到华盛顿，一次是用华盛顿来攻击在位的总统，另一次是将华盛顿作为道德楷模教化民众。这两次演讲的场合都没有温斯洛普的这次盛大，但这三场演说在根本上是一致的，林肯和温斯洛普都把华盛顿看成一座大理石雕像，虽然光洁无瑕却只是一块空洞的石头。林肯曾靠唤醒人们对独立战争的记忆，帮助丽贝卡·托马斯拿回了丈夫的抚恤金，林肯的那次演说非常精彩，可 19 世纪 40 年代他对华盛顿的呼唤则有些投机或空洞。不幸的是，在那个时候，比林肯更优秀的演说家也都是这种表现。

温斯洛普的这次演说，林肯没有写信跟任何人说起，跟赫恩登也不曾说起。

议员任期期满的时候，林肯有了一个独特的想法——在哥伦比亚特区废除奴隶制，但未能得以实施。

哥伦比亚特区很小，首府华盛顿甚至未能跻身美国前 20 个最大的城市，它比新泽西的纽瓦克（Newark）稍大些，又比罗得岛州首府普罗维登斯小。但哥伦比亚是联邦政府所在地，因此有着重要的象征意义。林肯把有奴隶和奴隶买卖的地方叫作“装奴隶的马厩”，这些马厩离首府仅有 7 个社区那么远。对废奴主义者来说，这实在太碍眼了。1849 年 1 月，林肯在众议院做的一个简短演说中提出了一项计划，要逐步地、有补偿地解放奴隶。按照这项计划，在 1849 年以后出生的哥伦比亚特区的奴隶的孩子都是自由人；联邦政府可以解放在 1849 年以前住在哥伦比亚特区的奴隶，并全额补偿奴隶主。

但林肯还列了几条限制条件：出生便获得自由的黑人孩子成年以前要在奴隶主家做学徒；不想解放奴隶换取补偿的奴隶主可以继续蓄奴。林肯的方案最终要呈交到特区选民的面前，只有选民同意了，方案才能生效。在这一问题上，林肯的立场与当年他在伊利诺伊州议会上提出《1837 年抗议奴隶制宣言》时的立场是一致的。林肯和丹·斯通都意识到国会有权废止奴隶制，前提是"特区的人民要求国会这样做"。

林肯认为必须通过投票的方式实现奴隶解放，这是共和政府的职责。林肯是这样说的："因为有自由……所以有了这一责任(听起来有些自相矛盾)。"解放奴隶前，自由人先要做出解放奴隶的选择。

然而自上而下解放奴隶会更容易些。1834 年，英属殖民地西印度群岛的 70 万奴隶获得解放，这是世界上迄今为止规模最大的一次奴隶解放。这次解放就是自上而下进行的，因为解放奴隶的决定不是殖民地自治政府议会下达的，而是伦敦议会下达的。1848 年在法国和丹麦又进行了规模较小的奴隶解放，也都是自上而下的方式——贵族而非自治政府宣布解放奴隶。在青年学园的演讲中，林肯曾告诫说自上而下解放奴隶是独揽大权的"盖世英才们”的事，他可不想参与。

林肯在国会上说，他的计划得到了特区“德高望重的公民们”(其中之一便是华盛顿市长，同为辉格党人）的支持。可当林肯将自己的计划公告天下的时候，这些“公民”临阵退缩了(看来“德”并不“高”)。就这样，林肯的提议一下子变得孤立无援，自然不了了之，林肯再也没有提起过这个提议。

林肯一直行事谨慎，扎扎实实地努力向前，但却未见任何成效。两个月后，也就是 1849 年 3 月 4 日，国会休会。而此前在 1848 年，林肯所在区的辉格党提名已经轮到斯蒂芬·罗根了（他是林肯的第二个法律搭档，当年输给了民主党的一个墨西哥战争老兵)。林肯国会议员的生涯就此结束。

第六章

亨利·克雷与建国日

19 世纪 40 年代，林肯政治世界中最重要的人是年迈的辉格党泰斗亨利·克雷。克雷能言善辩，美国人为之倾倒；他雄心万丈，多次参加总统竞选。但让林肯倾心的不是他的辩才或其总统候选人的身份，而是他善于妥协的才能和他的经济举措。

最重要的是，林肯刚结束了他国会议员的生涯，就在这个时候克雷让林肯对国父们有了新的理解，并让林肯看到国父们与眼前的奴隶制问题并非没有关联。虽然克雷并非开国元勋，但他让林肯明白了 7 月 4 日这个日子的真正意义，明白了这个日子对眼下濒临分裂的国家的意义。他引领林肯走进《独立宣言》，而《独立宣言》将成为林肯日后政治生涯的基石。

1777 年，克雷在弗吉尼亚出生，1797 年他搬到肯塔基，路线与当年的托马斯·林肯和南希·汉克斯夫妇一样，不过克雷比这对夫妇卓越出群。克雷十几岁的时候就师从乔治·威思(George Wythe) 学习法律——威思可不是等闲之辈，他是独立宣言的签署人之一，还是托马斯·杰弗逊的老师。克雷在肯塔基开办了自己的律师事务所，迎娶了一位富家小姐，并在政坛上崭露头角。他加入了共和党（肯塔基的联邦党人寥寥无几），然后通过选举进入州议会，州议会又先后两次派他去联邦参议院填补空缺。1810 年，克雷当选众议院代表，上任当天又被推举为众议院议长（他是首位也是迄今为止唯一一位一天之内连升两级的国会议员），那时他才 34 岁。

在接下来的 40 年里，可以说只要他有意愿去众议院或参议院，肯塔基就会派他去。（19 世纪 20 年代的时候他哪儿也没去，因为那时他在担任国务卿。）他饱富政治才能，既是个足智多谋的议员，又是个耐心十足的谈判家。但他之所以能够牢牢抓住公众的心是因为他擅长表演，一个听过克雷演说的人详细描述了他如何演说：“他对观众说话的时候，就像一个热恋中的人跟他的心上人说话……他的声音洪亮醇厚，清澈甜美，像音乐一样美妙，又像小号一样激荡人心……每说一句话，他都变得更加高大伟岸，直到最后他变成了顶天立地的巨人。”他是你能想象得到的最光芒四射的人。

克雷和其他一些人最先意识到国父们正在走向衰老。（但那时他还没往国父们会离开人世那里想，因为他刚到华盛顿的时候，杰弗逊和麦迪逊还都活跃在政坛上。）早在 1810 年，克雷就说：“他们为我们创造了自由，但他们日渐虚弱的双臂、皱纹渐深的额头在向我们发出哀伤的警示：他们将在不久的将来离我们远去……我们将需要新一代英雄来填补他们留下的空白。”

克雷便想成为这新一代的英雄。他成功地解决了两次危机，充分彰显了他的英雄本色，因为这两次危机同华盛顿在总统任期内遭遇的危机一样棘手。

1819年（那时林肯还是个孩子，住在印第安纳），密苏里申请建州。在路易斯安那区域建立起来的第一个州是路易斯安那州，密苏里将是第二个在这个区域建立起来的州，而且是第一个完全位于密西西比河以西的州。这个位于美国大西部的新州会允许蓄奴吗？针对这个问题，出现了下面的情况：由于自由州人口多，众议院中的多数议员来自自由州，所以众议院要让密苏里废止奴隶制，但是在参议院中，来自自由州和蓄奴州的议员人数相当，所以参议院想让密苏里推行奴隶制。于是，众议院和参议院、南方和北方就这样僵持起来。这一危机爆发的时候，克雷正是参议院议长，他启动了一项妥协方案：密苏里可以蓄奴，作为平衡，缅因州必须废除奴隶制；在路易斯安那区域其他地方、北纬36度30分以北的地区应废除奴隶制——这条线被称作密苏里线。克雷的妥协方案挽救了联邦，但自此以后他永远地失去了南方强硬派的信任。

1832年，一触即发的矛盾再次降临。南卡罗来纳州遍地是奴隶和棉花，但它的生活必需品则依赖进口，因此当国会通过法案要抬高关税以保护北方生产商的时候，南方宣布这一法案在南方无效。杰克逊总统威逼利诱，但南卡罗来纳寸步不让。此时的克雷是参议员，他努力逐步降低关税，结果抗议抬高关税的南卡罗来纳也撤销了拒不执行国会法案的法令。

密苏里冲突将国家分成两半，南卡罗来纳拒不执行国会法案的法令则挑战了宪法体系，因为依据宪法联邦政府有责任定夺关税问题（宪法第一部分第八条和第十条）。此时尚在人世的国父只有杰弗逊了，看着自己亲手缔造的联邦遭受这一系列威胁，杰弗逊忧心如焚。他认为密苏里危机是“联邦的丧钟”，他谴责南卡罗来纳拒不执行国会法案，煽动“厌恶联邦”的情绪。但这两个威胁由于克雷的努力得以解除，克雷因此被尊称为“伟大的妥协者”。

可是克雷渴望的是一个更加辉煌的名号。据说，克雷曾说他宁肯做不了总统也要秉持正义。这么说来，他秉持正义的决心一定非常大，因为他连做梦都想当总统。他第一次参加总统竞选是在 1824 年，当时最后一位国父总统詹姆斯·门罗即将卸任，克雷同其他三个竞争对手争夺总统宝座。结果是他获得了 37 张选举团选票，排在第四位。四位总统候选人都是共和党人，其中一位是安德鲁·杰克逊，这四位候选人的竞争孕育了下一个两党竞争的局面。1832 年总统大选，克雷与杰克逊正面交锋，这次克雷称自己为国家共和党党员，但还是遭遇惨败——杰克逊收获了 219 张选举团选票，而克雷只得到了区区 49 张。1844 年克雷作为辉格党总统候选人参选，但再次落选。克雷是美国历史上第一个三次落选的总统候选人，但他没有气馁还想再战。1840 年和 1848 年，他两次想让辉格党再推举他为总统候选人，但辉格党没有这么做。

对这个精明强干、口若悬河又过于自信的人，林肯是怎么看的呢？

林肯从未听过克雷在国会上的演说，因为克雷在 1842 年离开了参议院，去准备他的下一次竞选。1849 年克雷又回到参议院，但那时林肯已经离开众议院。不过，克雷于 1847 年 11 月在肯塔基的列克星敦做的演说，林肯听到了。当时林肯正携家人赶往华盛顿，路过玛丽的家乡，在那里稍作停留。克雷在演说中痛斥墨西哥战争为侵略战争，而之后的那个月林肯在他的“斑点”决议中也采取了相同的立场。

关于克雷的演讲技巧，林肯向来谈之甚少，唯一的一次是在克雷死后林肯不轻不重地引用了一句报纸上克雷的讣告。林肯和克雷的演讲风格大相径庭，林肯知道如何唤起听众的热情，但他从未用“甜心”来称呼他的听众（就算真是他的“甜心”，他也不会这么叫）。当林肯能够收放自如地演讲时，他所追求的是一种璀璨夺目的文学效果。而克雷呢，连他的仰慕者都说，克雷的演讲不适合读，只适合现场聆听。林肯更欣赏的是克雷的妥协政策，在写给伊利诺伊自由党拥护者的信中，林肯指明了这一点。只要能保全核心观点，牺牲次要的观点又有何妨？

在林肯看来，克雷作为总统候选人实在是太让人失望了。林肯是辉格党的坚决拥护者，他渴望辉格党能取得胜利，但克雷却无法成全他这种渴望。克雷满脑子都是如何出奇制胜，如何在决胜阶段一招制敌，但事与愿违，他总是错误频出。1839 年，克雷发表演说抨击废奴主义者，一来他确实看不惯废奴主义者批评宪法，二来他想要争取南方的支持。可是他做得过了头，触怒了北方的辉格党领导人，最后只得将候选人身份拱手让人。1844 年，作为辉格党人的候选人，克雷重蹈覆辙，在兼并得克萨斯的问题上把北方选民推进自由党的怀抱。虽然克雷极力安抚南方，奴隶制拥护者仍旧揶揄嘲讽他。还曾流传过一首打油诗，说的就是克雷和他在 1844 年的竞争搭档西奥多·弗里林海森（Theodore Frelinghuysen），诗中写道："黑鬼们大吃一惊。我们举双手支持克雷和弗里林海森。"

1848 年大选临近时，克雷又蠢蠢欲动了（此时他已 71 岁高龄）。此时辉格党中有一批号称"年轻的印第安人"的年轻党员，这批年轻党员的一个骨干决意要阻止克雷，并提名一位战争英雄为候选人。巧合的是，墨西哥战争中最杰出的两位将领扎卡里·泰勒和温菲尔德·斯科特都是辉格党人。辉格党人可以继续抨击波尔克发动战争，只要借此二人之口就好，因为胜仗是他俩打的。

林肯也是一个"年轻的印第安人"。1848 年 6 月，林肯去费城参加辉格党党代会，声援泰勒，因为泰勒在第一轮投票中获得提名。林肯在写给赫恩登的一封信中预言："我们将迎来一次最势不可挡、最光辉荣耀的胜利！"民主党的候选人是刘易斯·卡斯（Lewis Cass），来自密歇根，曾参加过 1812 年战争（林肯曾在众议院的演讲中，戏谑卡斯短暂的军旅生涯同自己在黑鹰战争的军旅生涯无异）。参与这次角逐的还有一个引人注目的党派——自由之土党（Free Soil Party），它的党员要么是原先自由党的废奴主义者，要么虽不想彻底废除奴隶制，但反对在从墨西哥手里获得的土地上推行奴隶制。他们的候选人是前总统马丁·范布伦，他要重新杀回政坛。

林肯也反对奴隶制扩张，他曾写道："如果美国不给奴隶制提供生存的土壤，奴隶制自然会走向消亡。”和1844年一样，林肯相信最能带领美国实现这一目标的就是辉格党。他在马里兰、马萨诸塞以及他的家乡伊利诺伊州为泰勒奔走。最后，泰勒获得了163张选票，卡斯获得了127张选票，自由之土党未获得任何选票，不过它获得了10%的全民选票。民主党再次赢得伊利诺伊州的支持。

优胜者并没有对林肯投桃报李。林肯希望出任联邦政府土地局局长，可新政府却把这个职位给了克雷以前的一个拥护者。新政府给了林肯一份在俄勒冈地区的工作以示安慰，但林肯决定留在伊利诺伊，并（暂时）退出政治生活。

虽然林肯觉得克雷是个优劣参半的政治领导人，但他真心赞同他的经济计划。

克雷的想法是要建立一个名为“美国体系”的经济结构，体系内部的各个部分相互关联从而促成内部改良，体系由银行和保护性关税构成（不过在出现危机时，克雷会削减关税）。年轻的林肯既支持在伊利诺伊进行内部改良，也支持建立美国第二银行。

但美国体系的目的并不仅仅只是要建立基础设施或赚钱，更是要造就人才，做到人尽其才，同时铸就这个国家的民族性格。克雷想要建立一种多样化的、不断进步的经济，让他的国民有机会摆脱贫困的农耕生活。有人说“白手起家”这个字眼儿是克雷发明的，其实不是。不过，在1832年总统竞选期间，克雷在参议院发表了一次长时间演说来阐述他对经济的看法，在这次演说中他着重强调了“白手起家”这个词。他说：“据我所知，在肯塔基州，每一个工厂主都是锐意进取、白手起家的人。他们的全部财富都是通过兢兢业业、勤勤恳恳的劳动获得的。”锐意进取、白手起家、兢兢业业、勤勤恳恳，在克雷看来这些是道德和经济的试金石。

会有人反对这样的想法吗？有，还不少。长久以来，美国政界都对富豪心怀不满，对商人和银行家更是如此，反正只要看上去太有钱的人都会遭到攻击。麦迪逊（他和杰弗逊共同创立了第一个共和党）对这些富豪嗤之以鼻，称他们为“阔佬”。安德鲁·杰克逊率领的民主党人承袭了这个传统，猛烈抨击合众国第二银行。其实杰弗逊、麦迪逊和杰克逊都是富豪，但他们的钱来自农业生产而不是制造业，因此无论是他们自己还是他们的拥护者，都认为他们的钱来路高尚。

克雷在 1832 年解决了这个问题。他承认，人们指控制造业“滋生贵族阶层……但是一个养活几百号人的工厂和一个用几百号奴隶来供养两个白人家庭的种植园，哪一个更容易滋生贵族阶层呢?”林肯可能会想再补充一点：像托马斯·林肯经营的那种农场确实滋生不出什么贵族阶层，但“兢兢业业、勤勤恳恳”的劳动也得不到什么回报。

两个党的党员也都不是清一色一个背景。在克雷和林肯那个时代，民主党和第一个共和党一样，党员中有很多白手起家的工人、匠人和商人，而辉格党则靠 1840 年的小木屋竞选成功赢得了乡间穷人的支持。但每个政党力求达到的奋斗目标各有不同。克雷、林肯以及大多数辉格党人都相信，经济发展是通向自强的道路。

林肯可能是从一位国父那里学到了这一点。国父中的亚历山大·汉密尔顿就是白手起家，在这一点上，连本杰明·富兰克林也不及他。（两人均出身贫寒，但汉密尔顿的起点比富兰克林还低，他是一个非法移民。）作为第一任财政大臣，汉密尔顿提出了一项国家发展方案，方案包括建立合众国第一银行、构建包括工厂和农耕在内的多样化经济。他要缔造一个汉密尔顿式的国家——一个以强大经济为根本的国家。他曾写道："如果一个社会能够容纳多种行业，那么每一个人在这个社会里都能找到安身立命之所，都能人尽其才。"

林肯似乎没有注意到汉密尔顿这个人（汉密尔顿只在威姆斯的《华盛顿的一生》中短暂出场，而且出场的角色不是财政大臣，而是一个愣头愣脑的决斗士，"在枪口寻求虚妄的荣誉"）。汉密尔顿在1804年英年早逝，十几年后他的联邦党也归于沉寂，因此属于汉密尔顿的声望终消散于无形。而汉密尔顿的政敌，共和党的杰弗逊、麦迪逊和门罗不仅比汉密尔顿长寿，还坐镇白宫长达24年之久，可联邦党却因为反对1812年战争而名誉受损。无论是在汉密尔顿所在的州——纽约州，还是在联邦党幸存最久的新英格兰，人们都会时不时想起汉密尔顿，但在其他地方，汉密尔顿只是个光荣的小角色，不是一个政治典范。说汉密尔顿是个光荣的小角色是因为他是个独立战争英雄（连威姆斯也承认，汉密尔顿很“勇敢”)，因此华盛顿纪念碑奠基仪式上，汉密尔顿的妻子坐在贵宾席上是合情合理的。

而克雷却可以是个政治典范，虽然他的经济方案和他的总统竞选一样漏洞百出。拒行联邦法危机发生后，关税只好削减了，合众国第二银行也终未能东山再起。作为总统候选人，克雷让林肯厌倦透了，但是林肯认为克雷的想法是正确的。

1849 年克雷最后一次返回参议院，此时摆在这个国家面前的问题不是经济，而是西南方命运如何的问题。

加利福尼亚正处于淘金热潮中，极力要求建州。得克萨斯州的西部边界一直延续到圣菲（Santa Fe)。奴隶制引发诸多问题：30 年前为解决危机而划定的密苏里南北分界线会不会一路延伸至太平洋，从而将加利福尼亚一分为二？是否该容许得克萨斯州将奴隶制贯彻到原本并不蓄奴的新墨西哥？是否应该容许在新近并入美国版图的土地上推行奴隶制？这些问题的答案不仅仅只关系到西南地区，更关系到国会的权力格局以及美国政治的未来。

美国土地因奴隶制而进行的划分似乎与克雷的个人生活交织在了一起。尽管他嘲笑棉花种植园主，但他自己也是一个奴隶主，而且是肯塔基最大的奴隶主（他的种植园种的是麻，收割后送往路易斯维尔的工厂制成绳子——如此说来还是符合美国体系的构想的)。不过克雷希望他的州能够逐步废除奴隶制，该州于 1799 年和 1849 年两次召开州大会探讨这个问题，但都没有付诸实践。

也许这种双重身份让克雷成为解决这个国家的奴隶制问题的

不二人选。1850 年，他做出妥协（这也是他做出的最后一次妥协），他试图迎合所有人的要求：加利福尼亚不会被一分为二，而且还会成为独立的州；被斩首的魔门教徒的家乡犹他州，还有新墨西哥（如今的亚利桑那州那时在新墨西哥）可以选择蓄奴。合众国政府替得克萨斯州偿还其在独立战争期间的债务，作为回报，得州的边界线要适当收缩。除此之外，克雷主动提出结束在哥伦比亚特区的奴隶买卖，国会山不再有关押奴隶的棚厦，同时惩办出逃奴隶的联邦法律也会更加严苛。

克雷提到了乔治·华盛顿，还在参议院展示了一块华盛顿的棺木。（此时的克雷也行将就木，他就快 73 岁了，由于得了肺结核一直咳嗽。）这块“珍贵的遗物”是别人送给他的，这个人倾心保护着乔治·华盛顿的故居弗农山庄，并在克雷准备推动调解方案的参议院演讲的时候把这块木头赠送给他。克雷问道：“这难道是个可悲的预兆？预示着这个国家即将覆灭？”然后他自问自答：“不，先生们。不，这是警告。”接着他敦促国会“要小心，要停下脚步反思”。

反思了 6 个月后，参议院拒绝了克雷的妥协方案。“自由之土”的北方人不想让奴隶制蔓延到任何地方，而南方的顽固派既不接受加利福尼亚作为自由州，也不接受收缩得克萨斯西面的边界线。这些人和私下与克雷不合的人联合起来，最终让克雷的最后一搏未能成功。随后克雷告老还乡回到罗得岛的纽波特（Newport）养肺病。

但克雷这最后的努力却在林肯的一位熟人的手里开花结果了，这个人就是伊利诺伊州的参议员斯蒂芬·道格拉斯。道格拉斯曾与林肯在伊利诺伊的事情上产生过分歧，随后这个才能出众的民主党人，在这个民主党坐镇的州一路平顺——出任州务卿、州最高法院法官、国会议员，并从 1847 年开始担任参议员。一进入参议院，道格拉斯便成为一个举足轻重的人物。1850 年仲夏，道格拉斯将克雷的妥协方案分解成若干提议，到了同年 9 月，他就成功地让这一项又一项的提议投票通过。

林肯远远地望着这一切，对这一了不起的妥协方案他不置一词——或许只和他的第一个法律搭档约翰·斯图尔特说过些许。斯图尔特回忆说，1850 年某天，他和林肯一同赶往皮奥里亚（Peoria）南部的塔兹韦尔郡（Tazewell County）办案，“我们正在往山下走……我说：‘林肯，到时候做出选择了，我们要么就拥护废奴，要么就拥护民主党’”。斯图尔特认为，经过重新洗牌，民主党会拥护奴隶制。林肯“想了一刻钟，给出了他的回答，语气悲凉而坚决，‘到时候，我的态度会很明确，我坚信奴隶制问题根本无法妥协’”。

那一天何时到来，斯图尔特还不清楚，也许他觉得这要凭他和林肯的高瞻远瞩来预测。多亏了亨利·克雷（还有斯蒂芬·道格拉斯），奴隶制在美国将何去何从似乎已成定局——只要没有人打破这一定局。

1852 年 6 月末，75 岁的克雷辞世。开国元勋们均已离世，现在新一代的英雄人物也离世了（克雷自认是其中之一）。一周后，林肯在斯普林菲尔德发表了一篇挽歌，挽歌对诸事都有所保留，尤其是对克雷的演讲风格更是如此。但是林肯却在已故克雷的生活和言辞中发现一样极其宝贵的东西——一条路，一条经由克雷通向开国元勋和美国首要原则的路。

林肯是碰巧发现这一点的。“美国在 1777 年 8 月诞生，转年克雷出生。新生的国度和新生的婴儿，命运就这样拴在了一起。75 年的时间，克雷和这个国家携手前行。”林肯把克雷和美国等同起来，但到底是什么让克雷有了浓重的美国色彩呢？

林肯先是描述了克雷雄辩的才能——他只是引用了一篇讣闻里的话（那篇讣闻长达两页，实际上讲的是演讲技巧对演讲家的重要性。没有什么实质性内容）。接下来林肯决定找到问题的根本（赫恩登也许会这么说），“自始至终，克雷先生都情系人类解放这个高尚的事业……他热爱祖国，因为这是他的国家，更因为这是一个自由的国家”。克雷以“伟大的妥协者”著称，林肯要沿着这条线索仔细分析克雷的成就。

林肯先探讨了《密苏里妥协案》、拒行联邦法危机和 1850 年调解方案，接着他回到了那个古老的问题——何为自由，随后他又研究了目前的政治。克雷“无论是在原则上还是在情感上，向来都反对奴隶制”。那么他具体是怎么做的呢？没做什么。起码林肯最初是这么看的。林肯说：“一直以来，克雷的情感和判断力都让他在反对奴隶制问题上走极端。”克雷的策略似乎是这世上最艰难的策略，他的对手都是极端主义者，而出路却是在两个极端之间。

极端主义者的态度，林肯看得很准。克雷的对手攻击美国的两个开国宪章，废奴主义者要把宪法“撕成碎片”，因为它庇护了奴隶制。（1842 年，威廉·劳埃德·加里森严厉抨击宪法，称其是“与死神、与地狱签订的协议”。）而奴隶制的拥护者却“开始攻击和嘲弄……独立宣言中的‘人生来平等’”。

在为克雷写的挽歌的高潮部分，林肯引用了克雷的话，那是克雷于 1827 年在美国殖民协会发表的一次演说。殖民协会打算把黑人送回非洲，詹姆斯·麦迪逊和哈丽雅特·马蒂诺商定的方案也是这样的。在大西洋彼岸的非洲，一个保护国已经建立起来，这就是日后的利比里亚。亨利·克雷支持这个方案，林肯也支持，直到内战中期他一直都支持这个方案。不过 1852 年林肯从克雷很久以前的一次演说里引用的不是关于利比里亚的内容，而是关于美国的。

美国殖民协会饱受抨击。废奴主义者认为这个方案不会奏效，它唯一的收效将是把自由黑人驱离美国；有些奴隶主则认为，这个方案会让黑人脑子里充满了危险的自由梦。针对后者，克雷说了下面这番话：“他们斥责我们让黑人不安守本分，那他们会怎么做呢？如果他们要扼杀一切自由的苗头……他们要做的就不止是摧毁我们仁慈的努力。他们必须要回到我们独立自由的时代，封住庆祝独立自由的炮口。他们必须熄灭我们身边道德的灯盏，熄灭美国手中那把点亮黑暗世界的亮灿灿的火把，这个火把指引着那里的人走向他们应有的权利、他们的自由和他们的幸福。可即便他们做尽了这一切，那还是不够。他们还必须刺穿人们的灵魂，斩除人们对理性的向往、对自由的热爱。那时，也只有那时，奴隶制才会永远存在下去。”

克雷生平的演讲多是华而不实，然而这次他简直像欧几里得一样表意明确、条理清晰。这段话从当前的问题说到历史再说到灵魂，三层内容环环相扣，同时散发着诗意和理性的光芒。怪不得林肯对这段话青睐有加，他在 1858 年竞选议员的时候引用了至少三遍，竞选总统时又引了一遍。

林肯深思克雷的话，因为克雷去世了——这很明显。但同时也因为林肯有一种感觉，克雷那些了不起的妥协方案和他毕生的心血像是一块松散地缝在一起的补丁，随时都有可能裂成碎片，约翰·斯图尔特那天在皮奥里亚的山上也是这么说的。如果真是那样，那下一步该怎么办？换作开国元勋，他们又会怎么办？

借用开国元勋们的影响来解决奴隶制问题的不止亨利·克雷一人，废奴主义者和自由之土党都将《独立宣言》奉为圣典。芝加哥的一份废奴报纸《西方公民》（*Western Citizen*）在每一期头版都会刊印《独立宣言》的序言。林肯对这种报纸并不陌生，他的搭档赫恩登就是一个废奴主义者，他订阅这种废奴报纸，还把报纸放在办公室里。但在林肯眼中，有一个人更为恰当地表述了开国元勋和奴隶之间水火不容的关系，这个人与林肯更投契，他倡导妥协方案，尊崇宪法，而且也是一位辉格党人，他就是亨利·克雷。

可林肯写的毕竟是追悼死者的挽歌，结尾自然不能轻松愉悦，只能简洁利落。林肯是这样写的：“亨利·克雷已经走了。”几句以后又写道：“再也回不来了。”一代演说名家就此陨落了。

不过日后林肯还会再提起已入土为安的人。

第七章

1854 年：《密苏里妥协案》中途搁浅

亨利·克雷在1852年去世，而他的第一个伟大功绩——《密苏里妥协案》——也就此废止了。林肯写道，妥协方案的搁浅“让他受到了前所未有的触动”，同时也划定了他未来6年的生活轨迹。

妥协方案的搁浅还让林肯和另一位伊利诺伊人斯蒂芬·道格拉斯陷入长期的争斗——关于他们各自的政治前途、美国的未来以及开国元勋们的初衷。两人都认为开国元勋们的观点举足轻重，可又都觉得自己才是最理解他们观点的人。

不过在此之前，林肯经历了一次又一次死别。

1850年2月，林肯的次子爱德华因病死去，死时还不到4岁。而恰逢当时林肯同父异母的哥哥约翰·约翰逊为了讨取恩惠亲近林肯，林肯在给他的回信中不无愤怒地写道：“你只字未提，所以我想你不知道我们刚刚失去我们的爱子……我们非常想念他。”在那样的时候，约翰逊的自私比以往任何时候都更让人恼火。

主持葬礼的是詹姆斯·史密斯牧师大人，他是苏格兰人，前不久刚成为斯普林菲尔德长老会教堂的牧师。史密斯认为林肯是在 19 世纪 50 年代的时候皈依基督教的，而且是在他的指引下皈依的。在给赫恩登的信中，史密斯这样写道："我无上荣幸地将两份材料摆在林肯先生的面前，一份是辩护《圣经》的神圣权威，一份是异教徒驳斥《圣经》的神圣权威。两方面的材料林肯先生都耐心、公允、深刻地研读了……结果，林肯先生自己说，对《圣经》的神圣权威进行的辩护是无懈可击的。"

赫恩登不喜欢史密斯，并在信中写道："愚蠢……对林肯一无所知。"史密斯崇敬林肯，崇敬《圣经》，他以一种得偿所愿的语气描述了林肯皈依基督教这件事。但这并不意味着在儿子死后，林肯没有再考虑过那些重大的问题。没有什么证据显示林肯在 19 世纪 50 年代对那些重大问题有了新的结论，但日后他会有很多机会做出决断。

1850 年夏，扎卡里·泰勒去世，他是第二个辉格党总统，也是第二个在任期内去世的总统。和第一个在任期内去世的辉格党总统威廉·亨利·哈里森相比，泰勒在位时间长，但入主白宫两年后，也就是在他 65 岁的时候，他患了严重的肠胃炎。林肯在芝加哥发表了一篇挽歌，两年后他也将会给克雷写挽歌，不过给泰勒写的挽歌没有给克雷写的那么精彩，但挽歌敏锐地评价了泰勒的性格："没有什么能让他手忙脚乱，也没有什么能让他心怀畏惧。"泰勒是个满腔爱国热忱的老兵，虽然他自己是种植园主，但他力促加利福尼亚和新墨西哥成为自由州，而且如果他的南方同胞胆敢反对，他将一律处斩。他很强硬，他的继任者、来自纽约的辉格党人米勒德·菲尔莫尔（Millard Fillmore）则是圆滑老道，但性格中丝毫不见泰勒的那种气魄。

辉格党总统离世也带走了辉格党的元气。1852 年辉格党推举的总统候选人不是菲尔莫尔，而是另一个墨西哥战争的英雄温菲尔德·斯科特。作为将军，斯科特比泰勒和哈里森都出色，他可能是乔治·华盛顿之后尤利西斯·格兰特（Ulysses Grant）之前最伟大的美国将军。但是他自高自大、尖酸刻薄，沉醉于自己光彩夺目的将军身份。而这绝不再是“木屋竞选”。那年夏天，林肯在斯普林菲尔德发表演说支持斯科特，来回应斯蒂芬·道格拉斯在里士满发表的自由党竞选演说。林肯的演说冗长琐碎，时不时穿插着对反对党的嘲弄和挑剔。也许他感觉到了这次角逐的结局。当年 8 月，民主党候选人富兰克林·皮尔斯（Franklin Pierce）以 254 票对 42 票大胜斯科特，同时民主党再次在伊利诺伊州获得多数选票。

一个大党何以就山穷水尽了呢？最伟大的辉格党人从未入主白宫，而入主白宫的两位辉格党总统都没能走完任期。辉格党从联邦政府获得的资助少之又少，辉格党人提出的经济方案也从未获得通过。作为伊利诺伊州的辉格党人，林肯已经习惯了失败，而他的政党也正渐渐退出美国的政治舞台。

林肯步入中年，但他已经把自己视作老朽。还是国会议员的时候，30 多岁的林肯在家书中这样说起自己的年龄：“我这衰弱、枯萎、干涸的眼睛”，“现在我老了”，“我曾年轻过”。林肯这是换了个方法自嘲，当年的“小丑”如今已是“老丑”了。这种未老先衰的感觉也可能源于害怕（或相信）自己一事无成。林肯仍旧满怀抱负，他向来如此。如赫恩登在书中写的，林肯的抱负“是一台小小的发动机，永不停歇”。但他要如何施展他的抱负呢？

他嫉妒他驳斥的人——斯蒂芬·道格拉斯，这毁了他声援温菲尔德·斯科特的演说。演说一开始林肯便说：“当我第一次读到他的演说，我就想起了从前。那时的道格拉斯并不像现在这样高我们一等。”同是来自伊利诺伊州，可这两人有着天壤之别。1852 年，林肯是前国会议员，而道格拉斯是参议员；林肯为亨利·克雷撰写挽歌，可他身在斯普林菲尔德，与克雷素未谋面，而道格拉斯已在华盛顿跟随克雷左右，辅佐这位伟人拯救这个国家。

40 岁出头了，可林肯还不曾做过一件轰轰烈烈的事。林肯白手起家，但也微不足道。他的生活不枯燥，可要想身后留名，他怕是要成为出色的传记作家才行，或是有幸被某位杰出的小说家写进作品。

1854 年，斯蒂芬·道格拉斯改变了林肯的前途，也改变了美国的政治。

道格拉斯比林肯小 4 岁，他在 20 岁时从佛蒙特州搬到伊利诺伊州，在 1836 年进入州议会，比林肯晚了 4 年，但他爬升得比林肯快，在 1843 年进入美国众议院。4 年后，即将 34 岁的道格拉斯被民主党州议会推举为参议员。

道格拉斯个子不高，身体结实，聪明灵敏，斗志昂扬。有人个子虽小，但不怒自威，一出场整个屋子就自然在他的掌控下，道格拉斯就是这样的小个子。从照片上看，他的鼻梁上有一道很深的皱纹，不大美观，就像和蒸汽火车头撞了个正着，但是没人因为这个看低他。赫恩登说道格拉斯有种“独特的气质和吸引力”，林肯拿道格拉斯胆子大说笑。是的，道格拉斯就是这么个人。

道格拉斯在 30 多岁时就把 1850 年的妥协方案整合起来，这个功绩不可小觑，但他的目标不止于此。

既然美国的疆土已经拓展到了太平洋海岸，那么到那里去就不能再靠马车或绕道好望角的船只了，得有个更快捷的途径。很明显未来要采取的途径是铁路。从伊利诺伊州兴建一条州际铁路（“陆上伊利运河”），这不仅会惠及这个州，还会惠及促成这件事的人。

道格拉斯想当总统。1852 年他的名字已经出现在民主党大会拟定的总统候选人名单上，而且开始时他以两票领先。不过最后胜出的是一匹黑马富兰克林·皮尔斯，他获得了 49 票，而道格拉斯获得了 39 票。如果道格拉斯赢得了 1856 年的总统大选，那么直到现在他也将是白宫最年轻的主人。

道格拉斯是参议院领土委员会主席，对于促成兴建铁路、参加总统竞选，这个职位似乎都起到了作用。1850 年的妥协方案将美国西南部分解成了若干州和区域，但北美洲中部一大块狭长的地带仍然没有正式的政府。密苏里建州后，原先的路易斯安那区域分成了两个州——阿肯色州和艾奥瓦州，其东北角成为明尼苏达区域。密苏里河和落基山之间是平原、群山、野牛、印第安人以及几个贸易站，别无其他。这片荒地有一大部分位于密苏里分界线以北。连接芝加哥的州际铁路必然都要穿过密苏里或艾奥瓦西面的某个地方。这个地区需要政府，然后成为独立的州。

1854 年，道格拉斯开始着手运作，并提出了一个大胆的提案。他提议划出两块新区域——堪萨斯（就是如今的堪萨斯州再加上科罗拉多州的一部分）和内布拉斯加（除上述地区外直到加拿大的所有区域）。这些区域是否承认奴隶制由当地人民来决定，道格拉斯说他奉行 1850 年妥协方案的原则，根据这个妥协方案，新墨西哥和犹他区域有权选择是否蓄奴。

既然选择权交给了新区域的人民，道格拉斯便宣称这个问题就此解决了。道格拉斯的提案是为求取和平与安定。他说，这个提案“把奴隶制问题从国会和政治领域里撤出来，并将裁断权交给了与它直接相关的人，这就避免了动乱的可能”。道格拉斯这个新原则的名字叫“人民主权”，几年前总统候选人刘易斯·卡斯首次使用了这个叫法，现在道格拉斯将其收为己用。

道格拉斯宣称，有了人民主权，这个问题就不再是一个政治问题了。尽管如此他还是做了一场政治交易，允许在密苏里分界线以北推行奴隶制（如果那里的居民选择这样做的话），这就意味着废止《密苏里妥协案》。很多南方人痛恨《密苏里妥协案》，因为它是在为难奴隶制，也是在为难他们这些奴隶主。（除非奴隶制是件坏事，否则为什么要限制它呢？）道格拉斯希望他的方案能在下一次民主党大会上为他赢得南方人的支持。

随后一直到转年春天，道格拉斯都在不遗余力地推动提案获得通过。他在1月的某个星期日去白宫拜访总统皮尔斯，虽然星期日是安息日，但皮尔斯的战事秘书杰弗逊·戴维斯还是安排两人见面了。结果，皮尔斯支持道格拉斯的方案，同时智勇双全的道格拉斯还赢得了为数不少的参议员的支持。获得众议院的支持更不容易，因为众议院中北方人居多，不过道格拉斯亲自去众议院进行游说（参议员通常不这么做），结果他的方案在众议院勉强通过。这个提案在1854年5月写进法律。道格拉斯对他岳父说，“是我一手通过了《堪萨斯-内布拉斯加法案》（Kansas-Nebraska Act），我靠的是统帅力量来领导其他人……整个争议过程中，我像独裁者一样，大权在握，说一不二。”

对诸众议员发号施令是一回事，可要说服他们的选民则是另一回事了。对《堪萨斯-内布拉斯加法案》（通常叫内布拉斯加提案或法案），北方选民怒不可遏。在过去的30多年里，每一项纠纷的解决都有着或多或少的讨价还价：密苏里独立建州，相应地，缅因也独立建州了；得克萨斯被兼并了，相应地，太平洋西北地区也被兼并了。1850年妥协方案就是一个你来我往的翻绳游戏。而现在，道格拉斯放过奴隶制和南方，却不图回报，还为此废止了先前方案中的一个核心条款——设立密苏里分界线。北方的政客们，不论是辉格党人还是民主党人都公开谴责道格拉斯。

林肯直到后来才对外说起他对道格拉斯的法案作何感想，但是随后10年，他便没有这么温和了。1858年，林肯和道格拉斯进行了一系列世人皆知的辩论，但其实两人之间的交锋在1854年至1860年这6年间从未间断过。林肯决意如影随形跟进道格拉斯的行动，道格拉斯在哪里演说，林肯就到哪里回应道格拉斯的演说。他要进入参议院并取代道格拉斯，并最终击败道格拉斯入主白宫。他们之间的竞争虽在伊利诺伊州进行，影响却波及全国，因为奴隶制是个全国性的问题，道格拉斯在这个国家举足轻重，而伊利诺伊州的地位也日渐提高（19世纪50年代，伊利诺伊州人口翻倍，人口数从位列全美第九跃至第四）。林肯非常清楚，他和道格拉斯之间的竞争不是从同一个起点开始的，道格拉斯在1854年已是功成名就，而林肯呢，就算不是一无所成，也肯定算不上功成名就。但林肯就像一匹赛马场上的赛马，紧紧尾随对手，伺机超越。

林肯以前的心思和性格上的点点滴滴，就像车间里四处堆放的发动机零部件，现在这些零部件终于组合在了一起，工作起来和谐顺畅，动力十足。他幽默诙谐、条理清晰、言辞雄辩有力，褪去了以往的粗鲁、呆板和夸大其词。

同样重要的是，或者说更重要的是，他从逝者那里获得了帮助。

1854年10月，林肯两次提到《密苏里妥协案》，一次是在斯普林菲尔德，一次是在皮奥里亚，都是回应道格拉斯的演说。道格拉斯在斯普林菲尔德发表演说，时隔一天，林肯也发表了演说；在皮奥里亚的那次，二者的演说只隔了几个小时。林肯这两次演说的内容基本上是一样的，但是第二次演说林肯修改后刊登在报纸上，就是大家知道的皮奥里亚演说。

这个倾力准备的演说长达 3 个小时，是他一生中所做的最长的演说之一。站在树桩上演讲的时候，林肯偶尔会读几句援引别人的话，或扫一眼兜里的笔记，但大多时候他是背着说的。（道格拉斯也是这样，其他所有名副其实的演说家都是这样。）林肯有着多年的竞选和出庭辩护经验，根本不需要提示。林肯不像亨利·克雷那样来回踱步或挥舞手臂。他可能会用一只手握着另一只手的手腕，或衣服的翻领。他的嗓门很高，有点像哀嚎，这对于在大庭广众下讲话很有用。不过当演讲渐入佳境，他的声音也会随之变得低沉些，有些听众能听出他有些肯塔基腔。

尽管林肯在皮奥里亚的演说不厌其详，但主题只有一个：他想废止《堪萨斯-内布拉斯加法案》，重启《密苏里妥协案》并恢复密苏里分界线，阻止奴隶制蔓延。此时他遵循亨利·克雷那段他最喜欢的演讲词的脉络，说《堪萨斯-内布拉斯加法案》是糟糕的政治，有悖历史，有悖人性。

道格拉斯的法案是糟糕的政治，这一点很容易就会得到认同。道格拉斯说让堪萨斯和内布拉斯加人自己决定奴隶制的去留是为了避免冲突，可他的这道法令却让整个国家都卷入冲突，因为所有的美国人都在为了一个问题争论不休——新区域应不应该允许奴隶制的存在。“在我们拥有的每一寸土地上，奴隶制的去留问题都已成定局。”可《密苏里妥协案》一废止，“我们就陷入了一个新的奴隶制问题的漩涡”。

林肯仔细研究美国历史，搜索实例来证明：与《堪萨斯-内布拉斯加法案》倡导的原则恰恰相反，合众国是在限制奴隶制的发展——要么限制其发展速度，要么是干预奴隶交易。一份民主党报纸指出，在斯普林菲尔德“他连续多周在州图书馆里来回搜索”，寻找事实证据。他格外注意《西北法令》如何禁止奴隶制，认为未来如何限制奴隶制可以效仿这个法令。这在当地是很有说服力的，因为伊利诺伊州的发展有《西北法令》的功劳；这对林肯本人来说也是很有说服力的，因为当初林肯一家搬离肯塔基的一个原因就是逃避奴隶劳动的竞争。

林肯斥责《堪萨斯-内布拉斯加法案》有悖人性，他的这个观点与克雷的观点如出一辙。“因为人性中有自私自利的一面，所以奴隶制得以建立，与自私自利相反的是人对公正的热爱……你可以废止《密苏里妥协案》，废止所有的妥协方案，甚至废止《独立宣言》和全部历史，可你却不可能废止人性。”林肯又恰到好处地把《圣经》上的内容用到这里来。“善人心里充满善，就会认为奴隶制扩张是错误的，因为心里充满善，嘴里就把它说出来。”不管林肯怎么看史密斯牧师大人和《圣经》的神圣权威，他确确实实读了《圣经》。

在皮奥里亚的演讲中，林肯的修辞水平达到了新的高度。他的听众认为林肯会说些粗鄙的笑话（民主党记者给这种笑话冠名“林肯嗑”），演讲中也的确有这么一个，在演讲的头两分钟，林肯说俄亥俄有的地方“最会做奶酪，天地万物都不能企及”。可不是嘛！在剩下的 2 小时 58 分钟里，林肯还讲了一些其他的笑话，但不再是那种粗鄙的笑话。

演讲中有三个很出色的笑话接连出现，第一个出现在林肯批评奴隶制拥护者的一个共同观点的时候。“据说要对南方讲公平二字，我们就得同意把奴隶制推广到新区域。亦即说，正因为你不反对我赶着猪去内布拉斯加，那我就绝不能反对你带着奴隶去内布拉斯加。现在，我得承认这实在是太合情合理了——如果猪和黑奴没有分别的话。”“据说”“亦即说”“正因为”这样正儿八经的字眼儿一下子让听众严肃认真起来，可突然就冒出了“赶猪”，听众的严肃劲儿顿时荡然无存。“猪和黑奴”是笑点，也是要点，两者虽然紧挨着出现在一个句子里，可在本质上截然不同。

几分钟后，林肯说到了跨大西洋的奴隶交易，国会在 1820 年将其定义为海盗。“这无非是把野蛮的黑奴从非洲运过来，卖给那些愿意出钱买的人。但你怎么也不会想到捕猎出售野马、野水牛或野生棕熊还会被绞死。”在这里，林肯把黑奴和整个动物世界做比较，指出黑奴不是动物。

林肯接下来考虑到了自由黑人。“在合众国，包括哥伦比亚特区在内的诸区域，一共有 433 643 个自由黑人。”“包括哥伦比亚特区在内”这个真实的细节很有喜剧意味。“一个黑人 5 美元，那么这些黑人一共价值 2 亿美元。”“这些价值连城的财产怎么能无拘无束四处溜达呢？我们可不会放任我们的马或牛随便乱跑。”

那时大多数美国黑人都是奴隶，但有些也不是。大多数北方白人不喜欢自由黑人，但他们也不反感他们是自由人——也许，林肯的意思是，他们认可作为人的黑人有权享有自由。

这里的每个笑话都用到了潘恩最得意的技巧——归谬法，即先假定某个命题是正确的，然后推出明显荒谬的结果。林肯终于学会如何将笑话为我所用。

他讲的笑话都涉及黑人。拿黑人说笑，给白人找乐子，这有点像吟游诗人的风格。但林肯讲的笑话大有文章，他要让他的听众明白他笑话里的滑稽角色不是别的而是人，他让人们在开怀大笑后反思。

其他的时候，林肯讲笑话就是为了直接说明道理。斯蒂芬·道格拉斯倡导的人民主权体现了一个古老的美国信条（是从一个更古老的英国信条发展起来的）——自治。应不应该有奴隶制？让人民决定吧。林肯也赞同人民应该自治。这“没错——绝对没错，永远错不了”。

但是，他说，在堪萨斯和内布拉斯加实行自治，在那里承认奴隶制，“要看黑人是不是人。如果黑人不是人，那么就可以随便处置它。但如果黑人是人，那么不允许黑人自治难道不是践踏自治吗？”说到这里，林肯的观点已经牢不可破了，但他要再加一把力，“白人治理自己可谓之自治，可要是他治理的不止是自己而是别人的时候，那就不再是自治了，是专制”。道格拉斯说如果你有件好东西，后来又添了一件，那就是锦上添花。而林肯说，是不是锦上添花要看后来这件东西是什么，要是把奴隶制添在自由的身上，那就是否定自由、摧毁自由。欧几里得没有这般简练扼要，潘恩也没有这般一针见血。

林肯让开国元勋活生生地回到了大家面前，再也不是久远的先人。演讲一开始，林肯就说到了“独立战争那纯真、清新而自由的呼吸”以及“独立战争的基本信念”（林肯特意强调了“独立战争”），他坚信他在奴隶制问题上的立场就是开国元勋们的立场。“他们对奴隶制的根本态度是一清二楚、不容误解的，那就是：奴隶制有悖基本信念，不到万不得已绝不容允。”（林肯此时特意强调了“基本信念”和“不到万不得已”。）道格拉斯和《堪萨斯-内布拉斯加法案》背叛了开国元勋们，林肯要用事实辩护，所以林肯援引了三个立国文献，其中两个表达了开国元勋对奴隶制的敌对态度。

林肯援引的第一份文献是《西北法令》。在介绍这一法令的缘起时，林肯搞错了一件事。在18世纪80年代早期，弗吉尼亚将其通过殖民地宪章获取的西北部的土地让与国会（有明文规定，美国最初的13个州都享有美国北部的大块土地）。由此，曾属于殖民地和弗吉尼亚州的土地现在属于合众国了。在皮奥里亚的演讲中，林肯说弗吉尼亚在让与西北土地的时候明确要求此前归它的区域废除奴隶制，林肯认为这是由时任国会议员的托马斯·杰弗逊提出的。

但事实是，不管是弗吉尼亚还是杰弗逊都没有提出过这样的要求。杰弗逊在1784年向国会做出的提议是：整个美国西部——从阿巴拉契亚山到密西西比河的所有土地全部废除奴隶制。他的提议被否决了，但3年后（当时的杰弗逊身在法国，出任驻法外交使节）国会重新探讨了这个问题，并通过了《西北法令》，在西北地区废除了奴隶制。晚年的时候，林肯更正了这个谬误。

但林肯说杰弗逊和《西北法令》在精神上是一致的，这一点没说错。希望整个西部地区废除奴隶制的人当然希望西北地区废除奴隶制了。到了1854年，原西北区域已经成为5个独立的州——俄亥俄州、印第安纳州、伊利诺伊州、密歇根州和威斯康星州。林肯说，这些州现已“如杰弗逊早已预见并向往的那样，成为千万自由富足的白人的快乐家园，没有一个奴隶”。在这里请出杰弗逊，林肯做得正确又高明，因为杰弗逊是道格拉斯所在党的创始人（民主党和前共和党都称杰弗逊是自己的创始人）。通过杰弗逊，林肯又把《西北法令》和独立战争联系到了一起。

林肯援引的第二个说明开国元勋们对奴隶制持敌对态度的文献是《独立宣言》。林肯把《独立宣言》称作“美国共和精神的备用大锚”，它表达了“我们古老的信仰……我古老的信仰告诉我‘人生来平等’，如果黑人也是人，那么在道义上一个人没有权利把另一个人当奴隶使用”。备用大锚是船上最坚固的锚，也是暴风雨中最后的希望。

如果道义不容奴隶制，那林肯为什么不主张彻底废除奴隶制呢？因为开国元勋们已经在第三份立国文献——宪法——中“万不得已”接受了奴隶制的存在。

宪法给奴隶制提供了些庇护，林肯说到宪法保护了奴隶交易20多年，宪法规定有义务遣返潜逃的奴隶，还有“五分之三原则”（即在计算各州人口决定众议员人数的时候，每个奴隶按五分之三算在内）。为了让蓄奴州接受宪法，这是万不得已之举，林肯也接受这一点。“这是写进宪法的，我不会……提议要毁掉、改变或无视宪法。我忠于宪法，全心全意、坚定不移。”

林肯说，开国元勋们万不得已接受了奴隶制，但迫于形势承认奴隶制不意味着赞同奴隶制。“形势所迫，他们走了这一步，但他们绝不会朝这个方向再迈第二步。”所以林肯也不会朝这个方向多迈一步。“我们就让奴隶制享有宪法已经给予它的权利吧，这是形势所迫。我们将奴隶制恢复到开国元勋们安排的样子，不要再触碰它。”

在为亨利·克雷写的挽歌中，林肯驳斥了那些反对《独立宣言》或宪法的人。在皮奥里亚，在整个未来的岁月里，林肯都坚决忠于宪法。

在皮奥里亚的演讲中，林肯几次强调开国元勋身上那代表着久远的过去的东西。“《独立宣言》是我‘古老的信念’，”也是我们大家‘古老的信念’，”过了一会儿他又说：“我喜欢那个时代人们身上的人情味儿。”他可能是想暗示《圣经》上的一段话，在《但以理书》（*Daniel*）中，上帝被称作“万古长存者”。在他的头脑中，他的未老先衰反倒成了一件好事，他那双衰弱的、黯然无光的、干涸的眼睛让他看起来像那些生活在久远以前的人。

林肯还把另一个经常与年龄联系在一起的东西——疾病——用到了元勋们的身上。林肯又一次参阅宪法，他注意到宪法中从未出现过“奴隶”和“奴隶制”这两个词。潜逃的奴隶被称作

“有责任服务或劳动的人”，奴隶制被称作“人口输入”。林肯说：“因此，这件事在宪法中被隐藏了起来，就像一个病人隐藏了长在身上的粉瘤或毒瘤，他不敢切除，怕流血过多而死。”那些故去的伟人留下另一个先天性疾病，还有一个古老的信念。不过至少他们曾为这疾病感到过耻辱。

林肯要怎样切除这个毒瘤？他只是做了些许暗示，他承认他的方法没有哪一个能打动人心。设立殖民地是一种可能，“我的第一个念头是解放所有的奴隶，然后把他们遣送到利比里亚”，但他知道可能要很久以后才能实现。让解放的奴隶继续生活在美国会滋生新的问题，他们要么永远低人一等，要么在社会上和政治上同白人完全平等。若是前者，那么他们比做奴隶好不了多少；若是后者，那么白人是不会同意的。林肯认为自己也是一个顽固的白人——“我自己从情感上不会接受”完全平等。

未来会有诸多问题。林肯在皮奥里亚的演说是要废止道格拉斯的法案，阻止奴隶制蔓延。林肯演说的高潮部分充满诗意，甚至先知先觉：“我们共和的外衣陷在泥泞中，粘满尘土。让我们再次把它洗净。如果不能用独立战争先烈的鲜血，那就让我们用独立战争的精神，把它洗成纯洁的白色。”在《圣经》中，万古长存者穿着白色的衣服，被拯救的灵魂也穿着白色的衣服，“这些人是从大患难中出来的，曾用羔羊的血，把衣裳洗白净了”（《启示录》7：14）。林肯想要一场政治救赎，他不希望这救赎沾满鲜血。

在皮奥里亚，林肯表明了自己的态度，在未来很多年里他都坚持这个态度：接受现存的奴隶制，这是迫不得已；阻止奴隶制蔓延，这是铁定的原则；在未来某个时候把奴隶遣送到别出去，但同时承认他们也是人。作为伊利诺伊人，林肯认同《西北法令》；作为信奉第一原则的理性主义者，林肯推崇《独立宣言》；作为律师，林肯尊重宪法。他像诗人一样热爱独立战争，不再哀叹死亡与衰落（“时间这门沉默的大炮”），而是呼唤强大的生命力。

第八章

1855—1858 年：竞选参议员

晚年的时候，林肯说他没有控制事态发展，并坦率地承认是事态发展控制了他。林肯知道如何拿自己开刀借以挡开没有必要的关注，这句话就是拿自己开刀。（别看我，看事态发展，如果我能控制事态的发展，我会尽力去做。）

但林肯的这句话同时也反映了这个从政者的现实主义一面。把自己的原则按顺序排好（如果有原则的话）。事情的发生是偶然的，无法未卜先知，政治就像骑马踏上一条从未涉足的征程。你可能有自己的方向，但这些方向也许是错的。地上也许有路，可这些路可能闭塞不通，也可能是条死路。事态总是在控制你，这是你必须应对的事情，但如何应对就是你的事了。

皮奥里亚演讲之后的几年，林肯和道格拉斯之间为争夺席位硝烟四起。同时二者在开国元勋的问题上争持不下，二者都将其视作自己精神上的灯塔与盟友。

1854 年 10 月，伊利诺伊州进行选举，两人先后为此发表演说。事态对道格拉斯不利，内布拉斯加方案的反对者在众议院中赢得了 9 个席位中的 5 个，在伊利诺伊州议院中也获得了微弱优势。

在美国宪法第十七修正案通过之前的一个世纪，州议院都会选择有望入主白宫的人进入参议院。林肯希望州议会能在1855年派他和道格拉斯一同进入参议院。现任参议员詹姆斯·希尔兹欲争取连任，他是道格拉斯的盟友，当年差点儿和林肯决斗。

伊利诺伊州有100名议员。在1855年2月的州议会上，林肯获得45票，希尔兹获得41票，来自奥尔顿的民主党人、内布拉斯加方案反对者莱曼·特朗布尔（Lyman Trumbull）获得5票，其他的选票零星分散在其他人身上。照片里的特朗布尔不太英俊，带着窄片眼镜，眼睛眯缝着。特朗布尔的拥护者已经公开反对道格拉斯了，但也不可能更进一步支持林肯这样的老牌辉格党党员。在第7轮投票中，内布拉斯加民主党新推举了一个候选人乔尔·马特森（Joel Matteson），他也支持《堪萨斯-内布拉斯加法案》，但没像希尔兹那样狂热。他也许会靠忠于党的旗号博得一些民主党的选票，也许直接收买选票（在伊利诺伊州，有些事是一成不变的）。同时，由于林肯的支持者渐渐心灰，林肯获得的选票也一路下滑。到了第10轮投票，林肯让他的拥护者把票投给特朗布尔，让他当选参议员。

林肯后来写道，让40个人向5个人屈服是很难的，“一个人要是没有我这样的幽默感是不会这么做的”。玛丽·林肯永远没有原谅特朗布尔夫人，虽然那是她最好的朋友。但是林肯要联合众人之力让一个《堪萨斯-内布拉斯加法案》的反对者做参议员，不过日后这些人也会合力拥护他。

下一件让林肯和道格拉斯针锋相对的事是1856年的总统竞选。

北方诸州的《堪萨斯-内布拉斯加法案》反对者形成了一个新政党，成员来自辉格党、民主党、自由之土党和废奴主义者。他们启用了杰弗逊成立的党派的名字——共和党。在伊利诺伊州，共和党的领导人有林肯、特朗布尔和欧文·洛夫乔伊——他的哥哥就是那个惨遭杀害的废奴报编辑伊利亚·洛夫乔伊。赫恩登也加入了共和党，并且非常活跃；但约翰·斯图尔特是铁杆辉格党人，绝不加入共和党，并对林肯转投共和党震惊不已。

5月，伊利诺伊州的共和党人在皮奥里亚西南部的布卢明顿(Bloomington)召开大会。林肯在会上发表了演说，赫恩登将之称为林肯毕生最精彩的演说。“这是道理，这是同情，这是热情，这是正义、平等、真理和权力；……这是艰难的、沉重的、复杂的、棘手的，且充满了愤怒。”赫恩登听得太着迷了，15分钟后他停止了记录，因为他彻底沉醉了。不幸的是，别人也没记录这次演说，那我们就只好满足于现存的林肯的演说了。

道格拉斯在辛辛那提市的民主党全国大会上再次获得总统候选人提名，在前16轮投票中他身处优势，位居第二。但他的内布拉斯加法案没有让那条通往提名的大道平顺，却让他背负了“挑起争议”的恶名。在第17轮投票中，他败给了詹姆斯·布坎南(James Buchanan)。詹姆斯·布坎南65岁，很早便踏上政途，过去四年他在伦敦的圣詹姆士宫廷作美国的代表，因此未曾替道格拉斯的法案辩护。

还有一个党派——美国人民党（它被其他政党称为“一无所知党”）——参加了竞选。自从 19 世纪 40 年代，由于政治动荡或妇女不堪压迫，大批爱尔兰和德国移民涌入美国，美国人民党作为一个本土主义政党就这样应运而生了，它也是保守辉格党人的避难所。美国人民党提名米勒德·菲尔莫尔为它的总统候选人。

6 月末，共和党在费城召开大会，其他两个政党已在此前召开了各自的党代会。林肯希望这个新政党能够借力老牌辉格党人，并建议提名一个年纪不小的辉格党人约翰·麦克莱恩（John Mclean）为总统候选人。麦克莱恩 71 岁，是美国高级法院的一名大法官。在给特朗布尔的信中，林肯写道：“他获提名会拯救所有辉格党人。”但事态并未向这个方向发展。43 岁的自由之土党人约翰·C. 弗里蒙特的宣传口号——自由之土，自由人，自由党人弗里蒙特——太抢眼了。弗里蒙特探索研究落基山脉，还在墨西哥战争中解放了加利福尼亚，这让他闻名遐迩。

林肯没有参加全国大会，但这不代表他默默无闻。伊利诺伊州代表团支持他成为副总统候选人，在意向性投票中，他获得了 607 票中的 110 票，位列第二。然而最终出现在候选人名单上的第二位不是他，而是威廉·戴顿（William Dayton）。戴顿以前也是辉格党人，他还是来自新泽西的参议员。

弗里蒙特获得了 114 张选票——来自新英格兰、纽约、俄亥俄、中西部内陆地区（包括密歇根、威斯康星和爱荷华）。菲尔莫尔赢得马里兰的支持，从那里获得了 8 张选票。剩下诸州则被布坎南收入囊中，他获得了 174 张选票，也获得了大选的胜利。

他的胜利源自 4 个摇摆州的选票：新泽西、宾夕法尼亚、印第安纳和伊利诺伊。在这些州，他获得了微弱多数（在他的家乡宾夕法尼亚可谓是只差毫厘）或相对多数票。弗里蒙特和菲尔莫尔两人在伊利诺伊一共获得 56%的选票，但布坎南个人收获 44%，得票最多。新共和党要想在 1860 年的大选中获得成功，那么就要赢得伊利诺伊州和其他多州的支持。

1857 年 3 月 4 日，布坎南宣誓就职。两天后最高法院发布了一项决定，这无疑是最高法院发布的最糟糕同时也是最重要的一项决定，该决定让林肯和道格拉斯二人开始抢占政治地盘。

事情是这样的：德雷德·斯科特（Dred Scott）是一个黑人奴隶，19 世纪 30 年代，他的主人——一名随军医生——带他来到了伊利诺伊州的岩石岛军事驻地和后来的明尼苏达区域，这个区域在密苏里分界线以北很远的地方。后来，斯科特在密苏里侍奉主人的妻子。主人死后，斯科特在废奴主义律师的帮助下提起诉讼要求获得人身自由，理由是他曾在自由州和自由区域居住过，这就自动解除了他的奴隶身份。1856 年美国最高法院受理了斯科特诉桑福德案。

撰写判决意见的是大法官罗杰·托尼（Roger Taney），他即将迎来自己的 80 岁生日，并步入出任首席大法官的第 21 个年头。托尼判定斯科特没有权利诉讼。只有公民才有诉讼权，但是按照宪法黑人不是公民，因为在宪法获得批准的时候，他们是“劣种人”，他们“没有白种人必须尊重的权利”。既然当初的开国元勋们没有尊重德雷德·斯科特的权利，那么宪法和首席大法官也不会。

托尼接下来继续写道，斯科特曾经在后来的明尼苏达区域居住过，因此他依据《密苏里妥协案》提起诉讼要求获得自由，但《密苏里妥协案》违背了宪法第五修正案。因为“没有通过宪法，任何人的财产”不得“被剥夺”，国会不能通过法律剥夺奴隶主的财产权。道格拉斯和《堪萨斯-内布拉斯加法案》已经违背了《密苏里妥协案》，而现在托尼和最高法院又宣布《密苏里妥协案》不符合宪法。共和党的建党初衷是恢复《密苏里妥协案》的效力，对德雷德·斯科特的判决就相当于（如政治科学家哈里·迦法所言）“传唤共和党，令其解散”。

从小到大，从威姆斯的书中，从罗伯特·温思洛普等演说家的口中，林肯知道了乔治·华盛顿的见解，并将其视为美德与国家统一的象征。现在罗杰·托尼却说开国元勋们都支持奴隶制和种族不平等，他们的宪法将奴隶视为财产，认为奴隶没有权利。

1857 年 6 月，道格拉斯在斯普林菲尔德就德雷德·斯科特一案发表演说。从表面上看，托尼否定《密苏里妥协案》的同时也否定了“人民主权论”，原因是，如果奴隶主可以带着自己的奴隶随意到任何区域去，那么让那里的人民自行设立有关奴隶的法律还有什么意义呢？然而道格拉斯发现了一个漏洞：“如果没有恰当的警察条例对其进行支持、保护和强制执行”，那么携带奴隶的权利就是“无效的、没用的”。换句话说，如果一个区域的人民对协助奴隶潜逃和宣传废奴惩处甚轻或不做惩处的话，那他们就会将拥有奴隶的权利逼上绝路，这项权利也将成为一纸空文。道格拉斯最后总结说："由此，人民主权这一伟大准则得到贯彻。"道格拉斯接受德雷德·斯科特一案的判决，同时他敦促美国人不要再提此事。但总会有重翻旧案的那一天。

至于判决的其他内容，道格拉斯与托尼观点一致，他也认为黑人是"劣等人"，他还说共和党人是想要和黑人"混杂在一起"。

道格拉斯在种族问题上的演讲影响深远。并不是只有道格拉斯有种族偏见，几乎每个美国白人都有这种偏见，不管是富有的种植园主，还是贫穷的农民，还是刚落地美国的移民。林肯在皮奥里亚的演讲中也承认"我从情感上无法接受种族平等"。但是，道格拉斯让种族偏见成为一个信条，成为北方民主党人的一个政治纲领。对他来说，种族偏见不是一种消极的偏见或一个想法，而是一种要为之奋斗的信仰。黑人废奴主义者弗雷德里克·道格拉斯（Frederick Douglass）（两个道格拉斯没有亲戚关系）说："在他那个时代，没有谁像他那样在加剧仇视黑人上做过那么多筹谋。"道格拉斯一边坚持自己的种族偏见，一边攻击共和党人，称其为"种族混杂者"（1864年，一个民主党记者发明了"种族通婚者"一词来攻击共和党人）。

道格拉斯对开国元勋的看法和托尼稍有不同，很快他就会详尽论述自己的看法。

1857年6月末，林肯在斯普林菲尔德回应了托尼和道格拉斯的演说。到底应给予最高法院多大的尊重，这让林肯有些头疼。

当年，安德鲁·杰克逊恣意妄为（比如，他反对最高法院的决定），而林肯以前的政党辉格党正是为了抵制这种行为才建立起来的。杰克逊在麦克洛克诉马里兰州一案上，否决了“合众国第二银行符合宪法”的判决。现在林肯便援引了这桩事。

林肯这么做是要将道格拉斯一军。道格拉斯是民主党人、杰克逊主义者，还因为伊利诺伊州银行之战和林肯结怨已久。援引这桩事就是在说：看看你心目中的英雄是怎么想的吧。不过这么做，林肯也将了自己一军，因为他发现自己和宿敌看法一致。

不过林肯的火力不是集中在最高法院身上，而是在德雷德·斯科特一案中托尼的思维方式上。林肯格外关注托尼对开国元勋的看法。林肯似乎无意多说托尼对《密苏里妥协案》和共和党的攻击，开国元勋的本意对林肯来说更重要，要是能把这个问题拨正，那么其他问题自然迎刃而解。

林肯说，托尼“一再坚称制定宪法或《独立宣言》的人里没有黑人，宪法和《独立宣言》要护佑的人也不包括黑人”，但依据宪法，至少有一些黑人是公民，为证明这一点，林肯想到了德雷德·斯科特一案中大法官本杰明·柯蒂斯（Benjamin Curtis）对判决所持的异议。柯蒂斯指出，1787 年至 1788 年间，宪法获得通过，当时有 5 个州（新罕布什尔、马萨诸塞、纽约、新泽西和北卡罗来纳）允许自由黑人投票。和托尼所言恰恰相反，这 5 个州的白人非但没有不尊重自由黑人的权利，他们还非常尊重黑人的权利，自由黑人和白人一起就宪法进行投票。

但要证明《独立宣言》也对黑人有效，林肯就得靠自己了。

他从克雷那里得到了启发并在皮奥里亚演讲中表达了自己对这个问题的想法。建国时，“所有人都将我们的《独立宣言》视作神圣的国书，并认为它对所有人有效”。那为什么独立宣言的签署人没有解放奴隶呢？林肯说，原因是“他们没有权力施此恩惠”。他们不是在立法，而是在为后人设立坐标，“他们是要订立一个自由社会的准则，一个所有人都熟悉、都敬畏的准则”。为什么要这样做呢？“如果后人图谋将这个自由的民族重新送上专制的险恶路途，那么这些准则就会有效牵制住他们。谢天谢地，眼前的事就验证了这一点。”罗杰·托尼和斯蒂芬·道格拉斯就是这样的图谋不轨的人。

道格拉斯攻击林肯是“种族混杂者”，林肯觉得这很可笑。他说“因为我不把黑人女人当奴隶，我就非得把她娶回家不可”，这种想法是“错误的逻辑”。“我不需要一定在这二者间选一个，我完全可以和她没有任何牵扯。”这段话说得好，林肯在日后多次重复。这段话他是有感而发的：他心意未决时，便放任玛丽·欧文斯离去；不堪妻子烦扰时，他就对她不予理睬；他不善与女人打交道，现在他把这一点用在了这个高尚的事业上。

笑谈过后，林肯很快进入道德推理。“在很多方面（黑人女人）当然不可能和我平等，但她可以享用靠自己的双手挣来的面包而不需要经任何人同意，在这一点上，她和我是平等的，和任何人都是平等的。”这般滴水不漏的逻辑战胜了“错误的逻辑”，简直诗意盎然。

演讲快结束时，林肯提到了设立殖民地的可能，他把奴隶和

《圣经》中的犹太人做比。“以色列的孩子……集体走出埃及。”那么，非洲人也可以回非洲去。

接下来在堪萨斯，林肯和道格拉斯共同遭遇了一系列事件。

《堪萨斯-内布拉斯加法案》不仅未能平息美国政治，反倒将堪萨斯区域变成了战场，名副其实的战场。来自邻州密苏里和来自北部地区的人大打出手，暴力事件时有发生。纷乱中很快便出现了两个飘摇的、相互对抗的地区政府。那时，“恐怖主义”和“游击战争”已不是什么陌生的概念，前者是法国大革命留下的，后者是在西班牙的拿破仑战争留下的。现在这两种战争又开始蹂躏这片平原。

1857 年夏，堪萨斯亲奴隶制派呼吁选出代表召开大会制定地区宪法。而奴隶制的反对者则联合抵制这一做法，他们认为政府在操纵全局。结果亲奴隶制大会在托皮卡以东 20 英里处的莱康普顿（Lecompton）举行，会上制定了蓄奴文件。1857 年 12 月 8 日，布坎南总统在向国会提交的年度咨文里（相当于现在的国情咨文）批准了这一地区宪法。翌日，道格拉斯在参议院做出回应。

道格拉斯说：“对（莱康普顿宪法中有关）奴隶制的条款作何处理与我无关。我不在乎它是被投票否决还是投票通过……但是如果想强迫我们接受（莱康普顿）宪法……这种屈服无异于嘲弄和侮辱，我将抵制到底……我将坚守人民主权论，直到最后，不管结果如何。”

道格拉斯的这番话是党内政治的结果，因为当时他和布坎南不合。这位总统应对重大危机时庸碌无为，但在处理无关紧要的小事上却和其他平庸之辈一样坚定果敢，而且他拒绝资助道格拉斯。但道格拉斯仍坚守自己的伟大准则，所以堪萨斯宪法的投票在形式上采取了人民主权。莱康普顿大会的与会代表选出来了，莱康普顿宪法摆在了选民面前。可如果大会被人幕后操纵，如果总统从中作梗，那么投票便只是个幌子。哪怕是为了维护自己过去三年的政治生活，道格拉斯也要反对。

攻击莱康普顿宪法来保卫人民主权也许会为他的前途争得另一番天地，于是道格拉斯过人的胆量真正显露了出来。他曾吁请南方支持《堪萨斯-内布拉斯加法案》，但以惨败告终。如果现在他向北方的共和党示好，那么他的运气可能会出现转机。

东北部（共和党的根据地）的共和党人踌躇了。支持这样一个举足轻重的民主党人——哪怕只是出于投机心理——也有反叛之嫌。或许与道格拉斯联手能让一个团结的北方政党夺取伊利诺伊州和白宫。《纽约论坛报》（*New York Tribune*，全国发行量最大的报纸）的编辑共和党人霍勒斯·格里利（Horace Greeley）敦促共和党人“及时地、坚定地支持道格拉斯”，而这正是共和党领导人的想法。

要是共和党人和道格拉斯联手，林肯怎么办呢？年底林肯致信华盛顿的特朗布尔，询问东部地区人的真实想法，林肯言辞犀利，“他们觉得牺牲我们伊利诺伊这些人，共和党的事业就会更进一步了吗？如果是这样，那请早早告知我们，现在马上缴械投降会省去我们不少力气”。

林肯当然关心自己的政治前途，但他更关心自己的首要原则，关心事情的真相。道格拉斯要求在堪萨斯举行一次公正的投票，堪萨斯十有八九会因此成为一个废奴区域和州。（尽管布坎南支持莱康普顿宪法，堪萨斯选民却会反对。在 1858 年两次投票中，反对票占大多数。）但谁会信堪萨斯是奴隶制问题的最后一战？何况道格拉斯已经说过，他不在乎奴隶制会被投票否决还是投票通过。

林肯和道格拉斯都肩负压力，因为道格拉斯的参议员任期到 1859 年 3 月结束。1858 年 11 月，伊利诺伊州议会将选出新议员填补这一席位。

道格拉斯想连任第三届，林肯想取而代之。两人都想在这次州议会上速战速决，而不是像 1855 年那样由希尔兹、林肯、特朗布尔、马特森四分天下，来回拉锯。1858 年在斯普林菲尔德举行的民主党大会上，道格拉斯作为党内翘楚通过投票获得大会对其连任的支持。（布坎南曾以联邦资助为筹码试图说服伊利诺伊民主党放弃道格拉斯。）而林肯也需要向格里利这样身在伊利诺伊州以外但好管闲事的人展示他的能力。

伊利诺伊州的共和党人非常乐意提名林肯，当年林肯无私地将本该属于自己的选票让与特朗布尔，党内的前民主党人对此仍心存感激，而前辉格党人也视林肯为自家人。在州政务中，林肯身兼双重身份，而且自从皮奥里亚演说以来，林肯让道格拉斯举步维艰。伊利诺伊州的共和党人于 6 月 16 日在斯普林菲尔德召开大会，大会宣布他们“首推也只推”林肯做参议员。

当晚，林肯对共和党人发表演说，演说中他没有提开国元勋。他引用《圣经》中的一个意向给自己的演说命名为“分裂的房屋不可持存”（《马太福音》12：25、《马可福音》3：25)。林肯解释说：“我相信政府不能无限期地忍受这个国家一半蓄奴，另一半废奴……要么，奴隶制反对者将阻止奴隶制继续蔓延，把奴隶制引向穷途末路，这样人民的心才会落下来；要么，奴隶制支持者继续推进奴隶制，直到大江南北、新城旧地全部承认奴隶制合法。”

道格拉斯和民主党人猛烈抨击这个预言。在林肯向共和党人汇报演讲内容时，有的共和党人不禁惊愕失色。有个共和党人说林肯的演讲是“该死的疯话”。林肯不再止步于自己提出的阻止奴隶制蔓延的政策，他承认，合理的办法是让奴隶制不复存在。怎样才能办到这一点呢？如果在新土地上找不到新买主，那么奴隶的价格就会在稳定一段时间后降下来。到时候，政府就会买下全部奴隶，再把他们送到国外去，这是非常现实的。不过，林肯觉得这样彻底扫清奴隶制要等到某个遥远的未来，所以“逐步走向彻底消亡”需要持续几十年时间。在提醒自己“裂屋”演说时间的便条上，林肯写着“在我的有生之年，奴隶制不会完结”；对外，他则把这个期限延长到了“100 年”。可即便这么长的期限，1858 年发表的这个演说在伊利诺伊还是引起了骚动。

林肯也是在用自己的语言来解释 19 世纪 50 年代的动荡局势。

奴隶制支持者确实已经推动奴隶制蔓延到了新墨西哥和犹他（用买卖的方式），使奴隶制越过密苏里分界线（借助德雷德·斯科特一案的裁决）渗入宪法的肌体，也渗入莱康普顿宪法（这部宪法引起的纷争尚在继续）。

他们也许会让态势朝这个方向继续发展下去。在“裂屋”演说中，林肯提到了奴隶制蔓延的两种有可能的方式：一种方式是出现第二个类似德雷德·斯科特法案的裁决，这样，把人视为财产的权利便可进入自由州。林肯提醒说“我们也许意识到了最高法院已经把伊利诺伊变成了蓄奴州”。

另一种方式是复兴奴隶买卖。在过去的 38 年里，奴隶买卖被视为违法，而且要处以极刑，可从未有人因此而被处决，奴隶制也从未被连根拔除。如果可以把奴隶带入原本自由的州，那么为什么不允许把他们从非洲带出来呢？何况非洲是奴隶价格最低的地方。

在“裂屋”演讲的草稿中，林肯说到了奴隶制的触角可能触及的第三个地方：美洲中部新的蓄奴区域，或是美国获得的加勒比海地区。其实 19 世纪 50 年代，一些南方人一直在资助那个地区的暴动和入侵。

这些鼓动奴隶制蔓延的人是谁呢？林肯打了个比方回答了这个问题。演讲一开始，他提到了《圣经》中的那栋房子，演讲进行到一半时，他又提到了另一栋房子。这个房子尚未完工，工人们正在忙碌着。“我们看到工匠斯蒂芬、富兰克林、罗杰和詹姆斯（听众心里明白这些人的姓是：道格拉斯、皮尔斯、托尼、布坎南）把很多锯好的木头安装到一起，”然后“我们看到这些木头彼此契合，严丝合缝，”林肯在此下了结论：“我们当然会认为在动工前，方案或图纸已经设计好了。”这第二栋房子是个陷阱，就像埃德加·艾伦·坡或霍桑故事里的那些房子。这栋房子代表着那些囚禁共和党人和自由的政策，那四个手里拿着彼此契合的木头的工匠就是监狱看守。

林肯的话是一种猜测，猜测这一切是场阴谋，参与谋划的有两个人，一个准总统，还有一个最高法院首席大法官。从这个猜测可以看出19世纪50年代的共和党人身陷死地。同时，共和党人担心就算共和党不断壮大、自由州不断增加，只怕政府还是攥在奴隶制支持者的手中。

这是个毫无依据的猜测吗？布坎南在就职典礼上与首席大法官托尼专注交谈，是在谈论随后不久便将宣判的德雷德·斯科特一案的结果吗？布坎南死去多年后，他生前的文件被公布，从这些文件可以看出，还是总统当选人的时候，布坎南就一直和正在讨论此案的大法官保持通信，敦促他们做出有史以来影响最深远的亲奴隶制判决。就算富兰克林和道格拉斯不是这次阴谋的策划者，詹姆斯和罗杰则肯定是。

有时，对阴谋的猜测就像在黑暗中循声放箭，很可能会射中真正的谋划者。

演说结尾，林肯发出了恳切的呼吁：“两年前，共和党建党，为的是抵御我们共同面临的危险……一股陌生的、与我们格格不入甚至对我们心怀不轨的力量从四面八方向我们靠近。我们当初披荆斩棘就是为了现在拱手而降吗？……结果没有悬念，我们不会战败——如果我们坚持到底，我们不会战败。”

1858 年，由于早先获得提名，林肯和道格拉斯两人在伊利诺伊州展开竞选活动，都希望借此影响 11 月 2 日的议会选举。有两次林肯发现自己的演说总是比道格拉斯慢一拍，一次在芝加哥，另一次在斯普林菲尔德。于是两人达成一致，以后同时现身。他们的辩论安排是这样的：渥太华（Ottawa，8 月 21 日），弗里波特（Freeport，8 月 27 日），琼斯伯勒（Jonesboro，9 月 15 日），查尔斯顿（Charleston，9 月 18 日），盖尔斯堡（Galesburg，10 月 7 日），昆西（10 月 13 日），奥尔顿（10 月 15 日）。他们的路线横跨整个州：弗里波特在威斯康星州边界附近，琼斯伯勒在密苏里州和肯塔基州交界处的楔形地区。共和党人甚至希望两人同时登场的次数再多些——50 次或 100 次。不过 7 次已经让人头晕目眩了，因为分头行动的时候两人都有各种演说安排。

为了参议员的席位这么卖力，这在美国政治史上可谓前所未闻。(总统候选人都不搞竞选活动；1852 年，温菲尔德·斯科特在选举前去了几回军事基地便遭痛批。）前所未闻的不仅只限于此，芝加哥的各家报纸将两人的辩论内容刊登出来，还附加了大量的观众的反响（“干掉他”“就是这样”“掌声雷动”“一片欢腾”)。

当然，政治艺术的传统项目也是少不了的。布坎南竭尽全力找道格拉斯的麻烦（这两人并不像林肯说的那样珠联璧合），他在伊利诺伊的追随者中指定了一批独立候选人，自称为“国家民主党”（批评家管他们叫“布坎南帮”）。“敌人的敌人就是盟友”，所以共和党人派赫恩登严密监视“布坎南帮”，因为赫恩登的父亲和哥哥都坚决拥护布坎南。既然结盟的不是我本人，那么林肯便否认自己“通过任何方式支持”“布坎南帮”。

辩论的规则是这样的：一个人发表一个小时的讲话，他的对手则回应一个半小时，然后第一个人再讲半个小时。第一场辩论开场和收场的是道格拉斯，那么下一场就是林肯来开场和收场，如此交替轮换。道格拉斯开场和收场 4 次，林肯 3 次，这对道格拉斯有利，既然如此，辩论的基调就理所当然地由林肯来定。辩论中林肯一直称呼道格拉斯为“道格拉斯法官”。这没什么不妥，因为 19 世纪 40 年代，道格拉斯是州最高法院的法官，而且这么叫不必再称呼他为“参议员先生”。道格拉斯称呼他的对手为“林肯先生”。

整个伊利诺伊州沸腾了。《纽约晚报》写道：“北美大草原烈火熊熊。”有时听众的人数比辩论所在的镇子上的人还多，马和马车掀起的尘土遮蔽了天空。时而有起哄和喝彩，但在很大程度上人们关心的是两人说了什么。

他们听到了很多车轱辘话和无关紧要的争论。彼此的政治纲领如何如何，过去说的话如何如何，两个人在这些事上争持不下。两人都甚少谈及政治手腕，一旦说起，就是对方的手腕如何让人目瞪口呆，而自己使的不过是寻常手段。即便如此，辩论还是触及了很多重要的内容。

道格拉斯开启第一轮辩论，开场便对林肯摆出一副屈尊俯就的样子，“我认识林肯快有 25 年了……要论摔跤、竞走、扔铁圈、掷铜币，谁也比不上他；论喝酒，全镇上的小伙子一起来，也喝不过他”。不过，林肯喝酒很有节制，倒是道格拉斯喝酒成瘾，所以这话对林肯影响不大。道格拉斯又拿林肯呆笨的性格来攻击林肯，把林肯说成一个一事无成的乡巴佬，这话不假，所以伤人。

7 轮辩论从始至终，道格拉斯都说林肯“亲近黑人”，说费雷德里克·道格拉斯（斯蒂芬管他叫“富有的黑人”）和其他黑人废奴主义者都在为林肯当选奔走，说人们高喊着口号斥责林肯“白人，白人”，“打倒黑人”，“他是白人的耻辱”。实际上，弗雷德里克·道格拉斯对林肯嗤之以鼻，说他太过保守。道格拉斯指责共和党人不断调整亲近黑人的政策去迎合州内不同地方的民意，在北方反对奴隶制的嗓门最高，到了南方嗓门最低。道格拉斯说，共和党人在弗里波特和芝加哥时“黑的像煤球一样”，在伊利诺伊中部就变成了“黑白混血儿”，等到了南方“几乎就是白人了”(听众大笑)。

林肯则坚持说他无意在黑人和白人间引入“政治和社会平等”。“白种人与黑种人之间有肉体上的差别，我相信这个差别将永远禁止两个种族在社会和政治平等的条件下生活在一起……我和道格拉斯法官一样，更愿意自己的种族处在优势地位。”林肯还用其他方式表明自己是白人，他若干次用了“黑鬼”“那些黑鬼”，好像在说：“别担心，我也是一个白人。”林肯的一些用法堵住了道格拉斯的嘴，“我们的朋友道格拉斯法官说我想让黑鬼和白人通婚（笑声）。我管他们叫黑鬼，而道格拉斯开始为他们担心了”。

林肯多次以不同的方式讲同一个笑话：如果一个黑人女人不是他的奴隶，这不意味着他要娶她回家。这次他又讲了一遍，结尾处还不忘把道格拉斯也拉进来：“我丝毫都没曾想过，如果没有禁止白人和黑人结婚的法律，我或我的朋友会和黑人结婚（笑声）；但似乎道格拉斯法官和他的朋友想过，要不是有法律拦着，他们很有可能会和黑人结婚（笑声）。我向道格拉斯法官庄严发誓，对于我州禁止白人和黑人通婚的法律，我将遵守到底（持久的笑声和掌声）。”林肯最初讲这则笑话时他对两性关系有种不安全感，现在他从道格拉斯的种族偏见中感觉到了一种更大的不安全感。

让这一系列的辩论声名远播的是两个候选人早前向彼此抛出的问题。道格拉斯要借废奴问题让林肯失去方寸，所以他在渥太华向林肯提出的一个问题是：林肯支持废除联邦关于惩办潜逃奴隶的法律吗？林肯已划清自己和废奴主义者之间的界限，所以回答这个问题轻而易举，他说他认为关于惩办潜逃奴隶的法律是符合宪法的。林肯在弗里波特向道格拉斯提出的一个问题则与德雷德·斯科特案有关：一个地方的人是否可以“以某种合乎法律的方式……把奴隶制拒之门外”？道格拉斯回答说他们可以依据“当地治安规定”把奴隶制拒之门外。这没什么新意，1857年6月在斯普林菲尔德发表的关于德雷德·斯科特案的演说上，道格拉斯就是这么回答的，现在他还是这么回答。“在伊利诺伊大大小小的演讲中”他回答了“上百次”。但再让他说一遍还是有意义的，说一说他到底使了多大力气让人民主权论去迎合托尼法庭的判决。林肯此举就是在揭道格拉斯的伤疤。

但每场辩论的必争话题是场上两人对那些久已故去且从未踏足伊利诺伊的政治前辈的阐释和理解。成千上万云集至此的群众时而哄笑，时而喝彩，时而洗耳恭听，但他们也想知道两位候选人怎样让自己同国父们站在一列，而这对这个国家的本质和未来又意味着什么。首席大法官托尼的裁决已经摆明了他对国父、对奴隶制、对种族的理解，林肯在 1854 年皮奥里亚演说也摆明了自己的理解。现在，道格拉斯和林肯在伊利诺伊尘土飞扬的讲坛上各持己见、正面交锋。

在渥太华的第一次演说中，道格拉斯就说到了自己对国父的理解，他先讲了联邦政府是如何创建起来的。他说，这些宏伟蓝图制定者制定了宪法，这部宪法承认地区差异和自治。“华盛顿、杰弗逊、富兰克林、麦迪逊、汉密尔顿、杰伊，还有那个时代其他的伟人把这个国家分成了自由州和蓄奴州，并且让每个州自由决定奴隶制的去留（可不是嘛，可不是嘛）。”道格拉斯接着说：“他们知道在这样一个疆土辽阔的国家，各地的气候、物产和利益多种多样，所以不同地区的人必然需要不同的法律和体制……各州拥有的权利之一便是规定主仆关系的权利……我们的政府为什么不能按照国父们订立好的原则继续存下去呢？（能）。”

就这样，道格拉斯让自己和奴隶制获得了宪法上的认可。在第三场辩论中，道格拉斯又说到了《独立宣言》，他极力认为《独立宣言》并不反对奴隶制，因为独立宣言只适用于白人。“在说到‘人生来平等’的时候，《独立宣言》根本没有提到黑人。这句话是对白人说的，对有欧洲血统的人说的，不是针对黑人、野蛮的印第安人、斐济人、马来人，或任何劣等民族的人说的。”《独立宣言》签署人中没有哪一位解放了自家的奴隶，这就是证据，“但是如果他们有意说黑人和白人是平等的……国父们可都是诚实的人，他们一定会解放自家奴隶的（欢呼）”。

林肯是在稍晚些时候才说明他对国父们的理解。随着辩论不断深入，林肯渐入佳境，他的精神明显不再紧张，而道格拉斯却渐露疲态，声音也不那么嘹亮了。到了第 6 轮（在昆西举行）辩论，林肯抨击了道格拉斯之前的建国论：“道格拉斯法官说国父们让这个国家一半蓄奴一半自由，道格拉斯法官犯了个历史性错误（经久的掌声）。”用林肯的话说，国父们这样做是迫于形势，“我们的国父们不是要让这个国家一半蓄奴一半自由，或有的地方蓄奴有的地方自由（掌声，的确是这样的）……他们发现奴隶制已经存在于我们当中，这不是他们造成的，但他们留下了这个制度，因为那时他们不知要怎样消灭它（很好，很好，这个不假）。”

林肯继续申辩道：“尽管如此，国父们还是留下了很多清晰的证据表明他们反对奴隶制。”在最后一轮（在奥尔顿举行）辩论中，林肯列举了这些证据。他说在《独立宣言》中，国父们说人生来平等是“自由社会的不二法则”（这是林肯在 1857 年德雷德·斯科特一案后上说的)。他们在《西北法令》里禁止奴隶制,而在宪法中他们只允许奴隶制再存在20年。"要不是想要把它赶尽杀绝,为什么要斩断它的去路,又截断它的源流?不错,宪法的确是允许奴隶制存在(五分之三原则、潜逃奴隶惩办条款),但是,拟定宪法的人回避了'黑人'和'奴隶制'这些字眼儿,刻意使用'晦暗不明的表达',这样,在奴隶制最终消亡的时候(一个世纪后?),在这一伟大的自由宪章上便再也寻不见黑人和奴隶制曾在我们这里存在过的痕迹(热情的掌声)。"

在第5轮辩论(在盖尔斯堡举行)中,林肯又找出了另一条国父们反对奴隶制的证据。尽管"杰弗逊先生是一个奴隶主……但在说到这件事的时候,他的言辞沉痛而恳切,'想起上帝是多么的公正,他为他的国家战栗不已'"。这句话摘自《弗吉尼亚笔记》(*Notes on Virginia*)——一篇杰弗逊书写自己家乡的长文,也是他出版的唯一一本书。杰弗逊接下来的话——公正的上帝不可能一直昏睡……命运的车轮将迎来革命,局势逆转将是可能性之一——林肯没有引。杰弗逊担心奴隶制会在奴隶反抗和种族战争中走向终结,而林肯不希望有战争降临。但时间证明杰弗逊和林肯都错了。

按照道格拉斯对国父们的理解,未来一片光明,遵循着他们的方针政策,美国的未来辉煌灿烂。在第6轮辩论(在昆西举行)中,道格拉斯激情洋溢地描绘着辉煌的未来,"让各州自行管理自己的事务,不要干涉兄弟州的事务,(奴隶制)这个问题不会搅起风浪。要是我们遵守这个原则,那么……这个国家将永远如我们的国父安排的那样，有蓄奴州也有自由州……如果我们遵守这个原则，那么整个美洲将会变成一个由大洋环绕的共和国……一个全世界所有受压迫者的避难所”。

林肯对国父和他们留下的遗产有着不一样的理解，对未来也不那么乐观。在奥尔顿，林肯说“世界上绝无仅有的智者和好人(林肯是这样称呼国父的)”想让奴隶制走向灭亡，可道格拉斯却要让它永远存在下去，甚至让它不断扩张蔓延，因为他觉得奴隶制无可厚非。

“这才是问题的真正所在。道格拉斯法官和我的舌战结束之后，这个问题还将继续存留于这个国家。它是正义和邪恶这两种原则在世界范围内永不休止的争斗。在世界的每一个角落，对错这两个原则之间的较量将一直持续下去。”“奴隶制的原则在说：‘你们工作吧、辛劳吧！你们挣回的面包供我享用！’不管它以何种形式出现，不管它出自骑在人民头上攫取人民劳动果实的君王之口，还是一个种族对奴役另一个种族做的辩解，它都源自那个专横暴虐的原则。”这里，林肯把 19 世纪 50 年代和 18 世纪 70 年代相提并论，道格拉斯和那些盛赞奴隶制的人接了乔治三世的班。

11 月 2 日选举当天，天空下着雨，可即便这样，前来投票的人还是比 1856 年的大选年多。共和党获得的选票略多，但共和党人只集中在少数几个选区。新组建的州议会以 54 票对 46 票再次选举斯蒂芬·道格拉斯为联邦参议员。

这一切都结束后，林肯写信给一位从斯普林菲尔德搬至俄勒冈的朋友说："尽管现在我淡出了大众视线……但我留下了印记，这是为公民自由奋斗的印记，在我死后很久都不会消失。"但是第二天，林肯给一位友善的编辑写信索要全部辩论的文本，他打算把它放进剪贴簿留作纪念。要是有机会再次刊登，打字员会用得上这剪贴簿。林肯还不想淡出大众视线。

第九章

1859—1860 年：竞选总统

为了竞选参议员，林肯暂停了律师事务，而现在他需要重操旧业赚钱。到了 19 世纪末，林肯的客户不仅仅有巡回庭审中吵吵嚷嚷的当地纠纷，还有大公司。他在几次重要的诉讼案中为铁路公司辩护，力辩伊利诺伊铁路公司不需缴纳县级税，在密西西比河上架桥连通芝加哥、岩岛和大西洋不会阻断水上交通（汽船公司自然说架桥会有这样的后果，因为汽船与铁路是竞争关系）。尽管他竭诚办案，1858 年他往返各地参加竞选的时候铁路公司却并没有给他优惠，但借给大权在握的斯蒂芬·道格拉斯一辆专列。

林肯最精彩的辩护与一位旧识有关。1858 年年初，林肯过去摔跤场上的对手杰克·阿姆斯特朗的儿子被判谋杀罪，林肯要求提请复审。林肯向法院证明该案的关键证人不可能目击犯罪过程，因为那天晚上没有月亮（按照一本突然变出来的黄历），阿姆斯特朗的儿子获救了。但是对林肯的未来影响最大的一个案子是 1855 年他被请到辛辛那提作收割机发明人赛勒斯·麦考密克（Cyrus McCormick）的一桩专利侵权案的法律顾问。麦考密克的律师团队并不喜欢这个来自伊利诺伊的法律顾问。其中一个叫埃德温·斯坦顿（Edwin Stanton）的人称林肯是“一只讨厌的长臂猿”，虽然他没明说林肯的脸也和猿猴一样，但他明明就是这么想的。他们没给林肯安排任何事做，林肯觉得受到了羞辱，但还是收了钱。他和斯坦顿还会再见。

参议员竞选失利后，林肯尝试一种新的修辞风格——用“学园风格”讲述发明史，从文字诞生讲到专利法的诞生。林肯对事物和过程异常好奇。赫恩登在书中写道：“钟表、公交车、语言、蹼轮、习语，这些都逃不过他的观察与分析。”（林肯也逃不过赫恩登的观察与分析。）但林肯就发明进行的演说失败了。这是林肯不熟悉的领域，所以他的幽默也变得怪诞无稽，他对历史的兴趣尽是些无关紧要的小事。一家报纸在评论他的那次讲话时说“这和他做总统的风格不太一样”。1859 年年初，他做了几次这样的讲话，听众越来越少，于是他的“讲座”生涯也就此结束了。

那家报纸评论他的讲话不过是要讥笑林肯。不过，早在 1859 年的时候，林肯就要竞选总统了吗？当然。乔治·华盛顿通过口头表决当选美国第一任和第二任总统，他卸任后，无数有望或无望成为总统的政客对那个宝座梦寐以求。不过，放长线钓大鱼，林肯必须谨慎行事。他还不能谈论自己，但他可以说说开国元勋。1859 年春，巧克力生产商亨利·皮尔斯邀请林肯参加 4 月 13 日在波士顿举行的托马斯·杰弗逊的诞辰纪念仪式。由于法律事务忙抽不开身，林肯谢绝了邀请，不过在写给皮尔斯的信中林肯得以再次表达他对《独立宣言》和奴隶制的理解。在皮奥里亚的演讲中，林肯把《独立宣言》比作备用的大锚。这次他把《独立宣言》的制定者比作欧几里得："杰弗逊的'所有人都被平等地赋予某些基本权利'这一原则是自由社会的定义和原理。"他的结束语庄重典雅："向杰弗逊致以最崇高的敬意！当这个国家正在为自己的独立艰苦奋斗时，他在现实的压力中冷静镇定，高瞻远瞩，力挽狂澜。虽只是一份革命宣言，他却把一条抽象的真理写了进去，这条真理对所有人所有时代都适用。"林肯明显在斟词酌句，这段话完全可以刻在纪念碑上或刊登在共和党的报纸上，而共和党报纸也的确刊登了。

1859 年秋，林肯频频受邀到整个中西部地区向共和党人发表演说。虽然法律事务依旧繁忙，但林肯接受了这些邀请。那年秋天是非大选年的选举季，他要走进大众视野。

至于演讲路线，道格拉斯倒是无意中替林肯做了安排。道格拉斯在《哈珀杂志》（*Harper's Magazine*）9 月号上发文辩护"人民主权"；同月，道格拉斯在哥伦布和辛辛那提发表演说（俄亥俄是美国人口第三大州，一个共和党人正同民主党人道格拉斯争夺州长之位）。林肯跟随道格拉斯的脚步来到了这两个城市，并反驳了道格拉斯在《哈珀杂志》上的文章。早在竞选参议员之前，林肯和道格拉斯之间的辩论就开始了，现在还在继续。

对于奴隶制的未来，两人的观点没有改变：道格拉斯要让人民自行决定，林肯要对其进行牵制直至其最后灭亡。

自莱康普顿宪法一事以来，两人的政治路线也没有改变。1858 年 12 月，南方的民主党人撤销了道格拉斯区域委员会主席的身份，以惩罚其冒进的反莱康普顿宪法立场。道格拉斯要想入主白宫，必须赢得北方的支持，包括北方民主党人的支持。经历了 1858 年那场激烈的党派竞争之后，道格拉斯已不能再奢望共和党人会把提名给他，不过挖走共和党的追随者似乎还可以办到。林肯决意不让道格拉斯得逞。在写给一位俄亥俄政客的信中，林肯说道格拉斯“是自由的头号敌人，因为他潜伏最深”。在奋力阻止道格拉斯的同时，林肯不经意地抬高了自己。

问题的焦点再次回到两人如何理解国父们，如何将自己描绘成国父们的合法继承人。两人就奴隶制的争论已经演变成兄弟间对独立战争合法继承人身份的争夺。

道格拉斯在《哈珀杂志》上发表了题为《联邦权力和地方权力的分界线：不同区域的人民主权》的文章。文章长达 17 页半，但要点只有一个，按照道格拉斯的理解，“国父们的想法和原则”同人民主权别无二致。道格拉斯不厌其烦地仔细研究美国立法，将其追溯到建国前的殖民时代，然后他提炼出了他所认为的美国信条：“每一个独立的政治团体（殖民地、省和区域、主权州）对自身的政治体质有自主权。”这包括对奴隶制有自主权。

道格拉斯眼中的国父是宽容的 —— 对白人宽容，白人可以随意处置黑人。而林肯眼中的国父们是立法者，他们信仰备用大锚和公理，他们基于人性制定了关于自由的法度。

林肯给波士顿的共和党人讲了《独立宣言》，现在他要给俄亥俄的共和党人讲《西北法令》。林肯说《西北法令》与国父们的建国思想一脉相承，《西北法令》就是“由独立战争中的英雄们制定的”。当宪法“还在酝酿之中的时候”，它就已经获得批准。这说明了什么？这说明当“独立战争的英雄们”在考虑奴隶制是否应该进入西北地区的时候，他们的答案是不应该。对他们来说在这个问题上没有人民主权可言，“自始至终，他们都坚守自由”。

在辛辛那提，林肯又抛出了新的想法。他把对自由的信仰和他的辉格主义思想联系起来。“伟大的上帝赐给每个人一张嘴吃饭，一双手把饭喂到嘴里。如果有什么可以说是上帝的意志，那就是……每个人都要用他自己的那双手把饭喂进嘴里去，不需要劳烦他人，因为别人的手是用来喂自己的嘴的。”接着林肯还说了个笑话：“要是上帝有意把人类分成主子和奴仆两个等级，那么他会让主子们只长嘴不长手，让奴仆们只长手不长嘴。”

两年前，林肯说黑人女人和任何人一样有权享用自己的双手挣来的面包，眼前讲的这个笑话则让这个黑人女人的形象更加清晰了，也让《独立宣言》更加清晰了。杰弗逊在《独立宣言》中写着“所有人……都被造物主赋予若干不可剥夺的权利”，其中包括“生命权、自由权和追求幸福的权利”。乍一听起来，林肯口中的享用自己赚来的面包的权利似乎没有杰弗逊笔下的三项权利那么庄严伟大，但是没有面包就不能享有生命权和自由权、不能追求幸福。杰弗逊的双手从未劳动过，而林肯则是一个不幸福的人，他们用各自的生活经验来阐释自己的思想，但是他们思想的本质是一样的。

具有讽刺意味的是，林肯用来说明自由的实例来自农务劳动：在面包师做面包之前，农民要先种小麦，再去磨房把小麦磨成面粉。林肯憎恶这样的劳动，但他的憎恶来源于他生命的前21年，因为那时他的劳动是无偿的。所以30年后，他能设身处地地为奴隶着想。

最终，林肯和杰弗逊二人虽都不相信基督，却都认为权利是上帝赐予的。

那年秋天，林肯还收到了另一个邀请——到纽约去演讲，这次他毫不犹豫地接受了。

纽约是这个国家人口最多的城市。它已经成为一个金融中心，并逐渐上升为文化和媒体中心（《哈珀杂志》，也就是道格拉斯为自己的人民权利进行辩护的杂志就是在那里发行，格里利的《纽约论坛报》也是）。邀请林肯的是纽约地区的共和党人，他们让他跨过东河（East River，东河那时还是一个独立的城市，而且是这个国家第三大城市）来布鲁克林。林肯演讲的地点是普利茅斯大教堂亨利·沃德·比彻（Henry Ward Beecher）牧师大人的讲坛，比彻牧师在基督教界备受瞩目，他极力反对奴隶制。林肯演讲的时间是1860年2月，林肯为这次演讲买了一套黑西服，花了100块钱，这可不是个小数目。但演讲临近时，组织者为了吸引更多的听众，把演讲地点改在曼哈顿的库珀联盟学院——一所工人阶级的免费学校。

林肯对组织者说他要做一次政治演说。他出现在纽约肯定是要做政治演说的，纽约州是美国最大的州，也是共和党的堡垒，党首是资深的参议员威廉·苏厄德（William Seward）。苏厄德和林肯有诸多相同点：他也是前辉格党人；他也是相貌奇特——不是高得像根长竿，他很矮，大鼻子，大耳朵；他不修边幅（他有套衣服人们是这样形容的："很明显是 20 年前做的，而且做那身衣服的是个蹩脚的裁缝。"）他用来形容美国奴隶制和未来的字眼儿与林肯的"裂屋"演说一样都昭示未来，他于 1858 年在纽约曼彻斯特发表的演说中说这两个体系陷入了"不可调和的冲突中"。

但在 1860 年，苏厄德早已声名远播，而林肯则正在树立名望。苏厄德比林肯年长 9 岁，已经做了 10 年参议员，而在此之前则担任纽约州州长。他的顾问和得力助手是《奥尔巴尼晚报》编辑、美国政坛空前绝后的幕后操纵人瑟洛·维德（Thurlow Weed）。（一听到瑟洛这个名字便让人肃然起敬，不仅因其志向高远，还因其富甲天下。维德这个姓氏如影随形地跟在每个政客的身后，不管是幕后交易还是暗箭伤人都与他难脱干系。）苏厄德是共和党人竞选总统的领跑人，在苏厄德的后院演说绝对是突袭。林肯的火力攻向道格拉斯，但其他的共和党人却左右为难了，林肯越是在与道格拉斯的对决中占上风，他就越适合做共和党人的候选人。

看到站在库珀讲台上的林肯，纽约的观众对林肯的印象同以往的观众一样。有一个观众在回忆林肯时，时不时地用到这样的形容词："古怪……瘦长……笨拙……憔悴。"他一张嘴就带着西部人哼哼唧唧的腔调。但此次演说是林肯迄今为止最用心准备的一次，也是最精彩的一次。在这次演说中，林肯全面地阐释了国父们的思想和他们对奴隶制的立场。库珀联盟学院的演说最有力地表明他才是国父们真正的继承人。

林肯在演讲开始时借用了牧师布道的方法：牧师先征引《圣经》中的一段话，然后加以阐释。林肯征引的是道格拉斯于去年9月在俄亥俄发表的演说。那时道格拉斯说："我们的国父们在创建我们现在所生活的这个国家的时候，同我们现在一样了解这个问题，甚至比我们了解得还清楚。""这个问题"就是道格拉斯在《哈珀杂志》上写到的问题——到底是由地方政权（人民主权）还是联邦政权来决定新区域的奴隶制问题。道格拉斯自然而然地认为"我们的国父们"和他的理解是完全一样的。

林肯说他"完全"赞同道格拉斯那段话的前提，即"我们的国父们"的确同1860年的我们一样了解这个问题，甚至比我们了解得还清楚。但林肯要让大家明白"我们的国父们"对这个问题的理解不是和道格拉斯一样，而是和他一样。

为了回答道格拉斯提出的问题，林肯首先界定了国父们的概念——"国父们"是指39位宪法签署人，他们书写并通过了这个国家的根本法律，他们是那些"创建了我们现在所生活的这个国家"的人。在接下来的45分钟里，林肯引领他的观众一幕幕地回顾了国父们的所想所为。

林肯从《西北法令》讲起，叙述了国父们所经历的长达36

年的立法历程。1784 年，3 位未来的国父在旧国会大厦投票通过了杰弗逊提出的禁止奴隶制向阿巴拉契亚山山脉以西蔓延的提案；1787 年，又有 2 位国父参与投票通过了在西北地区禁止奴隶制的提案；接着在 1789 年，在美国国会，16 位国父（6 位是与会代表，10 位是参议员）投票确认了《西北法令》的有效性；而国父中最伟大的一位——乔治·华盛顿作为总统签署了《西北法令》，使其成为法律。

1798 年和 1804 年，国会重新规划了后来的密西西比和路易斯安那所在地区，这些区域长期笼罩在奴隶制的阴影下。虽然那时奴隶贸易仍旧合法，但国会还是禁止往这个地区输入奴隶，4 位国父和所有的参议员都赞同这项禁令。1819 年密苏里建州的战斗打响了，最后一批担任公职的国父当中有一位尚在参议院供职，他一再投票反对奴隶制蔓延。

林肯总结说，在 39 位“创建了我们现在生活的这个国家”的国父中，有 21 位采取行动禁止或限制奴隶制进入某些地区，其中某些人不止一次这样做，因为在他们的政治生涯中有若干次相关提案被送到他们面前。国父中有 16 位无权对这样的问题进行投票，余下的 2 位——一位是 1784 年旧国会的一员，还有一位是 1819—1820 年的国会代表。林肯说 39 位中的 21 位已然是“明显的大多数”。

但这个数字林肯还不满足。他接着说，既没投赞成票也没投反对票的人是“著名的奴隶制反对者”，他提到了本杰明·富兰克林、亚历山大·汉密尔顿（在他的家乡，他是解放协会的一员）和古弗尼尔·莫里斯（Gouverneur Morris，他在大陆会议上多次发表演说讨伐奴隶制、奴隶买卖和五分之三原则)。林肯力辩说，要是他们有机会投票，他们当然会站在那 21 个人一边。

托尼法庭在德雷德·斯科特一案中认为宪法第五修正案保护若干地区的财产权，包括拥有奴隶的权利，因此，像密苏里分界线这样的限制是不符合宪法的。但是林肯指出，通过宪法修正案前十条和确认《西北法令》正式性的是同一个议会，“这两样东西是国会在同一时间深思熟虑、不断完善起来的，现在说这二者彼此冲突，这么说是不是有点自以为是了?”

林肯这种仔细的剖析似乎有些干巴巴，并且干得就快蒸发了。但是库珀联盟学院这次演讲的力量不是源自幽默，而是恰到好处的重复。林肯把枯燥的深挖细抠变成了美妙的音乐，他这样结束第一个例子（三位国父在 1784 年投票通过限制奴隶制）：“他们认为，没有什么划清地方权力和联邦权力的分界线或是别的什么东西能阻止联邦政府在联邦的土地上管控奴隶制。”随着演讲的深入，林肯开始多次使用长句，时而一字一顿地说，时而像变奏曲一样有着轻微的变化，像守门人在鸣钟。时不时地还有像装饰音一样的短词组散落在演说中，比如“我们的国父们”“第三十九”“我们生活的国家”。

但也许把林肯在库珀联盟学院的演说比作音乐还不够恰当，最恰当的比喻应该是摔跤。林肯不在场的对手道格拉斯一不小心被林肯锁住了，于是林肯一次又一次狠狠地把道格拉斯摔倒在地。

下半场的演说主要是向观众发起两次呼吁和一次告诫。他呼吁共和党人不要感情用事，不要沉不住气。他呼吁南方人认清一点：共和党人不会剥夺他们“任何已经明确写入宪法的权利”。（“明确写入宪法”不包括德雷德·斯科特一案，林肯认为此案的裁决荒诞无耻。）他告诫共和党人要继续不懈努力限制奴隶制的蔓延，共和党人不能松懈不仅因为那是“国父们秉持的方针”，还因为这个方针是正确的。此次演讲的最后一句话从库珀联盟学院的讲台走向不朽：**“让我们相信正义就是力量，并带着这样的信念，勇于按照我们的理解履行我们的职责，直到最后！”**（某个打字员，也可能是林肯本人在演说刊登时把这句话做了着重处理。）

观众纷纷起身，长时间挥舞着帽子欢呼。后来《纽约论坛报》的记者被问到他对林肯的印象，这位记者说林肯让他大吃一惊，“他是自圣保罗以来最伟大的人”。

林肯又去了新英格兰，强化自己通过在纽约的演讲打造的印象，随后结束了这次东部地区的旅行，回到伊利诺伊忙碌积压下来的法律事务。他和道格拉斯之间的竞争会持续整个秋季直到总统大选，但是林肯没有再发表重要演说，从 1854 年开始的林肯—道格拉斯拉锯式辩论结束了。

林肯在道格拉斯的大本营向他发起挑战，使自己成为这位伟大的民主党人的头号劲敌，比另一位伊利诺伊人莱曼·特朗布尔还要强劲。是特朗布尔而非林肯成功进驻参议院，但却是林肯而非特朗布尔和道格拉斯同台舌战，而且从皮奥里亚到库珀联盟学院不断讨伐道格拉斯的观点。

林肯让共和党和道格拉斯划清了界限。东部地区的共和党人曾梦想在道格拉斯公开指控莱康普顿宪法后与他联手，但这个想法因 1858 年的参议员之争而破灭，现在由于林肯的不断攻击，道格拉斯也休想再挖走共和党人的选票。霍勒斯·格里利像风向标一样捕捉这一变化。1858 年，他的报纸大张旗鼓地为道格拉斯做宣传；1860 年他的报纸又热情洋溢地报道林肯的演说。昔日无足轻重的林肯现在令人刮目相看。

是道格拉斯让林肯举国瞩目。要不是来自伊利诺伊，单凭做过一届国会议员、踏踏实实工作，林肯再卖力也无法争取到全国人的注意。但是他像牛虻一样如影随形地跟在伟大的道格拉斯后面，这让他自己也变得重要起来。

让林肯举国瞩目的还有伊利诺伊州。1856 年的总统大选表明，共和党的后盾是立场坚定的北方，民主党的后盾是立场坚定的南方。詹姆斯·布坎南赢得伊利诺伊、印第安纳、宾夕法尼亚和新泽西诸州，而后入主白宫。共和党要想在 1860 年大选中胜出，必须赢得宾夕法尼亚和中部地区的某个州。林肯—道格拉斯大辩论让这两个来自摇摆州的竞争对手万众瞩目。

道格拉斯一遍又一遍有力地申辩自己的想法——美国体制的根本就是自治，让人民主权来决定在某些地区的奴隶制去留就是在实践自治。道格拉斯将自己视为“美国理想”的卫士。

林肯的驳斥必须聪明谨慎。自治是在自掘坟墓，林肯在皮奥里亚就非常简洁明了地指出，一个人管理控制自己叫自治，但如果他通过奴隶制管理控制别人，那叫专制。原先蓄奴的地方可以继续蓄奴（此处更加聪明谨慎），但是肆意扩张奴隶制或对其置若罔闻任其蔓延就是玷污共和制。

林肯为治愈自治这一疾病开出的方子也是自治。面对残破的体制，一个杰出的天才（比如，拿破仑）会先颠覆它然后用一个由自己控制的体制来替代它。林肯用的是寻常的政治手法，在竞选活动中竭力向伊利诺伊的选民证明自己的观点是合理的，而当他的演说一再被刊登的时候，则是向整个北方证明了这一点。

这就是林肯理智的地方。不过还有一个办法可以解决纷争，那就是去听听父亲的建议。林肯从未征询过托马斯·林肯的建议，他找到了更智慧、更慈善的父亲，他们严肃认真、追求真理、能言善辩，他们深思熟虑，为自由和奴隶制问题找到了答案。他们坚信人生来平等，他们决意要将奴隶制送上一条不归路。

他们在独立战争中捍卫自己的答案。他们将其拟定成文，便成为了《独立宣言》，他们将其付诸实践，所以有了《西北法令》、美国宪法（林肯曾在演讲中读过）和其他的法令。他们的答案是林肯的答案，而非道格拉斯的答案。

在林肯很小的时候，亨利·克雷呼唤新一代英雄的到来。林肯现在也呼唤新一代英雄的到来，但他们要和老一代英雄志趣相投，就像林肯在库珀联盟学院说的那样："让我们像他们那样去说、去做。"

第十章

托马斯·杰弗逊与《独立宣言》　盖世英才（一）

但林肯是像国父们那样去说、去做的吗？国父的意旨以及他们对奴隶制的态度，林肯解释得对吗？

与道格拉斯长达 6 年的辩论，林肯从头至尾（从皮奥里亚到库珀联盟学院）都是有备而来的，他在伊利诺伊州图书馆里不知疲倦地寻找有关国父们的一切。感谢现代的报纸、信札和日记，我们对国父们的了解比林肯多（在某些方面，我们对他们的了解比他们自己还要多，因为那时他们不会公开彼此的私人信函）。不过在 19 世纪中期，已经有数量可观的有关他们的资料可以查阅了。

林肯自己有一套《埃略奥特的辩论》（*Elliot's Debates*），它于 1836 年出版，集合了有关宪法拟定和批准的资料。斯普林菲尔德的州图书馆里有 1840 年出版的詹姆斯·麦迪逊的文集，里面有大量他关于制宪会议的笔记。州图书馆里还藏有早期国会的辩论资料和会议记录，以及第一批杰弗逊传记和华盛顿传记。这些传记是做学术研究之用，所以不是威姆斯式捕风捉影的故事，不过有时这种学术研究水平也没比威姆斯的高到哪里去。有一个早期的华盛顿传记作者叫贾里德·斯帕克斯（Jared Sparks），他在华盛顿的稿件中找到了华盛顿第一次就职演说的草稿，草稿很长，而且华盛顿后来用的也不是这份草稿。贾里德拿着这份草稿面见年迈的麦迪逊（华盛顿实际所用的较短的演讲稿是由麦迪逊操刀），麦迪逊说那份草稿没什么重要性，于是斯帕克斯就把草稿分成若干份，当作华盛顿手迹的样本分给朋友了。

林肯在库珀联盟学院的演说于1860年9月在一份小册子上发表，林肯本人亲自监督。出版时演说附上了序言，序言中对林肯的演说大加褒赞，称其为“对历史耐心的研究”，还附上了长长的跟历史相关的脚注。在演讲稿送交刊印的时候，林肯已经把自己在稿上做的笔记都删除了，不过纽约的两位年轻的共和党律师把自己的笔记加了上去，林肯看了一眼同意了。所以虽然那些脚注不是林肯自己研究的结果，但它们“代表”了林肯所做的研究。

林肯犯了几处错误。他认为1787年来自佐治亚的亚伯拉罕·鲍德温（Abraham Baldwin）参与了通过《西北法令》的投票，同时他也把鲍德温也算到了宪法签署人里。鲍德温虽是国会代表，也要去费城参加制宪会议。像鲍德温这样兼有双重身份的人都会在这两个城市间来回往返。但鲍德温在6月抵达费城后便一直驻守在那里，因此他并没有参与国会于7月通过的《西北法令》的投票。林肯在纽约的助理发现了这个问题，当演讲在小册子上刊登出来的时候这个谬误已经改过来了。

林肯的其他两处错误没被发现。林肯说特拉华州的乔治·里德（George Read）在1798年同意禁止向密西西比地区输入奴隶。

但里德在 1793 年就已经从国会卸任，5 年后在国会任职的里德名叫雅各布·里德（Jacob Read），是来自南卡罗来纳的参议员，与乔治没有亲戚关系。林肯混淆了这两个里德，他的助手也是。

为了说明华盛顿反对奴隶制扩张，林肯提及了华盛顿在 1798 年写给拉斐特的一封信，信中他赞美了《西北法令》。脚注中注明了信中的相关语句："我认为这（《西北法令》）是个明智的举措……我相信我们的联盟应由自由州组成。"但这封写给拉斐特的信是伪造的。华盛顿的确在 1798 年写信给这位老朋友，当时拉斐特刚从奥地利的监狱中获释——他作为战犯被囚禁在那里(法国革命派和欧洲君主已经交战了 6 年)。但是华盛顿信中的内容是祝贺拉斐特重获自由以及评论美国的政治，对于《西北法令》华盛顿只字未提。

林肯和做脚注的人征引的这封伪造信件中的内容可能是源自于莱曼·特朗布尔，1859 年 12 月特朗布尔在参议院发表演说时说到了这封信。他们也可能是从废奴出版物里找到的这些内容，19 世纪 50 年代初曾刊登过这些内容。这封华盛顿的信纯属杜撰，希望一个伟人想其所想，信其所信。（人们总愿意把这样的白日梦和华盛顿挂上钩，19 世纪 50 年代天主教徒编造了一个故事说华盛顿在福吉谷向上帝祈祷，后来圣母玛利亚回应了他的祈祷。）

但这都不是什么大错。亚伯拉罕·鲍德温和乔治·里德在国会任职期间的确投票限制奴隶制，因此，他们的确是站在林肯所说的那 21 位志趣相投的"国父们"一边。在真正的华盛顿的书信中，华盛顿的确抨击过奴隶制。林肯的年轻助手们在脚注中征引了一句话："世上没有人比我更诚挚地希望看到一个废除它的计划。"这是华盛顿在 1786 年写给罗伯特·莫里斯里说的。若说这些小错误有什么作用的话，那可能是让人更加钦佩林肯的钻研精神。他没有助手（除了赫恩登），来到纽约后临时安排的助手也没有搜索引擎，这位律师出身的政客不得不自己四处奔波查阅书籍，让人惊叹他们居然能查到这么多东西。

严重些的错误是林肯在讨论国父们和奴隶制时使用的语气，那是出庭申辩时用的语气。他是一个向建国元勋寻求帮助的爱国者，一个向父亲寻求帮助的儿子，但同时也是一个在辩护的律师。他倚重支持他观点的证据，对其他证据他则无视其存在或一带而过。

1859 年末在中西部地区巡游演讲时，林肯把"共和国成立之初的那段时间"描述成全心全意拥抱自由的时代："你可以仔细研究联邦时期的辩论、大陆会议时期的辩论、国会第一次会议时的辩论，你会发现没有一个人说奴隶制是件好事。"

但事实不是这样。林肯在麦迪逊的文集中读到了在制宪会议上关于奴隶买卖的争论和对五分之三原则进行的辩论，在文集中林肯读到了古弗尼尔抨击奴隶制时用的荡气回肠的辩论方法。这位来自宾夕法尼亚戴着假腿的代表说奴隶制是"穷凶极恶的体制"，"是上帝降给蓄奴地区的诅咒"。也是在文集中林肯读到，虽然莫里斯自己就是一位奴隶主，但他坚持说"把对人行使所有权纳入宪法是错误的"。(由此，宪法用隐晦的语言讨论奴隶制。)

但同样是在文集里，林肯遭遇了南卡罗来纳的约翰·拉特利奇（John Rutledge）。拉特利奇是律师、种植园主，还是一个爱国主义者。独立战争时期他是南卡罗来纳的州长，占领那里的英军没收了他的房产。拉特利奇在制宪会议上宣称“宗教和人性”与奴隶制“无关”。“对于国家而言，首要原则是利益”，州也是如此。如果南卡罗来纳、北卡罗来纳和佐治亚允许限制奴隶制，那它们就是“傻瓜”。同时，北方也应该欢迎奴隶制，因为奴隶增多，“生产的商品就会增多，而北方人正是商品持有者（商人）”。

拉特利奇的话算不上明说奴隶制和奴隶买卖是好事，但他无疑认为奴隶制和奴隶买卖对商业发展有好处。他不用宗教和人性来为奴隶制和奴隶买卖进行辩护，他把利益凌驾在宗教和人性之上。他坚持如果宪法不保护奴隶买卖，南卡罗来纳及其邻州就不签署宪法。(最后，直到 1808 年宪法才开始保护奴隶买卖——第九部分，第一条；而第五条则进一步申明宪法第九部分第一条免于修订。）在库珀联盟的演讲中，说到对“国父”的理解时，林肯承认拉特利奇不反对奴隶制。

第一届国会有一位代表比拉特利奇还要激进。1789 年 2 月(距此 19 年后，宪法承诺保护奴隶制)，贵格会（Quakers）向国会请愿要求终止奴隶买卖（他们敦促议会忽略这一“障碍”)，来自佐治亚的代表詹姆斯·杰克逊对此做出了回应。杰克逊在 15 岁的时候从英格兰来到美洲大草原，并参加了独立战争。在驳斥贵格会时，杰克逊用来辩护奴隶制的证据比法律还要更进一步：“贵格会为什么要这么不遗余力地反对奴隶制？难道他们比别人更了解人权，更了解上帝的意愿吗？要是他们好好读一读《圣经》，他们会发现上帝不仅允许奴隶制，他还赞赏奴隶制……要是他们彻彻底底地研究一下这个问题，他们就会知道自从该隐（Cain）开始，奴隶制就不是什么新鲜事了。”只要《圣经》和该隐支持的事，不管是什么都是好事。

杰克逊的话因为本杰明·富兰克林而不朽。富兰克林作为记者最后一次讥讽时事的时候曾说，他发现了一份 17 世纪的演说稿，演讲人是一个北非海盗，他为自己奴役基督徒辩护的论调和杰克逊相差无几，“他们以为《古兰经》不允许奴隶制，这简直大错特错……谁都知道上帝把这个世界和世界上的一切都给了虔诚的伊斯兰教徒”。富兰克林这段讽刺的话林肯可能从未读过，不过杰克逊的那段话他在查找第一届国会投票通过《西北法令》的相关资料时可能读过。即便是在共和制早期，杰克逊和其他的南方人还是认为（有时明说）不在西北部推行奴隶制不是不可以，但奴隶制对他们来说是件好事。

不过对于林肯来说，国父中问题最大的是最伟大的那位——托马斯·杰弗逊。

杰弗逊死于 1826 年 7 月 4 日，那时林肯 17 岁。死亡把他和他生命中的一件大事联系在了一起，那就是国会在 50 年前的这一天通过了《独立宣言》。乔治·华盛顿在被任命为总指挥官那一刻就注定要成为万神殿中耀眼的神，而托马斯·潘恩在创作了《理性时代》后只能沦为乡间的怀疑论者之流。杰弗逊在自己起草的《独立宣言》的纪念日上去世，这让他登上了神坛。6 个月后，也就是1826年11月，当约翰·特朗布尔的杰出画作《独立宣言》悬挂在国会大厦圆形大厅的时候，人民目睹了这位神。画中，杰弗逊比其他诸位国父更高大，更明亮（他穿了一件红色马甲），他把那份不朽的文件交给国会，也交给后世子孙。

但是在1776年至1826年间，杰弗逊的政治生涯忙碌又饱受争议。1791年至1792年，杰弗逊在詹姆斯·麦迪逊的帮助下创建了美国第一个国家政党共和党（后来安德鲁·杰克逊将其改为民主党）。共和党与其对立政党联邦党之间的斗争异常激烈，其激烈程度在美国历史上仅次于内战。一个实例足以证明这一点：1798年，一位共和党参议员在众议院向他的联邦党同事吐口水。几天后，这位联邦党人把这位共和党人堵在衣帽间里，这位共和党人只得从壁炉里拎起一个火钳子来自卫。

杰弗逊的政党赢了，杰弗逊以及同样来自弗吉尼亚的詹姆斯·麦迪逊和詹姆斯·门罗在白宫各任期两届，这24年中，政府在朋友、邻居和精神知己的手中来回周转，但民主共和党24年的统治并非万里无云。杰弗逊的第一届任期（1801—1805年）功绩辉煌：削减税收、国家太平，又从法国手里购买了路易斯安那。但其第二届任期（1805—1809年）却惨淡收场，为使美国躲开欧洲战事，杰弗逊禁止通商，这让他饱受诟病。在1809年离开白宫时，杰弗逊已经精疲力竭（当时林肯刚3个月大），随后，杰弗逊长期退隐蒙蒂塞洛（Monticello）恢复元气。

1829年，也就是杰弗逊死后三年，他的一些信函和文件经编辑后出版。在那之前，一些草率的人已将自己与杰弗逊之间的往来信件零散地刊印发表了。随着杰弗逊的作品，以及随后多年的各种版本的传记的问世，杰弗逊走出了隐退后的暗淡岁月，也褪掉了死亡带给他的光环，生平遭受的争议又死灰复燃。

1870 年，威廉·赫恩登对一个要给林肯立传的人谈了林肯对这位伟大前辈的态度。赫恩登说："林肯厌恶托马斯·杰弗逊这个人，更厌恶托马斯·杰弗逊这个政治家。但是，我听过的或读过的林肯给予别人的最高赞美就是献给杰弗逊的。"1859 年，波士顿人邀请林肯参加杰弗逊的诞辰，林肯给波士顿人回了一封信，信中写道："向杰弗逊致以最崇高的敬意……"赫恩登说的"最高赞美"就是指这句，那么厌恶是从何说起呢？

从这句话一开头就能看出赫恩登没拿定主意——先说林肯厌恶杰弗逊这个人，又说林肯真正厌恶的是作为政治家的杰弗逊。但人们在评价杰弗逊的时候总会把他这两面掺到一起，不管是杰弗逊的批评家还是崇拜者，多年来都试图通过他的性格来解释他的行为，可不管是性格还是行为都有可能解释不清。这并不是因为人们有时和杰弗逊想不到一块去，而是杰弗逊经常会自相矛盾。

亚历山大·汉密尔顿——杰弗逊最善辩的对手，说杰弗逊狡猾奸诈、不择手段、口是心非，是一个"可鄙的伪君子"。没有人比麦迪逊更崇拜杰弗逊，但麦迪逊也承认杰弗逊"和其他伟大的天才一样"，"有种习惯，就是爱用激烈的、直率的方式描述他对眼前事物的印象"。杰弗逊对他眼前事物的印象，有的我们会欣然接受，有的则不然。但有时他既不激烈也不直率，而是闪烁其词，甚至让人完全摸不着头脑。哪个认为杰弗逊举足轻重的人不厌恶他？即便谈不上非常厌恶，起码也会多多少少有些厌恶他。

但在林肯看来最重要的是什么？赫恩登所说的林肯对杰弗逊的厌恶以及在公众面前对杰弗逊的敬意又源自哪里？答案是：杰弗逊对奴隶制的态度前后不一。

在1784年杰弗逊政治生涯的早期，他就曾提议阻止奴隶制蔓延至西部地区。林肯在皮奥里亚和库珀联盟学院的两场演说中曾间接提到过此事。

随后10年，杰弗逊向世人发出圣经般的警示：如果国会和各州不采取行动消除奴隶制，后果不堪设想。1780年，一位法国朋友请他著文描述他的家乡，1787年杰弗逊发表了《弗吉尼亚笔记》。在《弗吉尼亚笔记》中，他写道："当我想到上帝是多么的公正，我便为我的国家战栗不已。公正的上帝不可能一直昏睡……命运的车轮将迎来革命，或许会改天换地，上天会让这成为可能。在这场较量中，上帝不会站在我们一边。"林肯也知道这个警示，所以他多次引用杰弗逊的这句话。

杰弗逊提议阻止奴隶制进入西部地区，这显示了他作为一名革命家的魄力；他看到了种族战争的可能，这说明了他的远见卓识和他内心的愧疚与恐惧。但是随着时间的流逝，杰弗逊的动力或者说他的不安似乎渐渐淡去。这是怎么回事？

人们一直在传说着一件事，就是杰弗逊和女仆萨莉·赫明斯发生关系。据说，当时他身在法国，他的妻子已经去世好几年了，他和这个女仆生了几个孩子。在杰弗逊任总统期间，共和党记者还以此作为丑闻攻击他。杰弗逊死后，废奴主义者一再提到此事，不过不是满怀愤怒而是满怀悲悯（照他们的说法，奴隶制甚至把《独立宣言》的起草人都给腐蚀了）。对道貌岸然的美国人忍无可忍的外国人觉得这实在让人捧腹。爱尔兰诗人托马斯·摩尔和英国小说家查尔斯·狄更斯都嘲笑杰弗逊梦想“在奴隶的怀抱中获得自由”。在1860年的大选中，民主党人攻击林肯说他在身为辉格党人的时候也曾这样嘲笑过杰弗逊。林肯否认了，事实上，这种人身攻击也的确不是林肯的风格。林肯可能会讥讽民主党对种族和男女关系问题过于焦虑，但由于他自己对男女关系小心翼翼，他是不会拿此事诽谤别人的。

从杰弗逊的文字中很容易就能看出他对奴隶制前后矛盾的态度。

杰弗逊于1814年曾写信给伊利诺伊未来的州长爱德华·科尔斯，从这封信就可以看出他最典型的前后矛盾的态度。这封信以及这封信的发表与科尔斯的政治生涯密不可分。科尔斯曾是杰弗逊的邻居和信徒，因为厌恶奴隶制，他决定搬离弗吉尼亚并解放自己的奴隶。1814年，科尔斯写信给杰弗逊，信中他大致讲述了自己的计划并敦促杰弗逊在弗吉尼亚呼吁各方解放奴隶，这样弗吉尼亚便可能会“彻底实践由您这位不朽的起草人所写就的伟大的《独立宣言》中的神圣原则”。一个月后，杰弗逊回信了，在信中他赞同科尔斯的观点，并表示希望科尔斯能留在弗吉尼亚亲自领导解放奴隶运动。

科尔斯后来的确领导了自由运动，不过不是在弗吉尼亚而是在伊利诺伊。他在 1819 年带着自己以前的奴隶来到伊利诺伊，刚到伊利诺伊不久，他就面临着一场运动——是否要在这个新建立的州推行奴隶制。(《西北法令》规定西北领地不推行奴隶制，但是独立的州是可以自由选择的。) 为把奴隶制堵截在伊利诺伊之外，科尔斯参与竞选州长。经过长期努力，他在自己的新家打败了奴隶制支持者。

1824 年，杰弗逊 10 年前写给科尔斯的回信在伊利诺伊的一份报纸上刊登出来（可能是科尔斯自己公开的)。信一开始，杰弗逊谴责了奴隶制，语气温和高贵——这是作为伟人的杰弗逊的特别之处。“对正义的热爱和对国家的热爱都在为这些人从事的事业呐喊助威。然而这呐喊持续了这么久却只是枉费功夫，这让我们的良知备受煎熬。”正义和爱国情怀都在为自由加油，杰弗逊也是。奴隶身上的枷锁和自由人对此的默许同样可悲。杰弗逊此处是在赞许科尔斯选择解放奴隶的政治道路。

但接下来杰弗逊的语气开始松动，他说“我一直希望年轻一代”能都够反对“任何地方存在的压迫”。而杰弗逊自己则年事太高，不能再抛头露面为此奔波了。“我为在弗吉尼亚解放奴隶祈祷，这是一个老迈之人的全部武器了。”杰弗逊把责任推给了科尔斯，并以《圣经》中的一句劝诫结束了这封信（《迦拉太书》6：9)：“行善不知疲倦。”

杰弗逊的信被报纸和杂志重新刊印多年，最后出现在了 1858

年出版的杰弗逊的传记中。这被视为证据，证明杰弗逊哪怕是在退出政坛后还致力于自由事业。可他对自由事业的支持既不坚强也不可靠，他的这封信不过是在说：我支持你，但我不会有所行动。

1814 年，科尔斯给杰弗逊写了回信，语气礼貌谦恭，但内容犀利。他有力地指出，老一辈人是这一事业最好的领袖。“要实现这样一个伟大而艰险的目标需要坚定的意志和广泛的影响……我亲爱的先生，您是老一辈人中最德高望重的，我仰仗您来唤醒我们的公民。”此处暗含着这样的深意：本杰明·富兰克林年事比您还高的时候，依旧在政坛上积极奔走。（在科尔斯回此信的时候，杰弗逊 71 岁。富兰克林在 71 岁的时候还在交涉《巴黎协议》，签署宪法，或嘲弄詹姆斯·杰克逊。）林肯在世时，科尔斯给杰弗逊的回信还没有发表，不过从杰弗逊自己的回信中已经可以明显看出科尔斯的意思了：杰弗逊并不是年事太高无力行善，他只是不愿意再行善了。

1820 年在密苏里危机进入最后阶段，杰弗逊又写了一封意思暧昧不明的信。这次与其通信的是第一共和党的约翰·霍姆斯。杰弗逊死后不久霍姆斯便将此信公之于众，信中两个短小精悍的句子甚为出名，杰弗逊把密苏里危机比作“暗夜响起的火警”“他被惊醒了，满怀惊恐”；对于奴隶制，他说：“我们抓住狼的耳朵，既不能就此擒住它，也不能安全地放掉它。”

杰弗逊也是对霍姆斯表达了这样一种希望：也许有一天奴隶会解放。“要是所有的奴隶都解放了或被送出国门，我会毫不犹豫地割让我手里的这种财产——这么叫是不对的”，虽是奴隶主，但杰弗逊还是认为将奴隶称为财产是不对的。解放奴隶，把他们送往别处，要是每个人都这么做了，他也会照做。

那么在此之前要怎么办呢？在 1820 年，杰弗逊的答案是“稀释”。要是奴隶制散布到整个西部，而不是聚集在南方，那么这种制度就会遭到削弱。在每个地方的奴隶人数少了（理论上是这样），奴隶主待他们就会更好些，在决定解放与否时也更加自由。

这种“扩散理论”反映了一个事实：奴隶越密集的地方，奴隶的处境就越悲惨，就像加勒比海岛屿上的甘蔗种植园那样。但这种理论忽略了另一个事实：一旦站稳脚跟，奴隶制很难根除。纽约州从 1799 年开始逐步解放奴隶，但据其时间表显示最后一批奴隶要到 1827 年才获得解放。

而且“稀释理论”是对托马斯·杰弗逊早年的政治生涯的一种嘲讽。1784 年的时候，他想把奴隶制控制在阿拉巴契亚山以东。到了 1820 年，他要把奴隶制扩散到洛基山。“稀释理论”就是承认废奴努力以无效告终，绝望郁结于心。

林肯在世时，杰弗逊写给科尔斯的信随处可查。科尔斯是伊利诺伊解放史上的重要人物，林肯不可能没有读到这封信。林肯也一定知道杰弗逊写给约翰·霍姆斯的那封信，因为在 1852 年为亨利·克雷写的挽歌中，为了说明《密苏里妥协案》防患于未然，林肯引用了信中最著名的那部分——从“暗夜响起的火警”到“我们抓住狼的耳朵”。

但杰弗逊接下来的“扩散理论”林肯没有征引，林肯是想借杰弗逊来彰显克雷的伟大功绩，而不是想听他为蔑视密苏里分界线原则的政策疾呼。

杰弗逊阴晴不定，随着年龄的增长更是如此，怪不得林肯忽略这些而转向杰弗逊少壮之年的丰功伟绩——《独立宣言》。

独立革命持续一年多后，1776 年 6 月，有人在大陆会议上提出一项议案要求宣布美国独立。这项议案在 7 月 2 日通过，约翰·亚当斯一直坚持这一天应该定作独立日。《独立宣言》两天后获得通过。(亚当斯似乎无视自己当年的坚持，和杰弗逊一样死于 1826 年 7 月 4 日。)

拟写独立声明这个任务交给了一个由五人组成的委员会：杰弗逊、亚当斯、富兰克林、罗伯特·利文斯顿（Robert Livingston)、罗杰·谢尔曼（Roger Sherman)。后两位把这项任务交给了前三位，而前三位中的亚当斯和富兰克林又先后把这项任务交给了他们 32 岁的同事杰弗逊，他们只是做了几处小改动。(在第二段，杰弗逊原本写的是“我们认为下述真理是神圣不容置疑的”，作为科学家的富兰克林把这句话改成“我们认为下述真理是不言自明的”。)

艺术家珍爱自己的作品，杰弗逊也一样珍爱自己的创作。7 月 2 日到 4 日，国会对他的草稿进行了大刀阔斧的修改，尤其是删减了对乔治三世长篇累牍的讨伐和结尾。看着同僚大刀阔斧的修改，杰弗逊有些不安，于是有了富兰克林那个精彩的故事。这位智者给杰弗逊讲了个帽商的故事：有个人要开帽子铺，于是他做了个牌匾，上面画了个帽子，还写了一串字："约翰·汤普森，帽匠，制作并销售帽子赚钱。"朋友们纷纷建议他简化牌匾上的字，最后牌匾上就剩下一张帽子的图片和"约翰·汤普森"。杰弗逊多年后还幽默地讲起此事，但他还是更喜欢自己最初的草稿。

但杰弗逊认为《独立宣言》举足轻重，并不是他个人的精妙构思的功劳，而是《独立宣言》本身所传达的理念的功劳，这些理念不是他个人的而是大家的。杰弗逊在一封信中写道，《独立宣言》展示了"人们对这一话题的共同想法"，这个话题就是"人权"以及英国人如何践踏人权。杰弗逊想用《独立宣言》来表达"美国人的想法……它的全部权威的基础是当时人们共同的心声。这体现在谈话里、书信中、刊登的文章中，还有探讨公众权利的入门书中，比如亚里士多德、西塞罗、洛克、西德尼等著的书"（这些还不够，还有"等等"）。杰弗逊是在说，别把焦点放在他身上，他只是传达公众观点和永恒真理的信使。

还有一点让《独立宣言》不同寻常：所有摆脱殖民地身份的13个州都签署了《独立宣言》。在7月2日也就是《独立宣言》进行投票时，纽约州投了弃权票，那是因为派往国会的代表没有得到纽约州政府的授意，但在得到授意后纽约代表马上就签署了。（对宪法进行投票时，各州意见没有这么一致。乔治·华盛顿举行第一任总统就职典礼时，北卡罗来纳和罗得岛州还尚未认可宪法。）

杰弗逊声称他表达了美国人的想法，而国会也对此给予认可，因为国会在他草拟的文件上签了字。国会成员赞同序言中用庄严的文字表达的内容：所有关于被统治者同意和权力的措词、不言自明的真理和不可剥夺的权利、自然和上帝的法则。国会赞同他的主张“人生来平等”，国会仅在开篇部分做了微小的改动，但对所有人生来平等这一点国会没做任何改动。每个人都对此欣然接受——尽管每个州都允许蓄奴（包括约翰·拉特利奇的弟弟爱德华，他代表南卡罗来纳签署了《独立宣言》）。这就是《独立宣言》，白纸黑字分分明明；这就是《独立宣言》，它是写给白人的，也是写给黑人的。

身为演讲艺术家，林肯当然受到杰弗逊华丽文辞的触动。和许多演讲艺术家一样，林肯也喜欢华而不实的辞藻，但潘恩、拜伦、莎士比亚和《圣经》磨砺了他的耳朵。杰弗逊那铿锵的措辞可能让林肯陶醉，但即便是在慵懒或恐惧的时候杰弗逊的措辞也有着巨大的感染力（“暗夜响起的火警”“我们抓住狼的耳朵”）。不过除了辞藻华丽，还有别的理由让林肯崇敬《独立宣言》。

林肯是律师、是政客，所以代表着 13 个州的 13 个签名所传达的力量让他由衷欣赏。按照大陆会议的章程，重大决议需要一致同意才能通过；按照一般的点数原则，13 个中有 13 个同意是非常不容易的。

林肯头脑冷静，最看重的是《独立宣言》里“不言自明的真理”，那是美国宏伟蓝图的起点，它描述了人的本性。林肯对波士顿人说那是“自由社会的定义和公理”，是或一直是美国社会的公理。国父们说过的话五花八门，林肯也许不知道这些话，但就算知道了也会选择忽视，因为对林肯来说《独立宣言》里的真理才是最重要的。美国诞生之时，杰弗逊提出人生来平等，不管那时一些开国元勋的想法偏离这多远，或又是多么固执地坚持自己的做法，在国会上他们还是一致通过了《独立宣言》。

《独立宣言》是杰弗逊一生的顶点，他自己也这样认为。他在自己的墓碑上列了自己一生的三项功绩，《独立宣言》排在第一位，“这些（成就）证明我曾经来过这个世界，我希望人们因此（三项成就）而记住我”。

林肯一再宣称他的政敌们悖逆《独立宣言》，他们想“取缔《独立宣言》并将其撕成碎片”，在皮奥里亚的演讲中他就是这么说的。很少有人真正直接攻击《独立宣言》（后来有人这样做了），但重新解释的人却不在少数。也许杰弗逊“人生来平等”的主张夹有种族偏见，斯蒂芬·道格拉斯在琼斯伯勒的辩论中就曾提出《独立宣言》中提到的平等只适用于白人，不适用于黑人、印第安人、斐济人或马来西亚人。又或许这个平等指的是政治意义上的平等。库珀联盟学院演讲 11 个月后，杰弗逊·戴维斯离开议会，因为他所在的州退出国会，他认为《独立宣言》中提到的平等只对公民适用。1776 年美国“共同体”宣布独立，并声明“这个政治共同体的所有人”都可以通过努力进入政府部门。他们为这场游戏制定规则，而这场游戏奴隶是不能参加的。

林肯对此嗤之以鼻。杰弗逊写的就是人，而且他指的是所有人。的确，杰弗逊不想让自由黑人在美国生活（他告诉约翰·霍姆斯他赞同把自由黑人送到国外)，林肯也是这么想的。但杰弗逊和林肯都认为，把黑人或任何人当奴隶是不公平的。

林肯于1859年在哥伦布发表的演说中说，国父们“个个都紧握自由不放手”。杰弗逊在《独立宣言》一开始便赞颂自由，而且直到最后他都握紧自由不放手，虽然他有时疲倦，有时不够诚实，但是他没有放手。而林肯则是握紧杰弗逊不放手，他要让杰弗逊身上的光环为我所用，他要让杰弗逊的政治接班人——自由党人方寸大乱。但林肯紧握杰弗逊不放手也是为了拯救自己。父与子都不能出错，有时二者需要营造一种比实际看起来更好的形象。

林肯从未在托马斯·林肯的身上花太多心思，但对杰弗逊，他付出了思考、同情和支持。

在与道格拉斯的长期辩论中，有几件重要的事情林肯没有说，有几个重要的观点他没有提。

林肯没有详述奴隶制是多么恐怖。1855年，林肯想起1841年他坐船航行在俄亥俄河上时看到的奴隶的情景：他们被一个挨一个地系在一根绳子上，就像一串鱼。当时，林肯极度抑郁，所以感叹连奴隶都能快乐起来。14年后，再次回忆那个画面，林肯说那对他就是一种“折磨”。但这话他是在写给老友乔舒亚·斯皮德的信中说的，当时两人在争论政治。林肯控诉《堪萨斯-内布拉斯加法案》，而斯皮德这位身在肯塔基的辉格党人本身就是奴隶主，自然也是以这样的身份回应的。林肯不会在公开场合说奴隶制如何折磨着他，不会在他的观众面前说这样的话。

他也不会谴责奴隶主的行为。在皮奥里亚的演说中，他甚至说："要是我们处在他们的位置，我们也会那么做。"有什么样的因就有什么样的果。要是你出生在奴隶社会，你也很有可能会支持奴隶制。那个时候，更重要的是要阻止奴隶制蔓延。林肯的首要目标是解决手头的政治问题，那就是统一北方民意达成共同牵制奴隶制蔓延的政策。一味攻击南方会让自己分心。

林肯没提的重要观点别人提了。1856 年 5 月，伊利诺伊的共和党即将召开第一次党代会，来自马萨诸塞州的参议院议员查尔斯·萨姆纳（Charles Sumner）连续两天发表演说讨伐奴隶制的根源和分支。他提到了新近在堪萨斯发生的暴力事件：来自密苏里的一伙支持奴隶制的暴徒闯入反对奴隶制的劳伦斯镇，射杀了那里的居民并将小镇夷为平地。萨姆纳严词辩护堪萨斯的自由，他还点名道姓猛烈抨击南方支持奴隶制的政客，把来自南卡罗来纳的参议员安德鲁·巴特勒（Andrew Butler）比作狂徒堂吉诃德，而奴隶制就是他的娼妇。几天后，巴特勒的外甥——来自南卡罗来纳的国会议员普雷斯顿·布鲁克斯（Preston Brooks）主动上前和萨姆纳搭讪，但随后用一头包金的手杖击打他的头部直到他失去知觉。而布鲁克斯的一位朋友（也是一名国会议员）则在一旁稳住想要掏枪的旁观者。1798 年在众议院两位国会议员大打出手，但和眼前这一幕比起来只是小巫见大巫。

萨姆纳聪明机智、口若悬河，但同时他也傲慢无礼、不通人情，他沉迷于自己的想法和观点不能自拔。而布鲁克斯则是一个色厉内荏的暴徒，他和一个北方的国会议员约定了一场决斗，这个国会议员是萨姆纳的盟友同时也是个神枪手，但是布鲁克斯却在最后退出了决斗。

萨姆纳被打晕后的第三天，约翰·布朗带着他的几个儿子在半夜把住在堪萨斯的五个奴隶制拥护者从家里拖出来，用大砍刀砍死。

约翰·布朗 1800 年出生在康涅狄格州，以制革和买卖羊毛为生，因此他注定是要主张废奴的。废奴主义编辑伊利亚·洛夫乔伊惨遭私刑让布朗走向了偏激。18 世纪 40 年代，他在“地下铁路”运动中活跃起来，成为这个运动的核心人物，林肯强烈谴责这一运动。

来到堪萨斯的这些废奴“斗士”还有很多。那晚连杀五人之后，布朗又联合来自密苏里的暴徒发动了几次袭击。1856 年，布朗回到东部为新的计划筹措资金。他的追随者人数众多，且不乏声名显赫之人——其中一位是超验主义牧师西奥多·帕克（Theodore Parker）；他认识黑人废奴主义者弗雷德里克·道格拉斯；他还曾去加拿大拜访了获得解放的奴隶。到底有谁了解布朗的新计划？这些人又就此跟布朗说了什么？这些不能确知，但布朗有意要解放南方的奴隶。

1859 年 10 月，布朗和他的 18 个追随者攻占了弗吉尼亚（今西弗吉尼亚）哈珀斯费里（Harpers Ferry）的军械库，并围堵了一些人作为人质——其中一个是在那里居住的乔治·华盛顿的远亲。布朗打算把这些武器分发给当地的奴隶，但布朗和他的人遭到包围——先是民兵，后来是一队海军。经过两天的激战，布朗被逮捕，随后被宣判多项罪名：谋杀、同谋、背叛弗吉尼亚州。12 月初，布朗被处以绞刑。

在布朗的画像中，最突出的就是他那副像《旧约全书》里描述的那样的胡子。约翰·斯图尔特·科里创作了一幅布朗的壁画：布朗的身后是肆虐的龙卷风，而布朗的胡子也如同龙卷风一样。不过他在法庭上说的最后一句话倒不是疾风骤雨式的，而是平静无波式的："假如我的所作所为代表的是那些有钱有势、有知识的人或所谓大人物的利益……那就会万事大吉，这法庭上的每个人都会认为我的行为不但不应受罚，还应获得奖赏。"接下来，布朗又援引了《圣经》中的话："圣经教导我们要'牢记那些被枷锁束缚的人，并与他们在一起'（《希伯来书》13：3）。我在努力实践这一训条。"

布朗由此成为一枚政治避雷针，废奴主义者把他视作英雄和殉难者。在康科德（Concord）和马萨诸塞，别人身上散发出的血腥味让亨利·大卫·梭罗热血沸腾："唯独这次，我们终于摆脱了肮脏无用的政治，进入了充满真理和勇气的圣地。"就在这肮脏无用的政治里，民主党人正竭力把布朗和共和党拴在一起，而共和党和布朗其实毫无干系。

1859 年年底，林肯在中东部地区巡回演讲，因此也去了堪萨斯，所以布朗这一话题自然是回避不了的。他称赞了布朗的勇气，但也控诉布朗的行为是凶残疯狂的犯罪行为。他详尽阐述了他在库珀联盟学院的观点，再次稳住南方的同时，林肯否认共和党对奴隶起义负有任何责任，连间接的责任都没有。共和党不愿“插手奴隶的事情，也不愿干涉你们如何对待你们的奴隶，这当然不是在怂恿奴隶起来造反”。林肯还说了个不轻不重的笑话：“只有在主人说共和党的不是的时候，奴隶们才听说世上还有个共和党。”接下来林肯严肃地说，在奴隶制社会奴隶造反是不可避免的。他提到了 1831 年纳特·特纳（Nat Turner）领导的造反，难道那也是共和党鼓动的？

演说结束的时候，林肯把布朗的行为与几次未遂的刺杀相提并论：盖伊·福克斯（Guy Fawkes）意图炸死詹姆斯一世、最近又有人意图暗杀拿破仑三世。“狂热分子会时时刻刻想着这个民族正在遭受压迫，直到他幻想上帝委派他来解放这个民族。”这样一来，林肯把布朗说成一个失败的狂热分子，又成功地把奴隶主和王族联系到一起——这是林肯最善用的策略。

布朗可不是个普普通通的废奴主义者。他要解放奴隶，必要时使用武力也在所不惜。他不仅在堪萨斯这样做，他在南方最重要的州也是这样做的。布朗说他不是要发动全民起义或是种族战争，可洗劫军火为的不是这个目的又能是为了什么呢？

早在 20 年前，林肯就忌惮会出现拿破仑那样毁灭一切的人，布朗是这样的人吗？如果戏剧就是善用夸张手法，那布朗是这一手法的行家。林肯演讲了 6 年才进入国人视野，而布朗单是靠几次大胆的举动就让全世界记住了他。

布朗走的不是寻常的政治道路。他对林肯、苏厄德、参议院、白宫都不感兴趣，他只想解放奴隶，而且用最直接的方式达成此愿。他要创建一个新的由他来控制的政治，在哈珀斯费里起义前，他甚至起草了一部宪法，详述了新议会、法庭和内阁的结构。（他的律师在法庭上以此为证来证明他是个疯子，只有疯子才会制订这样的计划。）但布朗制定的是打游击战的地下运动遵守的法则，而不是一个新美国的法律。

布朗的政治宗教意味太浓，如林肯所说是“接受上帝的委派”。清教徒梭罗的评价则更为准确：“他在不久前的克伦威尔时代死去，又在这里复活。”布朗确实不负于此，成为传奇。

无论性情还是思想，林肯和布朗都截然不同。林肯幽默风趣，布朗严肃专注；林肯总是充满质疑与警觉，而布朗则对自己的信念笃信不疑；林肯是维护法律的政客，而布朗则是违反法律的刺客。在与道格拉斯的长期辩论中，林肯已经言明，他与杰弗逊等国父志同道合，而不是布朗。但 19 世纪 60 年代还会出现像布朗这样的盖世英才。

第十一章

1860 年大选
盖世英才（二）

库珀联盟学院的演讲拉开了林肯竞选总统的序幕，接下来的14个月铺天盖地尽是有关总统政治和总统职责的东西。尽管如此，国父们还是不断出现在林肯的脑海中、演讲中和风趣的笑谈中，也出现在林肯竞选对手的演讲中。国父们已经与他的生活密不可分了。

在林肯那个时代，总统竞选持续的时间比现在短得多。现在各种决策会议和提拔会要持续几个月才能最终生成候选人提名名单，那时只要在政党大会上投票即可，所以一天就够了，效率再低也不会超过两天。接下来的竞选活动也比现在的平静，准候选人只要在竞选正式开始前进行一系列精彩的演讲就行了。但提名一经敲定，候选人就要在正式选举前保持缄默，不过他们的支持者可以代他们大声疾呼。

林肯可谓是新晋名人，但他尚未跻身1860年共和党候选人名单前列。名列前茅的是威廉·苏厄德。他从政多年，政治根基牢牢地扎在这个国家最大的州；他生就了赢家的性格——温文尔雅，潇洒迷人；他是命运的宠儿，而他也不负命运的厚望。但命运的宠儿在政坛上也会有敌手，霍勒斯·格里利就是其中一个。格里利在纽约对总统宝座渴望已久，但苏厄德对他的渴望没有给予半点鼓励（格里利夸赞林肯在库珀联盟学院的演说不过是报复苏厄德）。

不过，苏厄德的一个信念拖了他的后腿。共和党内部成分复杂，虽因奴隶制扩张问题走到一起，但在其他问题上彼此政见并不统一，正如林肯在"裂屋"演讲中所说，"我们从四面八方云集到这里"，美国人党（也叫一无所知党，这个党派在 19 世纪 50 年代昙花一现）的废奴斗士也在共和党里。苏厄德大力支持移民，在担任纽约州州长的时候甚至号召纽约州政府资助天主学校。没有哪个本土主义者能看惯他的这一做法。

而爱德华·贝茨（Edward Bates）则恰恰相反。这位年迈的律师兼政客来自密苏里，他可能会增加共和党在南北分界线附近各州的影响，格里利支持提名贝茨也是因为这个原因（虽然他对林肯的库珀联盟学院演说赞赏有加）。不过贝茨在 1856 年曾支持过美国党，而中西部共和党的骨干力量德裔美国人是绝不会原谅这段过往的。

萨蒙·波特兰·蔡斯（Salmen Portland Chase）是俄亥俄州第一任共和党州长，俄亥俄州是美国第三大州。蔡斯是个聪明机智、活力四射的理想主义者，他反对奴隶制，并在 19 世纪 40 年代先后加入了自由党和自由之土党。但他毫无幽默感可言，又争强好胜，登上俄亥俄州长宝座的时候已经树敌无数，所以即便在他掌管的州，他也没有获得一致支持。

西蒙·卡梅伦（Simon Cameron）是来自宾夕法尼亚的参议员，该州是美国第二大州。他先是从政，后来从事车轮买卖，再后来又回归政坛，样样都做得风生水起。19世纪30年代他做了件事，并因此得了个绰号，事情是这样的：当时温尼贝戈人（居于东威斯康星等地的北美洲印第安人）向政府索赔，政府派卡梅伦去解决此事。据说卡梅伦对这些印第安人使诈欺骗了他们，从那以后人们便称卡梅伦为“了不起的温尼贝戈酋长”。宾夕法尼亚人习惯了卡梅伦，也有人会理解卡梅伦（比如瑟洛·维德），但该州以外的选民则未必。

多年以后，伊利诺伊州的政坛老手伦纳德·斯韦特（Leonard Swett）将林肯胜出归功于他占尽有利位置：“他的策略是找到最佳位置，然后坚守在那里……直到事态发展到非他解决不可。”毫无疑问，1860年林肯占据了最有利位置。

他在政坛的声望不可小觑，但还没有大到对苏厄德和其他领跑人构成威胁。1858年竞选参议员以及后来的库珀联盟学院演说让他登上了国家的政治舞台，但也不过如此罢了。了解他的人支持他——伊利诺伊的共和党人死心塌地拥护他，但不熟悉他的人则对他不以为意。

他一直投身于阻止奴隶制扩张的活动中，共和党的建立也正是为了这个目的。林肯在库珀联盟学院演讲中说这是“所有真真正正的人都会关心的问题”，而林肯也的确没有在其他问题上留下可遭人诟病的把柄。伊利诺伊人知道林肯反对“一无所知主义”，他在1858年竞选参议员的一次演讲中说，所有“热爱自由的人”，不管是德国人、爱尔兰人、斯堪的纳维亚人、还是土生土长的美国人都会支持《独立宣言》倡导的原则，不过林肯并没有像苏厄德那样大张旗鼓地支持移民。

但林肯最大的优势在于他来自伊利诺伊州。按照 1860 年的人口普查，伊利诺伊是美国第四大州，芝加哥是美国第九大城市（10 年前位列第 24 位）。在 1856 年的总统大选中，民主党在伊利诺伊获得多数选票——自从伊利诺伊建州以来情况一直如此。不过共和党和美国党获得的选票加在一起超过了民主党，要是共和党在 1860 年能在伊利诺伊州获得多数选票，那么它就在大选中有一线生机。

林肯的总统竞选活动是投入了大量努力的（这和斯韦特所说的不大一样）。林肯的追随者诺曼·贾德是共和党国家委员会委员，他积极奔走让共和党党代会在芝加哥召开。对一个候选人来说，这意味着近水楼台，因为你的团队对运作环境再熟悉不过，你的拥护者近在咫尺，随时准备为你欢呼喝彩。还有一个城市——圣路易斯——也在积极争取举办党代会，这会对贝茨有利，不过最终是林肯这个不起眼的竞争者取得了胜利。

5 月初，即共和党全国党代会召开前夕，伊利诺伊共和党人在迪凯特召开了一次州党代会，在这次大会上林肯树立了一个很特别的形象，并且从芝加哥的党代会开始，林肯便一直以这个形象示人。事情是这样的：林肯的表兄约翰·汉克斯手拿一根栅栏杆大步流星地进入会议厅，他说那根栅栏杆是林肯在几十年前劈的。站在讲台上的林肯说他记不清那根栅栏杆是不是他劈的，不过他说那时他劈的栅栏杆“有很多劈得比这个好”。就这样，“劈栅栏匠林肯”诞生了，当年他极力摆脱的苦工现在反倒帮了他的忙。他笨拙的小丑形象高大起来，不管是在油画上，还是在幽默画上都可以看到林肯挥舞着大木槌。20年前有威廉·亨利·哈里森的“小木屋总统竞选”，20年后林肯的拥护者找到了这种竞争宣传的新的个性化版本。

共和党全国党代会从5月16日开到18日。那时候选人可以参加州党代会，但不能出现在全国党代会上，因此林肯留在斯普林菲尔德，他的盟友在芝加哥为他筹谋奔走，这些盟友成绩斐然。贾德负责安排大会坐席，他把来自纽约和宾夕法尼亚的代表的座位远远地分开，这样，苏厄德和卡梅伦阵营无法轻易交流。伊利诺伊州林肯的拥护者涌入芝加哥，因为伊利诺伊铁路局给他们的车票打了折（现在铁路局可比两年前友好多了），所有拥护林肯的人都拿到了伪造的进入会场的门票，这样他们就可以坐在观众席上。

同所有政治家一样，林肯严肃地告诉他的手下不要使用日后会拖累他的下作手段，不过他的手下还是做了手下该做的事。据说，有一次有人提醒林肯的会议厅负责人大卫·戴维斯，林肯不许他们做某某事，这位负责人咆哮说：“林肯不在这儿!”然后继续该做什么做什么。林肯的传记作者大卫·赫伯特·唐纳德（David Herbert Donald）觉得这事不大可能是真的，但唐纳德确实承认戴维斯曾向宾夕法尼亚代表团承诺，如果第一轮投票结果对林肯有利，那么卡梅伦将在内阁获得一个职位。

大会在5月18日也就是会议最后一天揭晓结果，要赢得提名就要获得233张选票。在第一轮投票中，苏厄德以173.5票（一个州派出的代表人数多于选票数则投分数票）领先，林肯获得102票位居第二，卡梅伦、蔡斯、贝茨各获得50票，还有6人获得零星散票。第二轮投票中，苏厄德的票数增至184.5票，由于其他候选人的选民投诚林肯再加上来自宾夕法尼亚的选票，林肯的票数飙升至181票，紧随苏厄德之后。苏厄德身居首位，但林肯势头迅猛。到第三轮投票，林肯的票数升至231.5票，来自俄亥俄州的4票让他的对手功亏一篑。

林肯在斯普林菲尔德通过电报跟踪投票进展，一边和密友聊天，一边在一块空地上打手球。一起打手球的球友中有一个年轻的律师叫克里斯托弗·布朗（Christopher Brown），他回忆说林肯讲了个粗俗笑话打发时间。这个笑话讲的是乔治·华盛顿、独立战争英雄伊桑·艾伦（Ethan Allen）和一间厕所的故事：

> 我们和英格兰和平共处后，艾伦先生去了英格兰。在英格兰的时候，英国人很喜欢取笑他，借此嘲弄美国人，尤其是乔治·华盛顿。有一天他们拿来一张乔治·华盛顿的画像挂在厕所里，并且还挂在艾伦先生抬头就能看见的地方。艾伦先生如厕出来后他们问他是否在厕所里看到了乔治·华盛顿的画像。
>
> 艾伦先生说没有，不过他说在厕所里放上华盛顿的画像非常合适。
>
> “为什么？”英国人问。

艾伦先生说："因为英国人一看见华盛顿将军就屁滚尿流。"

伊桑·艾伦在独立战争期间曾做过一年半的战犯，在这一年半中他有一段时间被囚禁在英国。不过笑话中的后半部分则跟历史无关，纯属杜撰。

林肯为什么在这个时候讲笑话，原因很明显。那个年轻的律师回忆说，林肯"紧张焦虑，坐立不安"。当命运来敲门时，有人吹口哨，有人垂头丧气，而林肯则是讲笑话。林肯讲这么一个笑话的原因也很明显：如果他当选总统，他就会坐在华盛顿曾坐过的交椅上。国家形势如此，坐在那把交椅上的任何人都会忍不住想跑几趟厕所。

4 月末的时候，民主党就已经在南卡罗来纳召开了党代会，大会简直一片混乱。民主党的党章要求若要当选候选人，不是要获得大多数选票，而是要获得 2/3 选票，也就是 303 票中的 202 张。因为时任总统的詹姆斯·布坎南已经宣布不谋求连任，斯蒂芬·道格拉斯便成了领跑人。但道格拉斯此前极力反对莱康普顿宪法，后来又亲近共和党人未果，因此南方民主党人对他恨之入骨，想在党代表大会上得到 2/3 的选票根本不可能。与此同时，民主党内的强硬派要求把联邦政府在新领地保护奴隶制写进政治纲领。如果这么写的话，那么大法官托尼的观点（第五修正案保护奴隶制）就有了实实在在的证据，人民主权论也将走向终结。接受了这条纲领，道格拉斯就会颜面尽失。

两天的投票，道格拉斯一直领先，票数在 145 票至 152.5 票间徘徊，其他几个候选人一直紧随其后。几个怏怏不乐的南部代表索性离席，去另一个会议厅坐等结果。57 轮投票过后，民主党人已经筋疲力尽，他们投票决定 6 月在巴尔的摩再开一次党代会。于是民主党在巴尔的摩又进行了两轮投票，期间更多南方选民离席。最后，没有离席的民主党代表宣布民主党候选人为道格拉斯。而与此同时，南方选民在巴尔的摩的另一个会场自立门户，选定时任副总统的 39 岁的肯塔基人约翰·布雷肯里奇（John Breckinridge）作为他们的候选人。道格拉斯继续坚持人民主权论，布雷肯里奇主张在联邦政府的支持下将奴隶制扩张到新领地。

还有一个党代会于 5 月在巴尔的摩召开，参会的大部分人是前辉格党人。他们自称为立宪联邦党（Constitutional Union Party），并宣称其唯一的奋斗目标就是捍卫宪法、联邦和法律。目标很崇高，但捍卫的究竟是什么法律呢？他们没有明说。立宪联邦党一心寻求折中立场，因此推选约翰·贝尔（John Bell）做他们的候选人，64 岁的辉格党人贝尔是来自田纳西州的前参议员。

由于民主党内讧，林肯胜券在握，除非有人阻挠他在选举团中获得半数以上的选票，因为这样一来，就得由众议院来做出最终决定。1824 年的大选就是这个情形，一些仍旧活跃在政坛上的人还记得那时的情况。

四个候选人将国家的政治地图分成四个板块。布雷肯里奇和贝尔在北方大多数州都遭遇尴尬，林肯在弗吉尼亚州和他出生的肯塔基州各获得了可怜兮兮的 1 000 票，而在南方各州更是压根就没有进行投票。道格拉斯是唯一一个在南北双方都有市场的候选人，他的竞选活动可谓不遗余力、盛况空前。他打破所有先例，在全国范围内巡回演说，他似乎认为只要努力就能力挽狂澜。而其他的候选人则是靠他们的政治纲领和过去的演说让人们了解他们的政见。

贝尔的竞选伙伴爱德华·埃弗里特（Edward Everett）的演说最让人印象深刻。这位来自马萨诸塞州的辉格党人先后做过参议员、州长和外交官。1856 年开始，他又自告奋勇做起了乔治·华盛顿死后的代言人，并以“华盛顿的特点”为题在全国巡回演讲数十次，还把筹集来的钱捐给了一个由爱国女士组成的社会团体——这个团体志在从华盛顿的曾外甥手里买下已经破败的弗农山庄，并恢复其原貌。埃弗里特的这些演说是以慈善为目的，但也是想用华盛顿信奉的原则（当然是他所理解的华盛顿的原则）把民众团结起来。和罗伯特·温斯洛普在华盛顿纪念碑奠基仪式上做的演讲相比，“华盛顿的特点”要好很多，埃弗里特聪明地把华盛顿与马尔伯勒公爵、彼得大帝、腓特烈大帝和拿破仑等这些 18 世纪的伟人相提并论。不过埃弗里特想向美国人传达的信息和温斯洛普是一样的，即华盛顿是统一的象征，统一高于一切，统一不讲条件。“从天上到人间，他的声音即使现在也清晰可闻，他教导我们说我们有着共同的过去，现在我们要为爱统一在一起。”这是华盛顿的信徒说出的最感人的话语，但无甚大用。

林肯在整个竞选活动中几乎一语不发，不仅因为按照规定他就该保持缄默，还因为他没有忘记亨利·克雷曾犯过的那个错误：为赢得南方选票机关算尽，到头来聪明反被聪明误，错失了1840年的提名和1844年的总统大选。

是靠栅栏杆转败为胜的时候了。林肯决心换换形象——留胡子。通常认为林肯蓄胡子的念头源自10月他收到的一封信，这封信是一个来自纽约州的11岁小女孩格蕾丝·比德尔（Grace Bedell）写的。小女孩在信中说："所有女人都喜欢男人留胡子，（要是你留胡子）她们会鼓励丈夫把票投给你。"结果我们都知道了，这是个不幸的建议。现在再回头看看19世纪男人蓄的胡子，还能入目吗？唯独尤利西斯·格兰特那整洁的胡子还好，不过话说回来，格兰特人长得就英俊。林肯的脸刮干净的时候看上去严肃又平淡，就像烟铺里印第安人的脸或是复活岛上摩艾石像的脸。蓄了胡子以后，他的头简直就像是一个摩艾石像的头在理发店的地上滚了几圈。

但他的胡子有两个作用：首先，这个胡子让他有种让人肃然起敬的感觉，这个国父崇拜者看上去比他的实际年龄51岁老成多了；其次，这个胡子是一个避风港，想要躲避即将发生的事情几无可能，但是中年蓄胡子会给人一种安全感。

事态一开始就对林肯有利。那时，还没有普遍实施在同一天举行全国投票和各州投票，所以10月各州举行的选举成为11月的总统大选的风向标。1860年10月共和党在宾夕法尼亚和印第安纳战绩颇佳，道格拉斯在艾奥瓦参加竞选活动时得知此讯，很有风度地说：“下一届总统是林肯先生了，我们必须全力挽救联邦。”于是，他到南方巡回演说的时候强烈谴责南部诸州要脱离联邦的想法。

林肯在斯普林菲尔德度过了那年的总统大选日——11 月 6 日。一切尽如共和党人所愿。要想当选需要赢得 152 张总统选举团的选票。贝尔获得了 12.5%的普选票并拿到了 3 个州（弗吉尼亚、肯塔基、田纳西）的 39 张选举团选票；布雷肯里奇获得的普选票超过 18%，并拿到 11 个州（余下南方诸州以及特拉华、马里兰）的 72 张选举团选票；道格拉斯赢得了将近 30%的普选票，但他的拥护者太分散，所以他只拿到 2 个州（密苏里和新泽西）的 12 张选举团选票。道格拉斯本可以拿到 16 张选举团选票，但新泽西反对林肯的选民起了内讧，鹬蚌相争渔翁得利，林肯因此拿到了 4 张选举团选票。

上次总统竞选后，有两个新州并入联邦——俄勒冈和明尼苏达，林肯获得了这两个州的多数选票。当年约翰·弗里蒙特获得了 11 个州的多数选票，如今林肯也获得了这 11 个州的多数选票。除了获得新泽西的 4 张选举团选票之外，他还获得了宾夕法尼亚、印第安纳和加利福尼亚的多数选票，同时他也是第一个拿到伊利诺伊多数选票的非民主党候选人——林肯拿下将近 51%的选票，道格拉斯是 47%。林肯赢得了全国范围内 40%的普选票和 180 张选举团选票。

假如分别投票给道格拉斯、布雷肯里奇和贝尔的人把票集中投给他们三个中的一个，那么林肯就会失去在俄勒冈和加利福尼亚的多数选票以及新泽西的 4 张选举团选票，但即便如此，他仍会有 169 张选举团选票并顺利入主白宫。

那时，总统就职不是在 1 月而是在 3 月，这样一来新旧政府过渡要持续 4 个月，而不是 2 个月。但有一点过去和现在都一样，那就是投票结果一出来，准总统就开始忙作一团。从他当选总统到他生命的最后一刻，林肯就像被绑在了火车头上，沿途景色呼啸而过，但他却不能下车，哪怕片刻停留都不可能。

有时，19 世纪的总统比现代清闲。那时的美国比现在小，对总统职责的限制也更加严格，比如，林肯不需要出访外国。但那个时候，总有这样和那样的事情让总统不堪其扰，而现在的总统却不会遇到这些事。那时没有行政工作人员，联邦的工作几乎就是政治合纵的媒介。虽然内阁成员和职位再低些的官员会把这些工作安排出去，但最终的决定权还是在总统手里。从当选的那一刻起，来讨工作的人就络绎不绝，没完没了。

林肯上任不久就以这种政治施惠的方式把一份工作给了查尔斯·弗朗西斯·亚当斯，他的祖父是第二任美国总统约翰·亚当斯，他的父亲是第六任美国总统约翰·昆西·亚当斯。亚当斯是来自马萨诸塞州的国会议员，他和州务卿一起来到白宫寻求驻英公使一职。刚说了几句话，林肯的一个举动就让亚当斯惊诧不已：林肯转向州务卿并得意洋洋地说他曾在芝加哥的邮局找到了一份工作。（亚当斯家族走出来的两任总统都不受爱戴，也未能连任，也许他们应该多想想邮局的工作。）林肯非常清楚自己的当务之急是什么：政治施惠是团结政党的黏合剂，而团结的政党是成功的政府的基石。

19世纪时还没有那么多复杂的规矩，也不存在什么安全问题，不管是讨工作的还是普通百姓都可以来面见总统。人来人往，络绎不绝，谁先谁后由林肯的两个年轻秘书来定。两个年轻人一个叫约翰·G. 尼古拉（John G. Nicolay），德裔美国人，是个记者；另一个叫约翰·海（John Hay），刚从布朗学校毕业不久。林肯在斯普林菲尔德的时候这两个年轻人就跟随他，后来他们又跟随林肯进了白宫，和其他几个人一起伴在林肯左右。来找林肯的人实在是太多了：有崇拜林肯的也有批评林肯的，有社会名流也有无名小卒，有口若悬河的也有舌头打结的，有怪里怪气的也有满心好奇的。一群群，一帮帮，像苍蝇一样把林肯团团围住。

林肯就职前的头等要务是组建内阁。[共和党党代会已经选定缅因州参议员汉尼拔·哈姆林（Hannibal Hamlin）为林肯的竞选伙伴，但在19世纪，除非总统死了，否则副总统没什么可做的。] 林肯在斯普林菲尔德时已经选好了内阁的两个人选——在总统提名竞争中被他挑下马的苏厄德（就是他陪同亚当斯来到白宫学了一堂政治课）和贝茨。在竞争中落败的头号种子选手苏厄德获得了内阁中最重要的职位——国务卿，贝茨则被任命为司法部部长。后来，另外两个竞争对手蔡斯和卡梅伦也受到重用：蔡斯是财政部部长，卡梅伦是陆军部部长。

而邮政部部长一职可谓是安排给了一个家族。69岁的老弗朗西斯·布莱尔精力充沛，曾是杰克逊政府的资深一员，在过去的10年他先是自由之土民主党人，后加入共和党。他的两个儿子小弗朗西斯（小弗朗西斯曾在最高法院为德雷德·斯科特辩护）和蒙哥马利继承了他的性格和政治理念。老弗朗西斯和小弗朗西斯住在马里兰，蒙哥马利住在密苏里，是位共和党国会议员。约翰·海将布莱尔家族比作“家族企业”（布莱尔家的人只对彼此负责）。林肯让蒙哥马利做他的邮政部长，这样一来，林肯便同人人都惧三分的辉格党人安德鲁·杰克逊修好了，杰克逊牢固的军事根基会在关键时候派上用场。

海军部长和内政部长分别给了康涅狄格州的共和党人吉迪恩·韦尔斯（Gideon Welles）和印第安纳州的共和党人凯莱布·史密斯（Caleb Smith），因为这两位共和党人在芝加哥党大会上说服了本州的代表投票给林肯。

和其他总统一样，林肯希望自己的内阁能够平衡不同地区的势力。边界州（贝茨和布莱尔）、中西部地区（蔡斯和史密斯）、宾夕法尼亚（卡梅伦）、纽约（苏厄德）和新英格兰（韦尔斯）在内阁中都有自己的代表，唯独南方没有自己的代表。作为一个新生政党的首位总统，林肯也在尽力寻求党派间的平衡。苏厄德、贝茨和史密斯是前辉格党人，蔡斯、卡梅伦、布莱尔和韦尔斯是前民主党人。瑟洛·维德抱怨说，民主党和辉格党人数比例4∶3，这让民主党占了优势，听到这话，林肯说：“不是还有我吗？”

但这些人的个性和思想却太难平衡了。史密斯无足轻重，贝茨年事已高，但其他人都为了各自的要求和打算较量角力。新政府该拿南方的强硬派怎么办？布莱尔家族自问“换作杰克逊，他会怎么办？”所以他们支持正面对抗，而且越快越好。蒙哥马利·布莱尔写道：“不经历一场彻底的失败，南方人就会一直以为一个南方人敌得过半打北方佬。”苏厄德曾创造了“无法遏制的冲突”这个字眼儿，不过现在他要遏制冲突。执掌国务院之前，他在参议院发表演说，呼吁安抚与迁就，并向愤愤不平的南方伸出“和平之手”。林肯也有此想法。

不过苏厄德拒绝向蔡斯伸出他的和平之手。两人都意识到对方要抢在自己的前头。苏厄德甚至在就职典礼临近的时候跟林肯说他无论如何也不会进内阁（他的实际意思是他不想和蔡斯同在内阁任职）。林肯挽留住了苏厄德，林肯先是对苏厄德的请求不予理会，然后请他重新考虑。不予理会是给他时间考虑，请他重新考虑是表示对他的尊重。最终，苏厄德让步了，做了国务卿。

30年前，林肯在新塞勒姆一开始做的工作就是想办法把30头猪赶到一艘平底船上，30年后，在协调内阁成员时，他反反复复多次遇到类似的任务。

接下来的四年里，最棘手的私人恩怨是这些由林肯亲自提拔起来的人将矛头反转指向林肯。林肯的很多同事都希望自己能坐上林肯的位子，这些人中有很多都认为总统之位林肯当之有愧。而林肯则坚信总统之位他当之无愧，这是嫉妒林肯的人最难以接受的事实。

海在林肯死后说，那些认为林肯是个“庸碌之辈”的说法很

“荒唐”。虽然长相又呆又愣，又总是说些自嘲的笑话，但林肯深知进入白宫是自己六年不懈努力的结果，他不断地思考、演说、谆谆教诲、呕心沥血。真正配作国父继承人的是他，而不是他的政敌，这主要是因为他比他的政敌更了解国父们的初衷。林肯当然也有不安的时候，在讲厕所里的华盛顿像的那则笑话时，在他不愿抛头露面时，他一定是感觉到了自己的不安，但是他深信他的荣耀是他努力的结果，他深信没有人比他更知道如何应对眼前的危机。林肯“不自觉的优越感”像溃疡一样蚕食着一些人的灵魂。短暂的失望过后，苏厄德接受了低人一等的命运，甘做林肯的帮手与助理，而蔡斯却永远做不到这一点。

多丽丝·卡恩斯·古德温（Doris Kearns Goodwin）通过分析认为林肯的内阁是“政敌团队”。政治评论人和管理类书文将“政敌团队”视为夺取成功的不二法门，是值得效仿的典范。但在 19 世纪 60 年代，“政敌团队”的先例都是失败的。华盛顿的第一任内阁是首个也是最伟大的“政敌团队”，当时杰弗逊是国务卿，汉密尔顿是财政部长，两人都竭力辅佐华盛顿。但当初任用此二人的时候，无论是华盛顿还是这两人都不知道两人后来会针锋相对。杰弗逊和汉密尔顿之间的不和是慢慢发展起来的，因为汉密尔顿支持商业发展，而杰弗逊则支持农业和法国大革命，二人间的矛盾自产生的那一刻起便让卷入其中的人生不如死。后来的总统既不像华盛顿那么慎重，也没有华盛顿那么幸运，所以均未能平复这种两败俱伤的争斗。约翰·亚当斯的内阁不听从指挥，处处与亚当斯作对（没错，他们都是联邦党，但谁更优秀呢?)；安德鲁·杰克逊的内阁则是被私人恩怨给毁了（各部部长的夫人都认为战争部长的妻子水性杨花）；哈里森有位和他离心离德的副总统——约翰·泰勒，泰勒在哈里森死后一手将辉格党逼上绝路。(哈里森政府的命运是前辉格党人最痛苦的回忆。）这都是美国政治的家常便饭。

在那样动荡的年代，共和党又是一个新成立的党，林肯不得不组建这么一个“政敌团队”的内阁。要想驾驭这个内阁，他必须使尽浑身解数，运用多年前在伊利诺伊州所学到的经验，避免殊死决斗的同时平均分配国会提名。在这次最高级别的游戏中，任何错误都是致命的。

做这些人事安排的同时，林肯和过去进行了对话。

来自佐治亚的辉格党人亚历山大·斯蒂芬斯（他曾就墨西哥战争发表演说猛烈抨击墨西哥战争，林肯曾称赞其演说是他所听过的最精彩的长达一小时的演说）一直在白宫效力到 1859 年。辉格党解体后，他加入民主党，但他作为辉格党人的爱国主义情怀没有变。对于林肯当选总统，他并不伤心。他私下写信给一位佐治亚州的朋友说他的这位旧同事是个“不错的人”，而且可能会成为比米勒德·菲尔莫尔更优秀的总统。11 月 14 日，斯蒂芬斯在州议会上严词争论说：“只要是按照宪法程序选出来的总统，不管他是谁，都不是哪个州退出联邦的充足理由。”

林肯知道自己的内阁中缺少南方代表，所以他考虑请斯蒂芬斯做他的海军部长。也许是为了打开 11 年没有联络的局面，林肯写信给斯蒂芬斯希望他能回寄一份在州议会发表的演说讲稿。很明显，斯蒂芬斯在回信中提到了这个国家所处的岌岌可危的局势。

的确是岌岌可危。11 月 9 日，南卡罗来纳州议会通过决议一致认为亚伯拉罕·林肯当选就是“公开表示”对南方蓄奴州的“敌意”。6 周后，也就是 12 月 20 日，一个州代表大会宣布“南卡罗来纳州和其他州组成的以‘美利坚合众国’为名的联盟就此解体”。

在美国历史上，有多个州多次挑战过联邦政府。约翰·亚当斯当政期间，詹姆斯和托马斯·杰弗逊策动弗吉尼亚州和肯塔基州不遵守《外侨和煽动叛乱法案》(Alien and Sedition Acts，共和党认为此法案不符合宪法)。詹姆斯·麦迪逊当政期间，联邦党人回了这个人情，他们在康涅狄格州的哈福德召开新英格兰诸州代表大会，一同谴责 1812 年战争。好在政治形势发生变化，这两次挑衅事件刚露出苗头就终结了：1800 年的总统大选中，共和党击败了亚当斯，而后废止了那项臭名昭著的法案；在新奥尔良战役中麦迪逊大获全胜，联邦党瓦解。

在 1832 年拒行联邦法规危机中，南卡罗来纳州宣称其州政府有权撤销联邦政府的关税法案。林肯曾给解决这一危机的亨利·克雷写过挽歌，挽歌中林肯只是说南方很独特，把南方称作“政治怪人和异教徒”的温床，但南方从未怪到要从联邦分裂出去的地步。

12 月 22 日，林肯致信斯蒂芬斯，向他保证新政府无意插手南方奴隶制的事，“在这个问题上，南方和华盛顿在位时期一样安全”。但斯蒂芬斯想要的不止这些。12 月 30 日，斯蒂芬斯回信了，信中说南北两方都带着“激烈的情绪”，却没人试图缓解这种情绪。斯蒂芬斯举了一例，就是上一年约翰·布朗突袭哈珀斯费里的事，这件事让南方人内心充满恐惧，可从未有哪位共和党领导人对此进行谴责，于是斯蒂芬斯想让刚当选的林肯对此进行谴责。在信的结尾，斯蒂芬斯引用了《圣经》里的话：“您现在说一句适宜的话就像‘金苹果镶在银器物上’。”（《箴言》25：11）

问题是林肯在此之前已经满足了斯蒂芬斯的诉求，他早前已经说过布朗是个暴徒、罪犯、疯子、失败者。他还在库珀联盟的演说里向南方保证，共和党无意插手南方人“任何”与奴隶相关的事。在“裂屋”演说里，林肯说这个国家不可能容忍一半蓄奴、一半自由的状态，但接着他又解释说所有的奴隶都获得自由是 100 年后的事。斯蒂芬斯让林肯再重复一遍这些话只是因为心有不安，林肯也用《圣经》里的话来答复这样的要求。在给另一个焦虑的南方人——来自田纳西的牧师的回信中，林肯引用了下面这句话：“如果他们不听从摩西和先知，就算有一个人死而复生，他们也不会接受劝告。”（《路加福音》16：31）

斯蒂芬斯最后的请求忽略了那个让林肯和南方决裂的问题。斯蒂芬斯认为奴隶制是个受法律保护的好制度，只不过在某些州不被允许罢了。但不是这样的，奴隶制是个坏制度，法律要遏制它，而且它只在某些州才被允许。林肯在 22 日的回信中把这一点说得清清楚楚："您认为奴隶制是正当的，并且应该推广，然而我们却认为它是错误的，应该加以限制。我想我们的分歧就在这里。"

林肯和斯蒂芬斯之间的通信往来到此为止，但很快斯蒂芬斯就会再次公开表达他的想法——这个国家的局势岌岌可危。

新年来了。南卡罗来纳州继 11 月决定退出联邦之后，又呼吁"其他兄弟蓄奴州联合起来"。1861 年 1 月，有 5 个州先后响应南卡罗来纳的退出联邦的呼吁：密西西比 9 日退出，10 日佛罗里达退出，11 日亚拉巴马退出（该州在退出仪式上声明："亚伯拉罕·林肯是由某一个党派选出来的……这是公然蔑视我们已有的制度。"）佐治亚在 19 日退出，路易斯安那在 26 日退出。

南卡罗来纳不再是一个异端，而是一个领袖。南方人一直感觉自己四面楚歌，对于南方人为什么会有这种感觉，北方人几乎不明白，而共和党更是完全不明白。多年来，国会议员中一直是自由州议员居多。1 月 29 日，堪萨斯作为自由州加入联邦，再加上 19 世纪 50 年代加入的加利福尼亚、明尼苏达、俄勒冈，参议院里蓄奴州和自由州之间的平衡不复存在——除非美国领土能向中美洲和加勒比海大面积扩张。现在，一个反对奴隶制的政党即将进驻白宫，这个政党必将塑造一种新的格局。既然事实上南方已是形单影只，那也许唯一安全的自保方式就是正式退出联邦。

1 月 31 日，林肯重回故里（伊利诺伊的科尔斯县）看望继母。萨拉·布什·林肯那时已经 72 岁了。多年后，她说她并不希望她的继子当总统，“他当选后来看我，那时我就感觉到会有什么事降临到他身上，而我也将看不见他了。”林肯死后，她记起她当初的恐惧，但很有可能是死亡改变了她的记忆。林肯生活在一个迷信的世界里，他的夫人将在白宫向通灵人寻求帮助——这在19世纪中期是很前沿的，人们甚至认为这是科学的。林肯虽然对此深表怀疑，但他也多多少少有些迷信。他相信“魔石”（鹿内脏里的毛团，据说可以治愈咬伤还可以解毒）的功效，他反复研究不详之梦以期能预知未来。也许她的继母感觉到了他的不安，而接下来的事又碰巧验证了这种不安。

林肯出租了他在斯普林菲尔德的房子，收起他的法律业务，和忠诚的赫恩登告别了。他在2月11日也就是他52岁生日的前一天乘火车离开了那里，那天乌云密布，空气潮湿，他只简短地说了几句话：“我要去挑起一副重担，一副比当年华盛顿将军肩上的担子还要重的担子。”这里没有笑谈，这是件严肃的事，一件需要寻求上帝助佑的事。“愿曾保佑过华盛顿将军的上帝现在也与我同在并保佑我，否则我必将失败……让我们祈祷曾保佑过国父的上帝不会在这个时候舍我们而去。”

奔赴华盛顿的途中林肯故意绕道行进，他在12天里穿过了7个州——伊利诺伊、印第安纳、俄亥俄、宾夕法尼亚、纽约、新泽西和马里兰。路上有放松的时候，比如他在纽约看了一场威尔第的新歌剧《化装舞会》；也有惊险的时候，比如他被迫连夜穿过马里兰，因为据说有人打算在巴尔的摩刺杀他。但这样安排行程主要是为了吸引注意力并达到他的政治目的。他一路上不断地演讲，不过他既没有发表什么新政见，也没有讲很多，他演讲就是要巩固自己的根基，同时安抚那些需要他安抚也接受他安抚的人。

在重要的历史古迹面前，他都会竭力将自己和开国元勋们联系到一起。2 月 21 日，在新泽西的特伦顿，他回忆起当年他在威姆斯的书中读到华盛顿曾在那里进行过殊死战斗："我记得那时我虽然还是个孩子，可我已经在想，这些人为之奋斗的一定是某个不同寻常的东西。"这话是说给华盛顿的崇拜者罗伯特·温斯洛普和埃弗里特听的，在这两人来看，华盛顿仅是为统一而战。但在林肯看来，华盛顿是为自由而战。

2 月 22 日，在费城的独立大厅，林肯回忆一份建国文件时说："我所有的政治感受源自《独立宣言》所表达的情怀。"这是一种夸张，但我们可以接受。在 1852 年为亨利·克雷写挽歌之前，林肯从未郑重地提到过《独立宣言》，但打那以后林肯一次又一次地谈及《独立宣言》。接着他说："是什么样伟大的原则让这个同盟一直屹立不倒？这不仅仅只是殖民地脱离母国。《独立宣言》不仅给这个国家的人民带来自由，还给后世的世界带来希望。"这话是说给杰弗逊·戴维斯和斯蒂芬·道格拉斯听的。在这二者看来，《独立宣言》是殖民地寻求独立的法案或是宣布白人平等的宣言，但独立宣言既是前者也是后者，而且独立和白人平等是建立在所有人都享有自由权利的基础上的。

林肯在 2 月 23 日抵达华盛顿，同一天得克萨斯的选民投票决定该州退出联邦。

没完没了的各种会议和接待会，到处都在议论纷纷并且谣言漫天，大街小巷人头攒动。斯普林菲尔德的疯狂景象再次上演，只是首都原有的喧闹和国家分裂带来的惊惧把这种疯狂放大了无数倍。在找到合适的时机走上街头步入白宫之前，林肯一直没有踏出维拉德酒店。

就职典礼在3月4日举行，当天早时还是乌云密布，等到典礼开始时已经晴空万里。74岁的温菲尔德·斯科特中将仍身处工作第一线，他在附近建筑的屋顶布下了神枪手，他自己则带着部下在街边的马车里严密监视事态进展，一有紧急状况立刻行动。他已向林肯保证，一有叛乱分子露头，他就“送他们下地狱”。

林肯在国会大厦东门廊的讲台上发表就职演说，此前20年总统就职演说都是在这里。介绍林肯的是他以前的政治同僚爱德华·贝克——他已经搬至俄勒冈并做了参议员。起身讲话前，林肯先得把大礼帽和手杖放到一边，这两样东西对他来说既没必要又陌生，所以情况有点混乱，最后坐在讲台边上的斯蒂芬·道格拉斯从他手里接过了帽子和手杖。

林肯的演说一共3 600个字，对于就职演说来说有点长，但当时国情需要这么长的就职演说。

在演说一开始他就表明他在给斯蒂芬的信中所表达的观点：南方的奴隶制不会受到威胁。为了证明这一点，他引用了自己1858年和道格拉斯一系列辩论中的话：“我完全无意对蓄奴州的奴隶制进行直接或间接的干涉。我相信我没有那么做的权力，也没有那样做的打算。”

然后他说到了最近的脱离联邦危机。他首先说他认为“这些州组成的联盟”应是“永久性的”。他列举了若干原因：一个是逻辑原因，一个是法律原因，还有几个历史原因。

林肯是逻辑学家。他说没有哪个政府会制造条件让自己分崩离析。联盟和同盟会解体，但联盟和同盟不是政府，根据政府的本质，“永久性这一点，虽不一定写明，却是不言而喻的”。

林肯是律师。他说如果政府不过是一纸契约，那么要解除这纸契约也得契约各方一致同意才行。

林肯是历史学家。他追本穷源一直回到联邦的源头。在 1774 年的第一次大陆会议上联邦成立，《独立宣言》使它成熟起来，后来《邦联条例》（这是美国的第一部宪法，1781 年生效，1788 年废止。《邦联条例》声明“每个州都有主权、自由和独立性”，但“条款”同时也多次说明邦联是“永久性的”。）让它更趋臻熟。在这场演说的结尾处，林肯用到了宪法的序言。按照序言，宪法的制定是为了建立一个“更完美”的国家。林肯说：“但是，如果摧毁联邦在法律上是可行的，那么这个联邦就和完美背道而驰。”

这样讲话很冒险，因为很容易变得枯燥，但这是林肯的风格，即先严明原则、公理和出发点。

林肯谈及了若干具体问题，竭力安抚各方，不过收效不尽相同。宪法（第二部分第四条）规定可以索回逃跑的奴隶，一些退出联邦的州一直抱怨索回逃跑的奴隶越来越难。林肯尊重这一规定，但同时他提出这样的疑问：应不应该设立一些“保护措施”（也就是审讯）以确保自由黑人不会被当作奴隶抓回去。亨利·克雷曾想把这样的条款写入1850年签订的《密苏里妥协案》，但没有成功。现在，持脱邦论的人更不会接受这样的条款了。

林肯提出要“掌握、占领、占有属于政府的财产和土地”。在原先的草稿中，林肯说的是要“收回”落入脱邦主义者手中的财产，可要是这么说会让他陷入与南部诸州的无休止的争斗中，所以他把那句话删掉了。不过实际演说中说的这句话已经足以挑起分歧了。

他重申了他对最高法院和德雷德·斯科特案的观点。他说最高法院的裁决是最终裁决，因此应当受到“高度尊重和重视”，但这一“广受关注的裁决”不应成为后来的裁决或政策制定的先例。即将84岁的托尼就坐在林肯后面的主席台上，像“一具电镀的死尸”，他在想什么只有他自己知道。

之前有人提出一项宪法修正案，大家已经在国会大厦的走廊里争相议论这一妥协策略，林肯在演说中也提到了此事。这一修正案将是宪法第十三修正案，修正案规定联邦政府永远不干涉蓄奴州的奴隶制。林肯说他相信“这是宪法中不言自明的内容”，因此他不反对将其白纸黑字确定下来。

演说接近尾声的时候，林肯祈求上帝的助佑，不是以赐予《圣经》经文的方式，也不是以约翰·布朗说的直接授意的方式，而是通过书写新的政治和政治史的方式。“如果万能的全能统治者……站在你们北方一边，或你们南方一边”，那么他的意志

"必将体现在美国人民这一伟大法官的判决中"。三周前，林肯离开斯普林菲尔德时曾祈求上帝的助佑，但这次的祈祷似乎比上次轻率了些，随后林肯坦承他需要上帝的帮助。虽然他在表面上说上帝有可能站在北方一边，也有可能站在南方一边，但是如果上帝真要借美国人民之口说出他的选择，那么他已经选择站在林肯一边了。

演说结尾，林肯没有祈求上帝保佑，而是恳求国父们的支持。前面所讲的逻辑、法律、历史、政治和神的内容都很好，但苏厄德在读了林肯起初的草稿后，强烈建议林肯再加一段，而且要感人至深、充满诗意。苏厄德还把自己写的一段文字交给了林肯，林肯对其加以润色，于是有了最后这段演说词："我真不想就此结束我的讲话。我们不是敌人，而是朋友，我们决不能成为敌人……回忆那神秘的和弦，在这片辽阔的土地上蔓延，从每一个战场、每一个爱国志士的坟墓，延伸到每一颗跳动的心和每一个家庭。这和弦终有一天会被我们内心深处那美好的天使拨弄，奏出美妙的联邦合唱曲。"

现如今，和弦是指同时奏出三个或三个以上的音符。和谐的音乐是由和弦构成的（但不和谐的音乐也是由和弦构成）。但林肯所谓的"和弦"指的是它更古老的意思——乐器的弦。林肯的乐器就是对过去的回忆、对国父们和独立战争的回忆、对国父们神圣目标的回忆、对那神圣目标所代表的一切的回忆。这里的诗意和学院演讲里的诗意不同，因为在学院演讲里国父是腐朽的过去。这里的诗意是林肯在法庭上为丽贝卡·托马斯抗争时的诗意；是缅怀独立日、缅怀《独立宣言》、缅怀特伦顿战役时的诗意。看一看他们为我们付出的一切，看一看我们拥有的一切，他们用牺牲换来了我们的和平与繁荣，他们用劳苦换来了我们的生命。

在首席大法官主持下，林肯进行了就职宣誓，继而成为了美国第 16 任总统。不过没有几个天使来拨弄林肯的和弦。

战争爆发前，人们听到了又一次庄重的演讲，演讲人是亚历山大·斯蒂芬斯。

佐治亚州在 2 月召开了州代表大会，决定是否要退出联邦。斯蒂芬斯参加了这次大会，他自始至终呼吁人们保持耐心，尝试妥协。但是当大会投票通过退出联邦后，他则衷心支持自己的州，支持它退出联邦。2 月，在亚拉巴马的蒙哥马利，南方诸州组建了临时联盟国（简称邦联）国会，斯蒂芬斯在国会任职，并当选为邦联副总统。身兼前国会议员、参议员、战争部长多职于一身的来自密西西比的杰弗逊·戴维斯当选为总统。戴维斯终身都是民主党员，斯蒂芬斯则代表前辉格党员。

3 月 21 日，斯蒂芬斯在萨凡纳（Savannah）召开招待会，他在会上发表演说，这似乎是一次即兴演说，但斯蒂芬斯却能妥善应对。林肯早就注意到，斯蒂芬斯是天生的演讲家，而且聪明睿智。

他赞美了邦联的宪法。在他看来，这部宪法占尽了美国宪法的一切优点，实际上这部宪法直接借用了美国宪法中的很多措辞，包括序言在内（但加了“万能的上帝”一词），也借用了美国宪法的前八条修正案（作为其主体内容）。但邦联的宪法在结构上也有几处新的特征，斯蒂芬斯觉得这是一种改进。该宪法规定国会议员可以同时是内阁成员，这样一来南方联邦的政治体系就和英国的政治体系很相近了，而斯蒂芬斯本人非常欣赏英国的政治体系；另外总统只能做一任，任期六年，这就杜绝了寻求连任的企图。

斯蒂芬斯接下来又谈到了邦联的另一项“虽然放在最后但是一样重要”的改进。“因为我们推行奴隶制，我们的体制饱受争议，还有，黑人奴隶在我们的文明中应该扮演什么样的角色?”但有了这部宪法“这些问题都将不复存在”。

邦联宪法和美国宪法不同，它明确使用了这样的字眼儿：“拥有奴隶”“奴隶”“黑人奴隶”。虽然这部宪法禁止外国奴隶贸易，但它要求政府保护南部所有地区奴隶主对奴隶的所有权。(退出联邦的 7 个州那时还没有领地，除非他们将新墨西哥占为已有，不过古巴倒很可能是他们开拓的目标。）斯蒂芬斯没细说这些细节，林肯也没有，林肯的本能告诉他要连根拔起，而他已经开始着手了。

斯蒂芬斯说奴隶制是导致“早先的不合和眼前的革命的直接原因”。他还援引了杰弗逊的话——杰弗逊深深地恐惧奴隶制会让这个国家分崩离析。(在 1820 年写给霍姆斯的信中，他说奴隶制将是“联邦的丧钟”。）斯蒂芬斯干脆地说“他（杰弗逊）说的没错”，“和他的猜想不同的是，分裂已成事实”。

斯蒂芬斯继续讨论杰弗逊的观点。“在拟定旧宪法时，他（杰弗逊）和其他领导人都认为奴役非洲人违背法的精神，认为从原则的角度、社会的角度、道德的角度、政治的角度，这都是错误的。他们认为这是一种罪恶，只是他们不知道该怎样解决它。但那时的人又普遍认为终有一天，它会消亡，因为天意如此。”这段话多像林肯演讲时会说到的话。林肯相信，杰弗逊和其他国父已经采取切实的措施加快奴隶制的灭亡：他们在建国20年后便禁止奴隶交易，并阻止奴隶制向旧西北地区扩张。林肯和斯蒂芬斯都认同国父们的观点，即奴隶制是一种罪恶，并希望它能消亡。

斯蒂芬斯接着说：“那些想法（杰弗逊和他的同僚）从根本上就是错误的，是建立在种族平等基础上的。这是错的……我们这个新政府的基本理念与其恰恰相反。我们的政府的基石是下面这个伟大的真理，那就是黑人和白人是不平等的。奴隶制，也就是劣等人种要臣服于优越人种的这种制度是自然的、正常的。”一位记者负责为当地一家报纸报道斯蒂芬斯的演说，他注意到当斯蒂芬说这里的时候，观众“鼓掌赞成”。

林肯竭力将自己描绘成国父们最忠诚的继承人。而斯蒂芬斯则将自己描绘成更英明的继承人——不仅比林肯英明，还比国父英明。

斯蒂芬斯细说自己的英明之处：“我们的新政府是世界上有史以来第一个依据这条伟大的、生理上的、哲学上的、道德上的真理建立起来的政府。”奴隶制在古代社会司空见惯，但那时白人也会奴役白人，这样做是不对的。南方邦联政府认为所有白人都是平等的，所有的黑人都没有自由，同时，所有白人都比这些黑人优越，这样才是正确的。“这条真理是慢慢发展起来的，正如科学领域里的真理一样”。斯蒂芬斯以几位发现伟大真理的人为证：伽利略、亚当·斯密、威廉·哈维。他们都遭到质疑，但最终胜利了。伽利略认为物体受到地球引力的作用；亚当·斯密让无形的市场之手来调控经济；哈维证明脉搏的跳动让血液循环。南方邦联政府让黑人待在属于他们的位置，“他们在我们的体系中就应该处在这个位置，因为他们命该如此，或许是因为对迦南的诅咒”。

《创世纪》（9：21—27）描述了对迦南的诅咒：诺亚诅咒儿子含看见他赤身，又诅咒含的儿子迦南做奴仆。《创世纪》接下来说迦南和他的子孙住在西顿（Sidon）和加沙（大致是现代以色列所在的地方，不过美国的奴隶主更愿意认为是非洲），并在那里做奴隶。

斯蒂芬斯又引用了《圣经》中的经文来结束这个话题：“第一批匠人所弃的石头‘做了基石’——在我们的南方邦联大厦做了真正的‘基石’。”那位记者再次听到“掌声”响起。

关于曾被遗弃的石头，《圣经》里屡见不鲜。在《诗篇》（*Psalms*）中，“匠人们抛弃的石头”是国王大卫，在《新约》中是耶稣和他的信徒。这些石头都变成了基石。索尔追捕大卫，但大卫最终加冕。耶稣被钉死在十字架上，但后来他起死回生。同样的，杰弗逊和其他国父带着尴尬和沮丧看待奴隶制，但南方联邦却骄傲地将其视为社会的基石。

斯蒂芬斯对奴隶制的盛赞之辞和林肯津津乐道的亨利·克雷的那段话大相径庭。克雷发现了人们内心深处对自由的渴望，7 月 4 日的炮响就是这渴望沸腾的声音。斯蒂芬斯则在天命中发现了奴隶制，这种制度打败了杰弗逊，打败了那纸错误的《独立宣言》，并奠定了斯蒂芬斯的新社会的基石。啪！啪！几声犹如击掌一样干净爽快的辩驳，斯蒂芬斯纠正了国父的错误，尽弃过去 30 年所有的政治努力（关税、得克萨斯、人民主权、最高法院的权力）。奴隶制最要紧，而国父们都错了。近来已经有人对此议论纷纷，只有邦联才最终将奴隶制放归到真正属于它的位置上去。

“基石”演说（由于那段精彩的演说而得名）清晰、直接、合情合理，不像中世纪演说那样要么青筋暴起，要么悲悲戚戚。林肯对斯蒂芬斯的欣赏不无道理，他很会演讲。早在 1838 年的时候，林肯就担心会出现另一个拿破仑，难道斯蒂芬斯就是那个人、那个盖世英才？约翰·布朗不涉政治，他是个狂徒，是个恐怖主义者。而斯蒂芬斯是政治家，是在政治舞台上冉冉升起的明星。

但是，斯蒂芬斯不是拿破仑。首先，他的职位——邦联副总统——就是一个重大障碍，权力比美国副总统大不了多少。要是总统死了，他就可以掌权了，不过，虽然杰弗逊·戴维斯疾病缠身——有疟疾、眼疾，可这些病都没要了他的命。斯蒂芬斯连谏言的机会都没有，因为他和总统政见不合。从经济政策到军事战略，他将与戴维斯在诸多问题上冲突不断，他几乎没有一次得偿所愿，而他又从未想过通过弹劾或政变（拿破仑用的）让自己得偿所愿。因此，他做了这次鼓舞人心的演说，但也只能这样了。

"基石"演说的结尾有些散乱，提到了未来也说到了新近发生的事。到了 3 月，联邦政府中还有 8 个蓄奴州，退出联邦的州有 7 个，但斯蒂芬斯预计北卡罗来纳、田纳西、阿肯色州、弗吉尼亚、肯塔基和密苏里很快就会加入南方联邦。

斯蒂芬注意到林肯就职演说中的强硬姿态，虽然他认为事态还没有发展到"预想的那种紧张程度，但相信萨姆特堡（Fort Sumter，一座位于查尔斯顿港的堡垒，仍在美军掌控下）将会很快撤退"。同时，他敦促所有真正的南方邦联人"把枪擦亮，别让火药受了潮"。

那位记者这时听到了"热情的欢呼声"。

在就职演说里，林肯已经声明自己要誓死保卫属于政府的财产，这其中包括联邦本土以外岛屿上的两处堡垒：萨姆特堡和佛罗里达彭萨科拉湾口的皮肯斯堡（Fort Pickens）。皮肯斯堡还算容易守，但萨姆特堡就是另一码事了，如果敌人强攻，很难守得住，而南卡罗来纳州决意要拿下它。

在布坎南任期将满时，他的内阁就在讨论萨姆特堡的命运。联邦正在慢慢解体，布坎南的态度是：各州没有权力退出联邦，与此同时，联邦也没有权力迫使要退出的州留下。不过，到了 1860 年 12 月，布坎南政府中的联邦主义强硬派说服布坎南加强萨姆特堡的防守——其中一位是来自俄亥俄的律师埃德温·斯坦顿，曾在麦考密克专利权一案中对林肯冷眼相看。1861年1月，布坎南政府派出一艘没有武装的补给船，但南卡罗来纳人在海边架起大炮，把这艘船驱逐回去了。

现在林肯就职了，那么萨姆特堡自然就成了林肯的问题。斯蒂芬斯在“基石”演说中预言萨姆特堡不久将撤退，这一预言不无道理。这样的预言是因为新政府对此问题举棋不定，内阁成员的谏言莫衷一是，而林肯也迟迟没有做出决断。（林肯当然会犹豫：每走错一步，甚至可以说每走一步都会引发战争。）苏厄德一开始支持放弃萨姆特堡，他认为温和的应对策略会增进联邦主义强硬派对上南方（Upper South）和边界州的感情，但布莱尔家族则主张直接对抗。政府内部政见不统一本是常事，但眼前联邦所面临的紧张局势却放大了原本寻常的分歧，让政府踯躅不前。一艘补给船先是接到命令去补给皮肯斯堡，后来又接到命令要求其补给萨姆特堡。船长对这一变动深表怀疑，因为调转船头补给萨姆特堡的命令是苏厄德而非林肯签署的，所以船长照原计划前去补给皮肯斯堡。

于是，苏厄德又补了一招。他在4月1日给林肯的备忘录中抱怨说，政府“既没拿出什么对内政策，也没拿出什么对外政策”，接着他还毛遂自荐要亲自制定出个政策来。苏厄德这一招无异于要在美国设立首相，或曰总统代理人。林肯在回复中提醒苏厄德别忘了谁才是总统，于是类似的建议国务卿大人再也没有提过。也许，潜意识里，苏厄德只是想明确总统的权威依旧还在。

4 月初，林肯决定再次补给萨姆特堡，同时他通知南卡罗来纳州州长，他送过去的“只是些生活物资”。林肯的这次尝试和布坎南在 1 月的那次尝试一样，注定是要失败的，但是因为提前通知了对方，那么主动权就落回到自己手中。真打起来，责任就在南方。

4 月 12 日，邦联炮击了萨姆特堡，第二天萨姆特堡投降。有死伤，但不是对抗导致的，是双方火炮发射不准导致的。一位南卡罗来纳人玛丽·切斯纳特（Mary Chesnut）在日记中写道：“喧闹过后……喧嚣和愤怒过后便风平浪静了。”喜爱《麦克白》的人会和林肯一样深知在“喧嚣和愤怒”这段之后发生了很多事。

第十二章

1861—1863 年：战争与解放

临行前，林肯在斯普林菲尔德就曾说过他肩上的担子比乔治·华盛顿的还重。萨姆特堡陷落后，这担子更重了。退出联邦已经引发战争，其他州也会效仿。1861 年 4 月 15 日，林肯发布命令要求忠于联邦政府的州调集 75 000 名民兵镇压叛乱。

美国人不是没打过仗，他们打过英国人，打过法国人，打过墨西哥人，打过印第安人，他们还跟自己人动过几次手（最近的一次是在堪萨斯）。他们从普鲁塔克（Plutarch）和莎士比亚那里听说在古希腊、古罗马和中世纪英国发生过内战，但美国内战——国家的三分之一起来对抗余下的三分之二，对美国人来说这还是头一遭。

虽然如此，林肯还是要向国父们看齐。这当然不是为求得经验，因为国父们也几乎没遇到过这种情况，林肯是要用国父们的原则来指导自己。

而勉强算是提供了些经验的是乔治·华盛顿，他在第二届任期里曾平定过叛乱。

1794 年 7 月，宾夕法尼亚西南部的酿酒厂不愿缴纳威士忌消费税。联邦收税员和当地一帮民兵展开枪战，几个人被打死，于是乡间沸腾了。怒不可遏的西部地区人民举起反抗的旗帜，洗劫了邮局，7 000精兵还在匹兹堡（Pittsburgh）郊区召开了一次反抗会议。

华盛顿一边让这些反抗者慢慢冷静下来，一边调集 4 个州的民兵。9 月，华盛顿派了 12 000 多民兵抵达阿勒格尼山脉（Alleghenies)。经过这些时日，叛乱者已经慢慢冷静下来，再加上大兵压境，这次起义平息了。华盛顿的军队抵达目的地时压根就没看见武装起来的叛乱分子。有 100 个人被捕，其中两人因叛国罪被判死刑，但华盛顿赦免了他们。

人们给这一事件起了个颇滑稽的名字：威士忌叛乱。但是，华盛顿没有轻视这次叛乱，他派去镇压这次叛乱的人数比他派去特拉华参加特伦顿战役的民兵多了 4 倍。67 年后，林肯和华盛顿一样没有轻视威士忌叛乱，4 月 15 日林肯号召集结民兵的讲话和华盛顿异曲同工。华盛顿和林肯对叛乱的定义是一样的："美利坚合众国的法律……反对且禁止通过司法程序无法镇压的联合。"两人都敦促叛乱分子"解散并和平地回到属于自己的地方"。这些话都引自 1792 年《民兵法》，这部法律规定在什么时候总统以什么方式为联邦的利益召集民兵。

更重要的是，叛乱会将什么推至悬崖边？作为总统应该怎么办？在这两个问题上，华盛顿和林肯的看法也几乎相同。华盛顿说他要采取行动维护"联邦的基本利益"以及"政府的存在"，林肯说他要捍卫"联邦的存在，让人民的政府永远运行下去"。

虽然华盛顿和林肯的回应非常相似，可二者所面临的叛乱却截然不同。摆在华盛顿面前的是一个州的某个地方的一小撮武装力量的反抗，但摆在林肯面前的是刚刚上任就丢了 7 个州。1794 年，时间帮了华盛顿一把，可 1861 年时间似乎和林肯过不去。4 月 17 日，也就是林肯号召集结民兵两天后，弗吉尼亚通过决议退出联邦。到了 5 月，阿肯色、田纳西和北卡罗来纳也纷纷效仿，如此一来，34 个州中有 11 个退出了联邦。

林肯只能自己摸索出一条道路走出困境——比华盛顿当年所面临的困境艰难千百倍的困境。

和其他总统一样，林肯要多管齐下应对眼前的任务。

有些人认为林肯无计可施。林肯被提名共和党总统候选人后，纽约的日记作者乔治·坦普尔顿·斯特朗（George Templeton Strong）写道，林肯身上唯一适合身居高位的品质似乎就是“他劈过很多栅栏，年轻力壮的时候在平底船上卖过苦力，不知怎么的，人们光凭这些就认为他会是个出色的政治家”。

谁又能说斯特朗说得不对呢？林肯绝对是杀入白宫的一匹黑马。在他之前的大多数总统在入主白宫前都有些管理经验：华盛顿、杰克逊、哈里森做过将军；杰弗逊、门罗、范布伦和波尔克做过州长；所有来自南方的总统都是奴隶主。林肯只是在立法机构担任过几次政治职务，他管理的最大的事就是有两个合作伙伴的律师事务所，且不提他管理得怎么样，反正他连帽子里都塞满了文件。如果他的助手敦促他按章办事，或是迫于业务压力他必须得按章办事的时候，他都极力反抗。制定了很多规章制度的约翰·海说："不管什么规章制度，刚一定好，他就要打破。"

这种管理风格，或曰反管理风格，源自于独行者那种听从自我导引和意愿的性情。林肯知道的一切都是自学的，他所做的事情多数是自己完成的。所以为什么要听从别人的安排和约束？

对于别人的建议，林肯也是这样的风格。每个人的建议他都会洗耳恭听，听完后继续照自己的想法办事。林肯在伊利诺伊有一位好友叫莱昂纳多·斯韦特（Leonard Swett），他曾写道："有时，我觉得林肯也许不曾就任何事寻求过任何人的建议。"要是有谁逼他逼得太紧，他就会讲个笑话转移对方的注意力。对于林肯怎样避开别人的建议，斯韦特的描述简单明确："他给前来谏言的人讲个故事，但对他们的建议不置一词，然后把他们打发走。"

但是，林肯有着高超的政治技巧，而且说到底总统一职首先是个政治职务。宪法是这样描述总统一职的：它是"行政权力"的储备库。但政治由来已久，比所有的宪法都要早，而且已经渗入行政、立法、司法各个部门。

林肯敏于捕捉国民的情绪变化（起码敏于捕捉没有退出联邦的各州民众的情绪），之所以如此是因为他仔细留意和他通信的人和前来拜访他的人。他也许会忽视他们的建议，拒绝他们的要求，但是他会仔细倾听他们说的每一句话。任期四年，白宫门庭若市。有来请愿的，也有来找关系的；有他日后的顾问，也有年迈的妇人；有牧师，也有满腹牢骚的军官。他们要么给林肯写信，要么千里迢迢来白宫看上林肯一眼，如此四年，林肯对民众的情绪可谓了若指掌。那时没有民意调查，民众要说出他们的想法，要么就直接写信给林肯，要么就直接来到林肯面前。

林肯密切注意着对手的动向，观察他的对手之间如何争斗，又如何和他争斗。他也许不会采纳他们的建议，但他摸准了他们的心思。他了解他的对手在想什么，而他的对手对他的心思却一头雾水。要是他们对林肯有所图谋，林肯会比他们更知道图谋的胜算有多大。

有一次局势所迫，高层人事必须变动。1862 年 1 月，林肯辞退了西蒙·卡梅伦，因为他庸碌无为，看来“了不起的温尼贝戈酋长”无法胜任战争部部长一职。林肯让埃德温·斯坦顿接替卡梅伦，虽然林肯与斯坦顿过去有过不愉快，但他很欣赏斯坦顿的活力和头脑。(斯坦顿不负所望，后来效忠林肯。) 每一次内阁人事问题上出现争议——不管是因为批评者要置国务卿于死地引起的，还是国务卿自己以辞职相要挟引起的，这个人的去留都是由林肯来定夺的。

做总统的另一个条件是看上去得像个总统，这一点几乎和政治技巧一样重要。乔治·华盛顿高大优雅，和着音乐便可翩翩起舞，跨上马背更是英姿不凡，恍若神祇从天而降，他的风姿为其后来者树立了标杆。

而林肯的形貌则让他的对手津津乐道。竹竿一样的身材，还有越来越毛茸茸的脸昭示着它是灵长类的一员。在处理麦考密克专利权案件的时候，斯坦顿把林肯叫作“长臂猿”，大选后全国的评论人都说起这事。一份南卡罗来纳报纸称林肯为“白宫的人猿”。联邦陆军司令乔治·麦克莱伦（George McClellan）称林肯为“善意的狒狒”或“大猩猩”。另一位联邦军官很是不快，因为他觉得林肯检阅时，“笑容像只狒狒”。“猿”这个字眼儿在美国的政治领域是有所指的，它通常被用来贬低侮辱黑人。林肯是奴隶制的敌人，如果他是奴隶的朋友，那么这个字眼儿也可以用来侮辱他。150 年后，非裔美国作家托尼·莫里森（Toni Morrison）称比尔·克林顿是第一个黑人总统（当然是在贝拉克·奥巴马上台前）。但是托尼错了，林肯才是第一个黑人总统。

不过，林肯有办法让自己看起来还过得去，那就是借助照相机。在库珀联盟学院演讲那天，他去了百老汇的马修·布雷迪（Mathew Brady）摄影棚照了相。布雷迪是美国首屈一指的摄影师，大多数美国人都是从他拍的这张照片上首次看到林肯的样子。照片是这样的：林肯站在一个石柱前（这个石柱实际上是个道具），左手放在一摞书上。此时的林肯还没有蓄胡子，因为那时格蕾丝·比德尔还没给他写信。在 1860 年大选时，这张照片通过平版印刷、雕刻、还有微型照片的方式广泛传布。

林肯蓄胡后，他的摄影师总是避开他脸上这个明显的特征，把人们的注意力转到别处。摄影师喜欢强调林肯的颧骨，或船头一样的鼻子，而且他们一定不会放过他深陷的双眼（赫思登写道，“他的眉毛”向前凸着，“就像山脊上的大岩石”）。林肯笑起来的时候，眼睛里会有璀璨的光芒，但拍照他得静静地坐在那里，所以照片中他的眼中没有光芒。但至少眼中还有严肃，有时还有忧伤，谁都能借此看出他是一种偏爱黑暗的诗歌、在抑郁的边缘踟蹰的性格。

林肯这个成熟的政客通常要小心地掩藏自己的忧伤，他会在文学中为自己的忧伤找到合适的出口。但若看得仔细，还是能够看出蛛丝马迹。在林肯就职前，苏厄德就看出林肯的这一性格，他在晚宴上说："总统大人的心中流淌着一股奇异的忧伤。"苏厄德所说的"忧伤"不是指多愁善感，而是指一种温柔的情感。接下来苏厄德说那是林肯"最宝贵的精神特质"。不是对权力执行者来说很宝贵，而是对战时领袖来说很宝贵。

有很多人从未见过林肯，有的人虽在照片上见过林肯但还想了解得更多，林肯用自己说的话来让这些人了解自己。那时候，总统说的话远不及现在这么多。林肯是在辉格党中成长起来的，辉格党人向来拿安德鲁·杰克逊做反面典型，因为他们认为总统说的话应该比他们还少才好。但林肯是在乱世出任总统，所以他对公众说的或写的东西比其他总统多。

那时候，总统说话的机会通常就是就职演说和对国会做的年度讲话（那时的年度讲话和现在的也不一样，不是总统亲自说，而是白纸黑字写下来）。总统也会在特殊情况下召集国会，发表讲话。1861 年 4 月 15 日，林肯宣布在 7 月 4 日这个特殊的日子召开国会商讨联邦分裂的问题。国会上，林肯把讲话稿分发给议员，上面详尽回顾了南方叛乱的情况，同时阐述了他对于下一步工作的想法。

市民代表前来拜访他，大街上是欢庆联邦胜利的人群，林肯会对他们做讲话。有时，他甚至会去附近的马里兰州或宾夕法尼亚州参加这样或那样的仪式，举行这些仪式都是为了为伤员募捐或为修建烈士陵园募捐，有时林肯还会做简短的演说。有一次他还接到邀请回斯普林菲尔德参加一个共和党集会，但他最终拒绝了这个邀请，因为太耗时了。

林肯妥善运用了一种前人常用的做法。国父们有时会写信，表面上看是私人信件，但实际上他们早料到一些对其感兴趣的人会读到这些信，有时这些信甚至会被发表出去。杰弗逊在写给霍米斯的信中文采奕奕地写道“暗夜响起的火警”，他这样写自然是知道自己死后这些信会被广泛传阅，甚至有可能在生前就被透露给某家报纸。林肯用这一办法来解决最让他头疼的问题——暂停人身保护令（Habeas Corpus）。

美国宪法（第九部分第一条）规定，在叛乱和国家受到入侵的时候可以暂停人身保护令。如此一来，可疑的嫌疑人便可由军事法庭而非普通法庭逮捕和审判。1861 年 4 月，为了击垮破坏者的企图，林肯暂停了连接华盛顿和费城的铁路线沿线民众的人身保护令。1862 年 9 月林肯下令，任何试图干扰招募新兵的人，军方可以直接将其逮捕。也就是说，林肯在全国范围内暂停了人身保护令。

1863 年，军事法庭做得过了头。来自俄亥俄州的民主党人克莱门特·威伦丁汉姆（Clement Vallandingham）发表了一个演说，这位愤愤不平的反战主义者大声谴责战争是“罪恶的、残忍的而且无谓的”，同时宣称要“为解放黑人和奴役白人”而战。军方逮捕了他，因为他煽动民众不要参军——谁会为了解放黑人奴役白人而参军？就这样他先倒下了。但是林肯下令把他释放了，并把他驱逐到南方邦联去，与此同时，林肯意识到他得采取措施避免更多的负面效应。

纽约的民主党人伊拉斯塔斯·科宁（Erastus Corning）给林肯写信，抗议林肯对威伦丁汉姆的处置。林肯在回信中仔细解释暂停人身保护令并不违宪，并且林肯政府尚未大刀阔斧全面暂停人身保护令，与此同时，林肯把这封信的附件寄给《纽约论坛报》。为使民众能够感同身受，他又将政客的命运与平凡人的命运作比：“我必须要一枪打死那个误入歧途的头脑纯洁的年轻士兵，但对教唆这个年轻人误入歧途的恶棍我却连一根手指头也不能动，是吗?”他不无幽默地把叛乱比作疾病，把军事法庭比作良药，林肯说病好了就不会再用药了。“一个人生病了就要吃药，可康复后，谁还会继续吃药呢?”这封信印成小宣传册，售出50万册，民主党人威伦丁汉姆作为政治领袖的生涯也因此终结了，他离开南方邦联去了加拿大，并在那里试图竞选俄亥俄州州长，但遭遇惨败。

在吃药治病这个笑话上，林肯用到了他最擅长的辩论风格就是潘恩的演讲风格，谈笑风生中扭转乾坤。然而，作为总统，这种笑话只能在私信中写，一来暂时忘却这一烦恼，一来舒缓自己的情绪。林肯也非常喜欢别人讲的笑话，他最喜欢的幽默大师是大卫·罗斯·洛克（David Ross Locke）。大卫是《托莱多刀锋报》

（*Toledo Blade*）的记者，他用笔名彼得罗利姆·维苏威·纳思比在报纸上发表文章。洛克以一个小旅店店主的口吻表达了威伦丁汉姆的观点，还故意制造了很多拼写错误。“现在，维格特角镇（纳思比的故乡）有15个黑人，有男的、女的（wimin）、还有小孩，昨天（yisterday）又来了一个。我害怕（fer）了，因为，要是他们一个劲儿往这来，再过60年，镇上大多数人都是黑人了。”林肯觉得纳思比太风趣了，他会把这个笑话讲给再来拜访他的人，还有内阁的官员。

但是，在公众面前发表讲话的时候，林肯总是严肃认真。在国家处于有史以来最艰难的时候出任元首，林肯审时度势谨言慎行。他的一贯风格是单刀直入，但有时也会夹杂些许诗意。而有时由于太过渴望某种效果，他也不免做作，但他总能设法抓住苏厄德口中的“情感的脉搏”。

1862年12月，林肯给国会做了他的第二次年度讲话，这次讲话证明此时的林肯已经明确知道了自己未来的选择。林肯此次讲话的主题是结束奴隶制就会加快战争的结束。他要让国会了解问题很严峻，他们身上的担子很重，讲话结束时的三句话铿锵有力。“我们在祥和的过去所信奉的那些信条无法回答眼前的问题。”这么说是试图让听众肃然起敬，但并不成功，因为有些造作。于是过了一会儿，林肯又尝试了一次：“我们无法逃脱历史。”这次好一些，这句话简单明了，却深入人心。又过了一会儿，林肯说出了下面这句最精彩的话：“面对人世间最后的也是最美好的希望，我们要么勇敢地抓住它，要么懦弱地放弃它。”

这句话如同亨利·克雷说过的最精彩的话一样庄严崇高，这短短的一句话凝练有力、望尽古往今来，虽寥寥几个字，但字字珠玑。

话语本身不能赢得战争或领导民众，但林肯将话语的作用发挥到了极致。

内战还在继续，林肯面临着双重任务：一是保住联邦，二是实现共和党的目标。保住联邦是宪法规定的任务。宪法第一部分第二条规定总统自宣誓就职之时起就要“保持、保护和保卫美利坚合众国”。他还要实现共和党的目标，没有这个前提条件他当初也不可能当选。虽然国父们宣称他们不喜欢党派，比如，麦迪逊在《联邦报》上把党派称作“派系斗争”，华盛顿在告别演说中也警告后人防范派系纷争。但创立两党制（共和党与联邦党）的不是别人正是他们自己，而且两党制几乎与宪法同时走进美国历史。71年的总统竞选历程，大大小小的政党来来去去，有时政党还会改名换姓（杰弗逊的共和党成了后来杰克逊的民主党）。但多党并存已经成为美国政治与生俱来的特征，美国人通过这个机制走上领导人的宝座，通过这个机制表达他们的愿望。

只要林肯愿意抛弃当初他和他的政党秉持的原则，他当选之初便可轻松保住联邦，而且很多人都努力敦促他这么做。1860年来自肯塔基州的辉格党参议员约翰·克里滕登（John Crittenden）曾提出一项妥协方案，方案的内容是修正宪法，将密苏里线推至加利福尼亚，然后规定此项修正案永远有效。林肯从投身总统竞选之日起就为恢复密苏里线抗争。密苏里线将原先的路易斯安那区域一分为二，分界线以北废奴，以南蓄奴。林肯写道，要是延长这条分界线，让其横穿整个美洲并写进宪法，那就无异于怂恿奴隶主“霸占我们以南的所有地区，建立蓄奴州”，中美洲地区也好，加勒比地区也好，只要是从新的墨西哥战争中获得的土地都在劫难逃。林肯预言说，“用不了一年，我们就得侵占古巴”来满足奴隶主的野心。的确，南方在参议院的席位比北方少，只有扩张到亚热带地区才能将席位与北方扳平。但林肯在给亚历山大·斯蒂芬斯的信中写道，共和党人认为奴隶制“是错误的，应该加以限制”。将奴隶制扩张到新区域的任何提议，林肯都“不能苟同”。

林肯的第一项任务，也就是拯救联邦，这是一项军事任务也是一项政治任务。

南方邦联认为自己会赢得这场战争，这不无道理。南方人比北方人更好战，这滋生了一种傲慢自大的气焰。蒙哥马利·布莱尔（他自己也很傲慢）曾写道，南方人觉得只要是个南方人，一个就能抵得上十个北方人。但态度和胆魄通常都是制胜的法宝，所以傲慢自大反倒成了南方邦联的利器。此时的南方好比独立战争时期的美国，她面临的是一场抵御入侵者的保卫战，而保家卫国的一方总是占优势。

当然联邦也有联邦的优势。和当年的英国不同，联邦不需要派兵漂洋过海投入战争，因为敌人可谓近在咫尺。因为北方的制造业更发达，所以联邦的装备也会比南方的胜出一筹，而且北方的铁路也更发达。更重要的是，北方人口更多。这一点林肯在 1859 年的一次演讲中曾经提过，那次演讲的听众是住在俄亥俄州对面的肯塔基人。林肯说："先生们，我认为你们和其他人一样顽强、英勇……但是你我都是人，你自然也不比我更强壮，何况我们人数比你们多。"

年迈的温菲尔德·斯科特制定了一个宏伟的战略，即"水蟒计划"。计划提议封锁南方港口，拿下密西西比河的控制权将南方邦联切割成一大一小两半，再从四面围攻较大的那半。斯科特不愧为杰出的将领，在接下来的四年里，联邦军队都是在按他的计划作战。

弗吉尼亚脱邦后，南方邦联欢欣鼓舞，把首府从蒙哥马利搬到了里士满。当时弗吉尼亚不是联邦最大的州，在南方邦联也几乎未挤进前二十，但弗吉尼亚历史最悠久，地位最显赫，它是总统和民主的摇篮。南方邦联正是看中了弗吉尼亚的这三道光环才迁都至此。

里士满和华盛顿只有 95 英里之遥，可谓近在咫尺，所以双方政客都希望战争速战速决。但其实两座城池近在咫尺只是个假象，一是两者之间隔着若干条蜿蜒的河流，二是此战的目的不是攻占对方的首府，而是摧毁对方的战斗力和战斗意志。不过，把拿下对方的首府当作首要任务也不无道理，因为首府陷落自然会打击士气、折损声望。尤其是联邦和邦联都是共和制——民众的情绪和定期选举这两样不能忽略，所以要是民众和政客觉得首府重要，那它就重要。所以弗吉尼亚的战事对双方来说都至关重要。

华盛顿与弗吉尼亚隔波托马克（Potomac）河相望。站在白宫手拿小型望远镜就可以看见亚历山大港马歇尔酒店上方飘扬的反叛旗帜。1861 年 5 月，联邦军队攻占了亚历山大港，军队中有一位勇猛的年轻军官，叫埃尔默·埃尔斯沃思（Elmer Ellsworth，他曾在位于斯普林菲尔德的林肯办公室里学习法律，林肯就职前政治巡游的时候他还跟随左右），他冲上酒店台阶揭下了酒店上方的反叛旗帜，不幸被酒店经理开枪打死。林肯致信埃尔斯沃思的父母，信中写道："您优秀的儿子英年早逝，我们和你们一样痛心疾首。"

每个人都知道，还会有更多人踏上这条不归路，但没人知道到底会有多少。7 月末，在华盛顿西南 25 英里的地方，一场真正的战争爆发了。联邦称之为布尔河战役（Bull Run），因为离交战地点最近的河流叫布尔河；邦联称之为马纳萨斯战役（Manassas），因为离交战地点最近的十字路口叫马纳萨斯路口。要是再年轻 10 岁，或再掉 10 斤称，斯科特就会亲自率兵出战，但情况并非如此，所以只好由他以前的下属欧文·麦克道尔（Irvin McDowell）统率联邦的先遣部队出战。邦联军先是失利，但随后转败为胜；联邦军溃不成军，筋疲力尽的将士相互搀扶着回到华盛顿。这次战役，双方共有 900 人战死，大约3 000 人受伤。和死在拿破仑或马尔伯勒屠刀下的人数相比不值一提，但在北美洲这是一次史无前例的血腥战争（在特伦顿战役中死了 24 人，在新奥尔良战役中死亡人数刚过300）。

发生在弗吉尼亚的战争就是一连串的进攻与反攻。那时连小学生都对其中的主要战役倒背如流，即便现在，历史迷和爱国主义者还会怀着无限敬意回忆起这些战役：七天战役、第二次布尔河战役、安蒂特姆战役（Antietam）、弗雷德里克斯堡战役（Fredericksburg）、钱瑟勒斯维尔战役（Chancellorsville）。在些战役中（有一个除外）联邦军频换将领，所以一败再败。

1861年10月，75岁的斯科特退役了，在他手下效力40年的乔治·麦克莱伦接班。麦克莱伦曾在弗吉尼亚阿拉巴契亚山西北部（就是未来的西弗吉尼亚州）平息叛乱，并因此广受赞誉。麦克莱伦的作战计划是在弗吉尼亚海岸登陆，从东南部进攻里士满，然后北上约克与詹姆士河之间的狭长半岛。麦克莱伦善于组织策划，并深受下属爱戴，但是在七天战役中（1862年6月25日到7月1日），邦联军还是将其成功阻截在里士满之外（但邦联死伤人数比联邦还多）。

随后，邦联开始北上，并在第二次布尔河战役中（8月28日到30日）几乎让约翰·波普（John Pope）的军队全军覆没。邦联军想要从西北边进入马里兰中部，但在半岛僵持期间麦克莱伦已经重振雄风，9月17日成功将邦联军的先遣部队阻截在安蒂特姆。

胜利在望，可麦克莱伦却没能乘胜追击，他一展雄风的日子就此结束。接下来，联邦任命若干其他将领率领联邦军继续向南推进，但均遭遇惨败。安布罗斯·伯恩赛德［Ambrose Burnside,

他有一副奇绝的胡子，短络腮胡子（Sideburn）就是以他的名字命名的］带兵将战线推至拉帕汉诺克河（Rappahnnock River），但在那里死伤惨重（12 月 11 日到 15 日）。转年春天（1863 年 5 月 1 日到 4 日），在离伯恩赛德惨败的地方不远处，乔瑟夫·胡克（Joseph Hooker）带领的联邦军队被只有自己一半人数的邦联军打得落花流水。

联邦将领在弗吉尼亚前线的军事指挥能力实在不济。（这一点有位将领是很清楚的，他就是谦恭的伯恩赛德。联邦曾两次任命伯恩赛德为将军，伯恩赛德两次拒绝，不幸的是，第三次他接受了。）与此同时，邦联军也未能成功向北推进，他们也是伤亡惨重。

但是水蟒计划在西部卓有成效。到 1862 年春，联邦军在亨利堡（Fort Henry，2 月 6 日）、多纳尔森要塞（Fort Donelson，2 月 16 日）和夏洛（Shiloh，4 月 6 日到 7 日）三次大捷，从而占领了西田纳西。5 月 1 日，在密西西比南端的新奥尔良，邦联最大的城市也是最重要的港口新奥尔良陷落。

当时，查尔斯·弗朗西斯·亚当斯的儿子亨利正作为父亲的私人秘书跟随父亲身居遥远的伦敦。他发现身边到处都是同情南方的人，头脑混沌和好赶时髦的人总爱为千里之外的弱者掉眼泪，联邦占领新奥尔良就刺激了这些人的泪腺。亨利写道，这个消息就像“一记重拳打在醉汉的脸上”。

多年来林肯一直自嘲自己短得不能再短的军旅生涯，这是构成他呆笨的小丑形象的要素。林肯在提到黑鹰战争中的经历时说："（我从未）见识过现场版的印第安战争"，"不过我和蚊子倒是进行了殊死搏斗"。但是现在林肯严肃地挑起了总司令的重任，他从国会图书馆借了一本《军事艺术和军事科学要素》[书的作者是亨利·哈勒克（Henry Halleck）军官，他后来成为全军总司令]潜心研究。林肯密切关注着将领们的一举一动，热切地与他们通信，他在信中的措辞总是小心谨慎，以便让自己的想法以忠告而非命令的方式传达出去。有时他的忠告没有什么意义，比如他曾致信胡克恭喜他接替伯恩赛德，林肯在信的结尾说："不要冒进，要精神百倍也要谨慎万分。勇往直前向前冲吧，为我们赢得胜利!"这就像告诉投资人低买高卖。相比之下，邦联总统虽作战经验丰富，给出的命令和忠告却一次比一次糟。

林肯与他的将领们关系稳固，他坚定不移地支持他的将领，除非他们一败涂地否则林肯不会替换他们。

支持这些将领需要十足的耐性。拿破仑的军人生涯让所有军人对自己的潜能想入非非。(他们这方面的想法从来就不少。）也许他们也能取得拿破仑那样的丰功伟绩，也许还不止那些，麦克莱伦就是一例。麦克莱伦绰号"小拿破仑"，他虽是中等身材，但年纪轻，体态精瘦，做事从不言败，所以他看上去精神抖擞、意气风发。战争中他曾写道："我几乎以为要是我能取得些小小的胜利，那我就能爬上大独裁的位子，或任何让我满足的位子。"在接受任命前夕，胡克说："我需要一位独裁者，越快越好，否则一切都只能这么糟糕下去。"

麦克莱伦关于大独裁的那句话是给妻子的信中说的，胡克的那句话是对一名记者说的。林肯听说了胡克说的那句话，但他也了解麦克莱伦的为人，因此知道他到底在想什么（他在想什么并不难猜）。林肯没有误解他们的话，他知道这只是他们意气用事说的大话，他们是效忠联邦的，他们也不是那些“盖世英才”，所以林肯继续对其委以重任。他说：“要是麦克莱伦能凯旋，我愿意为他牵马。”在给胡克的信中，林肯打趣地说：“只有打了胜仗的将军才能成为大独裁。现在我希望你做的是争取战争胜利，要是你做到了，那就独裁吧，我赌一把。”

可这些人还是失败了，于是林肯重新物色合适的人。要是哪位将领打了胜仗，他就不会随意撤换。联邦在西田纳西第一次胜利是尤利西斯·格兰特拿下的。格兰特 39 岁，年纪轻轻便展露出卓越的军事才能，可是他酗酒无度败坏了自己的军事生涯。夏洛战役持续了两天，第一天联邦军几乎战败，因为格兰特刚愎自用，不相信敌军已经逼近，也就没有命令士兵加固防御工事，结果险些被邦联军彻底赶出西田纳西。但是第二天，他率兵奋勇反击，转败为胜。这次战役双方均伤亡惨重（1 700 多名联邦士兵战死，还有 8 000 多名受伤；邦联的情况也大致相同）。格兰特饱受各方抨击，但林肯不肯撤换他，他说：“我不能撤换他，他会打仗。”

战争不断蔓延，林肯不得不在政治上保全联邦。

他的第一项任务是阻止更多的州脱离联邦。1861 年 4 月和 5

月，又有4个蓄奴州脱离联邦。至此，还有4个蓄奴州仍旧留在联邦：特拉华、马里兰、肯塔基和密苏里。密苏里虽效忠联邦，但亲邦联的游击武装、还有亲联邦主义者内部无休止的争吵让这个州不堪其扰。林肯盛怒之下把这乱局比作青少年时自家农场里的树桩，树桩的根扎得非常深，拔不出来也烧不光，最后只得绕开树桩在树桩四周播种。特拉华州很小，位置也很偏，所以它一切都效仿马里兰。而马里兰效忠联邦是因为那里有充足的联邦驻军。

肯塔基至关重要。如果肯塔基脱离了联邦，那么联邦的“水蟒计划”就先要拿下俄亥俄河才能向密西西比进发。林肯写道：“失去了肯塔基则全盘皆输。”1861年5月末，肯塔基宣布中立。林肯拒绝承认州有宣布中立的权利，但他要等待合适的时机表明自己的态度。9月，邦联军进入肯塔基西部，肯塔基的联邦主义者借此讨伐邦联军入侵。随后，肯塔基发生了若干战斗和突袭，但肯塔基在名义上还在联邦阵营内。自始至终，肯塔基战略地位如何，肯塔基的局势如何，林肯一方面听取他的老友乔舒亚·斯皮德的建议——那时斯皮德住在肯塔基，另一个方面，林肯则是听取自己的心声——作为国父之子的心声。

林肯对肯塔基的局势格外敏感也并非总是好事。来自俄亥俄的共和党参议员本杰明·韦德（Benjamin Wade）就不喜欢这种过于谨慎的行事风格，他认为林肯之所以这样就是因为他是肯塔基人，还说林肯是“可怜的白人垃圾”。在美国有几种无关种族的攻击方式，其中之一便是诽谤：林肯可以既是白人堆里的垃圾，同时又是黑人堆里的垃圾。

林肯欢迎任何信奉联邦主义的自由党人的支持。萨姆特堡失守激怒了大多数北方的民主党人，其中最愤怒的是斯蒂芬·道格拉斯。林肯的这位政坛宿敌曾在 1861 年 4 月谏言林肯召集 20 万而非 7.5 万民兵。但是，6 月道格拉斯就去世了——他争强好胜，又饮酒无度，这毁了他的健康。林肯下令白宫为其哀悼 30 天。

有一位南方民主党人和道格拉斯一样是热血沸腾的联邦主义者，他就是来自田纳西的参议员安德鲁·约翰逊（他曾经是个裁缝，是白手起家的平民主义者）。约翰逊虽然支持奴隶制，但他强烈反对脱离联邦。在这个国家逐渐分裂的时候，他是这样看待他那些搞分裂的南方同胞的：他们“应该为了这一切，统统被绞死”。田纳西宣布脱邦后，他逃离了田纳西，但是内战后他又重归故里，还做了军事总督。

民主党人观望战争形势、算计党派利益，一会儿支持林肯，一会又反对林肯。他们总是寻找武器攻击共和党人：一是抓着宪法中的人身保护权不放，二是高举臭烘烘的种族主义。而林肯则顺势应变，一会儿和民主党人联手，一会儿乘虚而入，浑水摸鱼。1862 年，霍雷肖·西摩（Horatio Seymour）出任纽约州州长，林肯主动与他联系，并暗示要是他能积极支持战争，他就会成为下一任总统。林肯是在用日后的支持做筹码来拉拢西摩，但林肯这话是郑重的承诺还是空头支票呢？是诱饵又或许是陷阱中的诱饵？西摩谨慎应对。但很快，党派利益便掺和进来了，两位领导人公开互相攻击。

林肯主持政府、维护联邦最主要的支持还是来自他自己所在的政党——共和党，在林肯执政期间，国会两院共和党议员均占大多数。(1862 年中期选举时，民主党议员增多，因为战争不会很快结束，这一点在那时已经非常明朗了。）但人数太多反倒会造成意见不统一——反正我们的人这么多，相互间争一争也无妨。于是林肯不得不使劲浑身解数让共和党人斗志昂扬，但不是自己人斗自己人。

林肯做的很多事都体现了他的胸襟和雅量，最能说明这一点的一件事是他在西蒙·卡梅伦离开内阁后为他挺身而出。林肯解除了卡梅伦在内阁的职务，但为表安慰林肯在 1862 年 2 月任命卡梅伦为驻俄公使。在卡梅伦驻俄期间，众议院里一个专门负责调查战争部的委员会起草了一份谴责卡梅伦的报告，报告详述了卡梅伦在战争打响的第一天就仓促地拟定了多份错误的协议，并要求卡梅伦回国接受检查。这时，林肯给国会写信，信中说他自己和内阁其他成员一样对卡梅伦的失当举动“至少负有同样的责任”，因为当时的情况需要采取临时应急措施，这些措施是政府点头同意的。卡梅伦感激涕零，他从圣彼得堡写信给林肯说：“很多处在您这个位置的人都会允许无辜的人蒙受冤屈。”当然还有更多处在这个位置的人嫁祸无辜，让其代己受过。卡梅伦永远不忘林肯的恩德，日后林肯和他还有交集。

1862 年 12 月，林肯又挫败了他的财政部长蔡斯和共和党参议院决策委员会联合策划的权力攻势。事情是这样的：中期选举共和党表现让人失望，加之弗雷德里克斯堡又失守，有人急着要找个替罪羊出来顶罪。蔡斯和他在国会的朋友认为国务卿威廉·苏厄德是最合适的人选，他们指责他在位期间一手遮天控制政府，最后还把政府带入泥潭。苏厄德听说此事后写信给林肯提出辞职。

林肯不想让别人以为自己是苏厄德的傀儡，也不想让参议员对他的内阁指手画脚，尤其是这些参议员还串通了自己的部长。于是林肯让那群心怀不满的参议员在全体内阁成员（苏厄德除外）面前说明他们为何对政府不满，这让蔡斯方寸大乱。部长们一个接一个地向这几位参议员保证苏厄德不是阴险的幕后策划，他们每个人的谏言总统本人都听到了。蔡斯退缩了，面对他同僚的一致作证，他没有胆量单枪匹马继续攻击苏厄德。

会后，蔡斯在参议院的朋友对蔡斯嗤之以鼻，因为他没能挺身直言。蔡斯为什么在他们面前一套说辞，在全体内阁面前又是另一套说辞？其中一个参议员言简意赅地给了解释："他是个骗子。"蔡斯羞愧难当，也提出辞职。林肯分别给苏厄德和蔡斯写信，让他们坚守岗位，毕竟两人都精明强干。苏厄德欢天喜地地答应了，蔡斯也答应了，但却闷闷不乐。林肯把自己中意的干将留在左右，把国会内的派系斗争消灭在萌芽中，他让一切都在自己的掌握之中。

共和党内部的这些纷争和个人恩怨无关。同任何一个大党一样，共和党允许党员发出不同的声音。在林肯的内阁中，凯莱布·史密斯（他在 1862 年 12 月因为健康原因辞职）和爱德华·贝茨倾向于温和的政策，布莱尔家族也是如此（虽然他们生来好斗）。林肯就职前，苏厄德就倾向于温和的政策，现在依旧没变。他这种态度源自他乐观的天性，战争刚一打响的时候，他就坚信联邦一定会赢，奴隶制也一定会被摧毁。大局已定，何必逼得太紧？而蔡斯和他在国会的朋友（查尔斯·萨姆纳、本杰明·韦德）则将自己划归为激进派，斯坦顿也属这一派。

无论对事态发展还是对人，林肯都应对有方。他设法让自己站在共和党论争的中心，对于内部矛盾哪怕不能处理得皆大欢喜（总有一群共和党人对什么都欢喜不起来），至少也不会完全失控。有份报纸这样评价林肯的手腕："一人骑两匹马，这种技术可不是只有马戏团才有。"

林肯一边维护联邦，一边让共和党朝它的奋斗目标更进一步，而共和党的奋斗目标就是他曾对亚历山大·斯蒂芬斯说的："我们认为（奴隶制）是错误的，应该加以限制。"

在奴隶制扩张这个问题上，林肯曾跟其他共和党人说过他的态度——绝不动摇。但事实上，他还是稍稍动摇了，他允许新墨西哥区域（新墨西哥州再加上亚利桑那）蓄奴。但他坚决反对在中美地区或加勒比地区蓄奴。南方脱邦，南方的国会议员自然也退出联邦政府，共和党人在白宫和国会山都处于统治地位，这让悬而未决40年之久的区域问题尘埃落定。1862年5月，国会正式宣布在所有区域废除奴隶制。

林肯还通过其他方式表明他坚信奴隶制是错误的。1861年12月，林肯呼吁在外交上承认利比里亚和海地。利比里亚是美国殖民协会的项目之一，而海地则在 18 世纪已经解放——那是现代史上规模最大的奴隶解放。在外交上承认这些国家就相当于声明对奴隶制和种族的立场，一份民主党报纸担心“人高马大的黑鬼”大使们会来华盛顿。

哥伦比亚特区已经废除了奴隶制，林肯早在 1837 年就探讨过这个目标，1862 年夏，国会通过法案立刻解放特区的奴隶并赔偿奴隶主。不过林肯向来主张逐步地而不是一下子解放奴隶，他还担心这一法案对边界州的影响，但他还是在法案上签了字。

自 1808 年起，从海外贩卖奴隶就是非法的。从 1820 年开始，贩卖奴隶同海上抢劫一样是死罪。虽然美国设有专门的海上中队抓捕贩运奴隶的船只，但是迄今只有一人获判，且量刑很轻（虽然也判了罚款，但被布坎南总统赦免）。1861 年 11 月，缅因州波特兰市的奴隶贩子纳撒尼尔·戈登（Nathaniel Gordon）船长在纽约市接受审判并被判处死刑。（他在刚果河被抓，当时他的船上装载 900 多名奴隶，正驶往古巴。）处斩前，林肯给他两周的时间让他做好灵魂上的准备，但林肯警告他说“人类权威不会宽恕(你)，对此不要抱有幻想”。1862 年 2 月，戈登被绞死。

林肯继续思忖设立殖民地的问题，在他看来，这是解决奴隶制问题的步骤之一。当年在针对德雷德·斯科特案做的演讲中，林肯把黑人比作《圣经》中的犹太人，他们都注定要回归属于他们自己的家园。作为总统，林肯想的这个黑人家园不是利比里亚而是中美地区。巴拿马地峡的奇里基海岸似乎很合适，据说那里有煤矿，而巴拿马地峡又是个繁忙的贸易线。布莱尔家族热情地支持设立殖民地，在他们看来，把自由黑人送到那里会打开美国在加勒比海盆地的影响。奴隶主一直梦想着向南扩张，不过林肯和布莱尔家族想的是，只有黑人自己前往，奴隶主就别去了。

1862年8月，林肯要求会见一个由黑人奴隶组成的代表团来推动他的中美洲计划，代表团里的代表都是由华盛顿各教堂选派的。林肯说奴隶制是“人类遭受的最大的冤屈”，但林肯同时还说黑人不能和白人享有平等的待遇：“我把这个我们必须面对的事实摆在这里，即便我想改变这个事实，我也没有这个能力。”那为什么黑人不搬到别的地方去呢？为了鼓舞他的听众，林肯把移民将经历的辛劳和乔治·华盛顿在独立战争时期经历的艰险作比：“但是（华盛顿）觉得很幸福，因为他在为自己的族人谋求福利。”讲话结束时，林肯又像拍卖商一样展开敦促攻势：“有没有一百个明智之士愿意一试？”“五十个？要是有二十五个……”但席上的听众只想继续留在他们现在住的地方，其他哪儿也不想去，所以虽然在林肯面前未置可否，但私下他们谁也没有接受林肯的提议。（另外，后来人们发现奇里基海岸的煤矿等级太低，没法用）。设立殖民地计划一如既往没有成功，但这次会议还是有一个重要的意义：这是美国总统第一次在白宫接见黑人代表。

这样的工作本该是在和平年代开展的，一方面总统要有坚定的信心，另一方面国会大多数又表示支持，但是林肯不得不在战时在奴隶制问题上运用共和党的奋斗纲领。怎么处理叛乱分子手中的奴隶？怎么处理逃跑的奴隶？又怎么处理仍效忠联邦的蓄奴州的奴隶?

战争刚刚打响的时候，林肯任命约翰·弗里蒙特（第一位共和党总统候选人）出任西部战区司令，负责密苏里州。1861 年 8 月，弗里蒙特颁布战时法规并解放了邦联奴隶制同情者的奴隶。林肯不希望自己的将领私自颁布政策，尤其不希望他们颁布解放奴隶的政策，因为附近的蓄奴州肯塔基仍在观望。如果弗里蒙特需要叛乱分子手里的奴隶来充军，林肯写道："他可以抓他们来用，紧急需要过去后，关乎未来的决定就不是他分内的事了，应该由立法者而非军人来定。"后来弗里蒙特涉嫌受贿，林肯借此机会罢免了他。

但另一位将领提议的一项政策林肯欣然接受了。这位将领是来自马萨诸塞州的民主党人本杰明·巴特勒（Benjamin Butler），在 1860 年没完没了的民主党大会上，他一直投票给杰弗逊·戴维斯，希望他能当选总统。但南部多州脱离联邦后，他一直效忠联邦。1861 年春，作为马萨诸塞军团总司令，巴特勒驻守在詹姆斯河河口的门罗堡（Fort Monroe）。他在弗吉尼亚海岸发现许多从叛乱州逃出的奴隶。休战期间，这些奴隶的主人要求联邦军将这些奴隶遣送回去，但巴特勒拒绝照办，他把这些奴隶叫作"违禁品"（战时可以扣押违禁品），同时他请求白宫的进一步指示。林肯觉得巴特勒的处理办法非常有趣，还给这个处理办法起了个名字叫作"巴特勒的逃亡奴隶法"，这个办法是对潜逃奴隶法反其道而行之。如果这个办法在全国铺开，那么联邦军将会成为运输奴隶的地下铁路。林肯通过了巴特勒的办法，但他让其他联邦军司令自行决定如何处置逃跑的奴隶。林肯对弗里蒙特的处理是正确的，法律该由国会和各州的律师来制定，该由他这位总统来制定。在开战后的头15个月，国会通过了两项针对邦联奴隶制的法令。1861年夏，《没收法》颁布，这一法案规定用于邦联军事目的的财产均需没收，包括奴隶；任何在叛乱军中充军的奴隶被联邦军抓获后，或逃到联邦军后，都将自动获得解放。1862年第二部《没收法》颁布，法案规定任何叛乱分子拥有的奴隶落入联邦军手中后均自动获得解放——不管其是否在邦联军中服役。这实际上是将巴特勒将军的"违禁品"办法合法化了。

同时，林肯努力说服仍旧效忠联邦的蓄奴州解放他们的奴隶。在密苏里、肯塔基、马里兰和特拉华约有50万奴隶（其中3.5万在邦联境内）。林肯希望边界州奴隶主解放他们的奴隶，奴隶主会获得补偿。

国父们曾计算过解放美国所有的奴隶需要多少钱。1819年，美国有150万奴隶，依据詹姆斯·麦迪逊的计算，解放这些奴隶并把他们运输出境需要6亿美元；5年后，托马斯·杰弗逊估计需要9亿美元。但这是老一辈人的想法（杰弗逊已经告诉过爱德华·科尔斯解放奴隶是年轻一代的事）。现在，由于战争的压力，有偿解放奴隶迫在眉睫。

林肯认为把人作为财产是错误的，但是在现存的体制下，奴隶就是财产。他们的主人应该为损失财产得到补偿，而且补偿很明显会让奴隶主更愿意解放手中的奴隶。1862年3月，林肯让国会向任何解放奴隶的边界州提供补偿，7月，林肯呼吁边界州政治代表团赞同这一举措。他告诉代表们如果战争继续，那么战争带来的“摩擦和磨损”就会让奴隶制走向灭亡。现在终结它岂不更好，还会得到补偿。如果边界州废除奴隶制，那么邦联就不会再把边界州拖入自己的阵营。林肯和特拉华州独立交涉，因为特拉华很小所以比较容易说服。林肯提出在未来 31 年里，也就是截止到 1893 年，逐步向其提供 71.92 万美元补偿用于解放奴隶。

但是没人响应。林肯是肯塔基人，他同情边界州，但他过于自信地认为边界州也和他是一样的想法。他憎恶奴隶制，他以为边界州的人当然也憎恨奴隶制。可惜时机未到。

但林肯还有另一个计划。1862 年 7 月，他对他的内阁读了一个声明的草稿，也就是他的另一个计划。这个声明包含第二部《没收法》和林肯有偿解放奴隶的打算，但还包含了一个新的想法，即截止到新年，邦联境内的所有奴隶均获解放。内阁成员先是目瞪口呆，但等他们缓过神来，大多数都赞成这项计划。不过苏厄德认为这样的声明是要在战争胜利后公布的，现在公布有走投无路之嫌。半岛行动（Peninsula Campaign）刚刚陷入僵局，也许约翰·波普能给联邦带来捷报。

就在大家等待捷报的时候，霍勒斯·格里利于 8 月 20 日在《纽约论坛报》撰文《两千万人的祈祷》（两千万约为仍效忠联邦地区的人数总和，边界州不算在内）抨击林肯。格里利写道：“联邦的事业遭遇重创，因为错误地拖延了奴隶制问题。”奴隶制是矛盾的根源，林肯应该掘地三尺把它挖出来。格里利敦促林肯更积极地推行第二部《没收法》。

林肯给格里利回复了一封信，格里利将信刊登出来，这封信似乎打消了格里利的担心。林肯写道："我的首要目标是维护国家的统一……既不是为了保卫奴隶制，也不是为了摧毁奴隶制。如果不用解放奴隶就能够维护国家的统一，我就不解放奴隶。如果需要解放所有的奴隶才能维护国家的统一，那么我就解放所有奴隶。如果只解放一部分奴隶，而让另一部分奴隶依旧是奴隶，那样能确保国家的统一，那么我也会那样做的。"草率的读者会把目光聚焦在林肯的第一条假设上，也就是不用解放奴隶就能够维护国家的统一，但其实林肯这个尚未颁布的声明的真正意图是第三个假设——通过解放部分奴隶来确保国家统一，他借回答格里利的疑惑让国人了解他的想法。

8月末，约翰·波普带来的战报就是第二次布尔河战役，近似捷报的战报要等到9月17日的安蒂特姆战役后才会传来。5天后林肯召见了内阁。

他先是读了一段幽默大师的话，这次不是彼得罗利姆·V.纳斯比（Petroleum V. Nasby）而是阿蒂默斯·沃德［这是另一个俄亥俄州记者查尔斯·法勒·布朗（Charles Parrar Browne）的笔名，布朗此前是《克利夫兰老实人新闻报》（*Cleveland Plain Dealer*）的记者］。沃德是一个像P.T.巴勒姆一样的娱乐经理人，他正在纽约的尤蒂卡展出《最后的晚餐》的蜡像模型，突然"观众中的一个混球起来攻击犹大的蜡像，说'犹大不能出现在这个鬼地方却没受到任何惩罚'，说着他砍下了犹大的脑袋"。林肯为什么要选这个时候读这个故事？犹大是整个基督世界的叛徒，在1862年9月，谁是犹大？民主党（当然还有邦联）会谴责林肯，说他将要采取的行动就是背叛自然法则。但林肯认为叛乱分子及其面前的懦夫是犹大，他们背叛了国父们，因为他支持奴隶制或对奴隶制无动于衷。（在皮奥里亚演讲中林肯说："我们共和的外衣陷在泥泞中，沾满尘土。"）如果林肯不是犹大，那么他到底是有效地打击了叛徒呢，还是只不过像笑话中的那个"混球"。和其他很多喜剧演员一样，林肯带着假面说出自己的隐忧。

接下来林肯开始进入他的声明，是时候发布这个声明了。林肯说："在安蒂特姆战役之前，我就对自己、对我的造物主许下承诺。"（蔡斯在日记中记录了当时的场景，他记录说林肯在说"对我的造物主"之前稍作犹豫。）

林肯开始读他的草案。自1863年1月1日起，"凡在当地人民尚在反抗合众国的任何一州之内，或一州的指明地区之内，为人占有而做奴隶的人们都应在那时及以后永远获得自由。"（元旦时，林肯会说明哪些州和哪些州指明的哪些地区。）声明余下的部分确认了有偿解放奴隶、设立殖民地和第二部《没收法》。除了蒙哥马利·布莱尔外，其他内阁成员都赞同这一声明，布莱尔担心这个声明将会对共和党在11月的大选产生不利影响。

在对奴隶制问题从未间断的探讨中，林肯一直在慢慢摸索，但他还是走在了最前面，他希望联邦在对其效忠的蓄奴州通过补偿来结束奴隶制。1862年12月，林肯让国会批准一项宪法修正案，规定在1900年以前买尽诸州的奴隶。（国会没有应允。）但新年过后，联邦将考虑在邦联诸州废除奴隶制。

南方各报纸谴责林肯煽动种族战争。林肯从来没有惧怕过这样的事，现在也不会惧怕。约翰·布朗没有掀起种族战争，因为正如林肯在库珀联盟学院的演讲中所言，奴隶们觉得他是个疯子。第二部《没收法》已经是在鼓励邦联的奴隶出逃——如果他们逃得了的话。而林肯的声明则是在告诉他们只要他们安分守己坐等联邦军打过去，他们就自由了。

林肯在这两份宣言（9 月的宣言，即《解放黑人奴隶宣言(草案)》和最终的《解放黑人奴隶宣言》）中使用的语言平白朴实，语气平和。《解放黑人奴隶宣言》也只是在偶尔几处稍稍提振了语气，例如"万能上帝的伟大恩典"，"在那时及以后永远"(这像是在法律措辞中"找到"了诗的语言)。林肯始终尊重法律，因为他应对的问题在本质上是个法律问题。正如《解放黑人奴隶宣言》中所言，这是个战时战略，是"一个适当的、必需的战略措施以镇压……叛变"。林肯之所以有权颁布这一宣言是因为他是"武装叛乱时期的……全军总司令"。

早在建国之初就有人提出联邦政府有可能凭其战时特权来解放奴隶。1788 年，帕特里克·亨利（Patrick Henry）为阻止弗吉尼亚认可宪法进行最后一搏，他警告弗吉尼亚说宪法序言部分的措辞将允许国会在战时解放奴隶让其充军。"他们（国会）不是有权为总体防御和大众福利未雨绸缪吗？难道他们想不到这些都需要废除奴隶制吗?"詹姆斯·麦迪逊坚决捍卫宪法，对亨利的这一攻击嗤之以鼻："任何美国人都不曾有过这样的想法，我相信永远也不会有。”但是，在 19 世纪 30 年代和 40 年代，约翰·昆西·亚当斯就有了这样的想法。在卸任总统担任国会议员期间，亚当斯极力认为如果美国遭遇入侵或发生奴隶起义，而且形势严峻需要美国采取行动，那么国会就可以凭借战时特权解放奴隶。

帕特里克·亨利的预言记录在《埃略奥特的辩论》中，而林肯有这份史料。约翰·昆西·亚当斯的这一想法在共和党内人人皆知，1860 年总统大选准备阶段查尔斯·萨姆纳曾让查尔斯·弗朗西斯·亚当斯将他父亲的演讲稿刊登出来。林肯对这一想法的唯一革新之处是作为总统实践了这个想法，但只有在身为全军总司令镇压叛乱的时候才能这样做，因此才有了林肯这种谨慎的法律措辞。

《解放黑人奴隶宣言》也受到地域限制，林肯解放的是仍在联邦控制范围内的奴隶。从《宣言》覆盖的区域就可以看出 1863 年 1 月间联邦军的军事进程。1862 年 5 月攻下的新奥尔良和路易斯安那东南部的几个行政区不包括在内，弗吉尼亚东南部（这里是联邦军半岛行动的根据地）也不包括在内。安德鲁·杰克逊在 1862 年 3 月被任命为田纳西联邦军事总督，他要求整个田纳西豁免。当然《宣言》对若干效忠联邦的州——密苏里、肯塔基、马里兰和特拉华——是不适用的，对弗吉尼亚西北部的某些郡也不适用，因为他们逐渐形成了一个新的效忠联邦的州——西弗吉尼亚州，他们不在叛乱阵营。林肯作为全军总司令的权力在全联邦范围内有效（比如他暂停了人身保护权），但作为全军总司令解放奴隶的权力则另当别论了。

即便如此，《解放黑人奴隶宣言》说明共和党的方案已迅速铺开。1861 年，林肯和他的政党认为奴隶制是错误的，应该加以限制。到了 1863 年，他们则认为奴隶制是错误的，在叛乱分子控制的区域应强制废除奴隶制。这一变化源自战争的压力，就像林肯后来在 1864 年所说，情势所迫他身不由己。不过，林肯善于应势而动。

对内阁，林肯说他选择这样的时机公布《解放黑人奴隶宣言》是因为他曾对他的造物主许下承诺。但这个宣言也让他能够改变多年前他处于绝望时对自己形成的看法。1841 年，林肯与玛丽·托德分手，他也随之陷入无边的绝望，那时他对乔舒亚·斯皮德说自己一无所成，世人不会记得自己曾来过这个世界。20 多年后，斯皮德来华盛顿看望林肯时，林肯回忆起当年的那次谈话并“特别强调”说，感谢《解放黑人奴隶宣言》，世人终将记住他了。

第十三章

宪法序言

林肯的政策，国父们帮不上什么忙，因为国父们从未遭遇过全国范围的叛乱，也从未被是否要解放全国范围内的奴隶这样的问题困扰过。但林肯继续用国父们的原则来指引自己，在 19 世纪 50 年代的时候，他就发现这些原则就潜藏在《独立宣言》和美国宪法里。在总统任期的前两年半，林肯格外潜心研究宪法序言，尤其是序言中的头几个字——我们……人民。在林肯看来，宪法表达了一个真理，一个和《独立宣言》同样不容置疑的真理：人生来平等。

林肯不写日记，他写的信件多数都很正式，但是他某些关于建国文献的想法还是通过文字记录了下来。

在 1861 年 1 月，在他就职前夕，他粗略记录了他如何看待《独立宣言》和宪法之间的关系。具有讽刺意味的是，触动他产生这种看法的是他的老同事亚历山大·斯蒂芬斯在 1860 年年底写给他的一封信，斯蒂芬斯写此信的目的是让林肯谴责约翰·布朗的突袭，信中写道："您现在说一句合乎时宜的话就像'金苹果镶在银器物上'。"斯蒂芬斯引用的《圣经》（箴言 25：11）里的话，据说是所罗门建议如何在皇宫里谨言慎行时说的，"不要发表你的想法”（箴言 25：6），只说适宜的话，那才是金玉良言。林肯没有答应斯蒂芬斯的请求，但是他借用了斯蒂芬斯用到的这句经文。南方前路未卜，而斯蒂芬斯想为南方讨个确定的未来。林肯想理清自己的思考：美国是什么体制？为什么是这种体制？

他在给自己的备忘录中写道，《独立宣言》中表达的是“所有人都享有自由的原则”，就是因为这个原则才有了独立战争。如果受压迫的人只是为了换一个奴役自己的主人，那么他们绝不会像我们的国父们那样拼死相搏、历尽艰辛。一个月后，林肯在新泽西州的议会上发表演说，演说中他提起了威姆斯和特伦顿战役，也就是此时他说出了自己的上述想法。

在给自己的备忘录中，他用到了《圣经》中的《箴言》。“在那个时候说出那样的原则，是‘合乎时宜’的，它就是我们的‘金苹果’。联邦和宪法是盛装苹果的‘银器’……银器是用来装‘金苹果’的，而不是‘金苹果’为银器而存在。”《独立宣言》是目的，宪法是手段。那么《独立宣言》比宪法更重要吗？事实上，二者并无区别。林肯接着说：“让我们既不要伤害银器物，也不要伤害金苹果。”《独立宣言》与宪法实为一体，密不可分。

对于自由和宪法林肯还有一个独特的思考，这次不必引经据典，但感触同样深切。他在写给亨利最小的儿子约翰·克雷的信中表达了他的这一思考。1862 年 8 月，效忠联邦的肯塔基人克雷把他父亲的鼻烟壶寄给林肯。林肯对他的礼物表示感谢，同时感谢他仍坚定不移地效忠联邦。约翰还向林肯表达了他的母亲也就是亨利 81 岁的遗孀对他的问候。想到这位老妇，林肯深受触动。

多年前，林肯为独立战争烈士遗孀、年迈的丽贝卡·托马斯出庭辩护，那位老妇也让他深受触动。林肯在给约翰的信中写道："虽然他（亨利）已经故去，但他仍在你我中间，呼唤我们与他联起手来。我听到了他的声音，一如既往地为联邦、为宪法、为人类自由大声疾呼。"林肯收到了馈赠，而他回馈的是不忘先人遗志。就像对待杰弗逊一样，林肯念念不忘的是克雷身上最伟大的品质——不是他的权力，不是他旺盛的斗志，甚至不是他卓越的辩才，而是他为自由和宪法鞠躬尽瘁的精神。

这封信中还有一点不容忽视：先人虽死犹生。亨利·克雷还在某处活着，他借儿子和夫人之口继续疾呼，他仍旧活在此时此地。先人并非一去不返，他们还在与世人继续交流。

亚历山大·斯蒂芬斯和亨利·克雷的家人做出了不同的选择，但他们给了林肯相同的感触：《独立宣言》、有关自由的文件、宪法、法律条文，这一切都是紧密相连的。

这些想法林肯并非想想而已，他在若干公开场合一再指出建国文献是根本的根本。对于自己到底在做什么，林肯可能会顾左右而言他。在给霍勒斯·格里利的信中说到解放奴隶时便是如此，但是说到为什么要做这一切，林肯则是直截了当。

林肯就职后第一次详尽地、公开地说明自己的想法是在1861年7月4日的特别国情咨文中。萨姆特堡失守后，林肯召集国会会议，就是在这次会议上林肯发布了这份特别国情咨文。（通常，国会整个夏天都休会，10月召开例会。但是依据宪法第二部分第三条，总统有权在“特殊情况下”召集会议。）在咨文中，林肯回顾了截至目前的战情：萨姆特堡失守、弗吉尼亚脱邦、肯塔基宣布中立、第一次暂停人身保护权。林肯要征集 40 万军人，军费开支预算 4 亿美元。（战争结束时，联邦征集了大量军人，军费开支也远远超过预算。）

虽然有政务和军务缠身，林肯还是挤出大量时间研究《独立宣言》和宪法。他这样做不是依例行事，也不是以此来装点自己，他想证明他的行动方针以及这个国家的命运都有赖于建国文献。

他嘲笑邦联篡改这些建国文献，他写道：“我们的敌人采纳了《独立宣言》中的内容，但他们的宣言和杰弗逊执笔的那份伟大的旧宣言不同，他们删去了‘人生来平等’……他们还制定了一部临时宪法，这部宪法的序言和华盛顿亲自签署的伟大的旧宪法的序言不同，它删除了‘我们……人民’，代之以‘我们各独立州的代表们’。”邦联人已经忘记了建国文献，忘记了这些文献的作者、签署人和准则，他们抛弃了人民的权利和人民的权威。

林肯在这里援引的是同年 2 月邦联在蒙哥马利通过的临时宪法，而不是 3 月最终敲定的邦联宪法。后来的这部宪法的确是这样开篇的：“我们美利坚联盟国的人民，每个州都拥有独立的主权。”先前的宪法中省去“我们……人民”是个疏忽吗？所以在后来的宪法中纠正过来？又或许是后来的宪法依旧更看重“州”而非“人民”？林肯相信是后者。

叛乱分子的“独立宣言”真意何在，谁都不会弄错。宪法最后提到的佐治亚州的愿望是“为我们的自由、平等、安全及和平寻求新的保障。”但读其上下文便可知，佐治亚州要保障的自由是拥有奴隶的自由，要保障的平等是它和兄弟州之间的平等。

邦联宣称其以自己的方式信守国父们的原则。它的副总统亚历山大·斯蒂芬斯在“基石”演讲中为它开辟了一个全新的方向：公开否定国父，向全世界宣告在奴隶制问题上国父们错了，要纠正他们的错误。斯蒂芬斯的听众为他鼓掌，但邦联并不想这么激进。邦联发行的 10 美分邮票上印的是杰弗逊的头像，20 美分的邮票上印的是华盛顿的头像，5 美分邮票上印的则是杰弗逊·戴维斯的头像。邦联也想做国父们的儿子。林肯本该拆穿他们虚伪的面目，邦联把国父的头像印在邮票上，却没有谨遵他们的思想。邦联不仅是一伙叛乱分子，还是一伙破坏分子，他们在捣毁这个国家的同时将国父们的思想统统抹杀。

一个新的想法逐渐形成，对此特别咨文起到了重要的作用。这个思想源自宪法序言，尤其是序言中的“我们……人民”这几个字。

1787 年 9 月制宪会议进行到最后阶段，一个五人组成的委员会最终生成了宪法的终稿及其序言。这个五人小组里有两位是制宪会议上最年轻有为的成员：詹姆斯·麦迪逊和亚历山大·汉密尔顿。但到了林肯生活的年代，人们已经知道宪法的实际执笔人是带着假腿的来自宾夕法尼亚的代表古弗尼尔·莫里斯。

林肯在库珀联盟学院的演讲中称古弗尼尔·莫里斯是个了不

起的反对奴隶制的人。他在制宪会议上对奴隶制和奴隶贸易的谴责让人热血沸腾。（他说奴隶制是“上天的诅咒”，奴隶贸易是“对人类最神圣的法规的蔑视”。）莫里斯有很多其他的品质让他与众不同，有好的也有坏的。他英俊潇洒、聪明睿智、见解独到，可他也高傲自大、缺乏耐性，不是不屑就是不悦，偏又从不忌惮说出自己的感受。虽然莫里斯的腿是因为在马车事故中受伤截掉的，可也有传闻说他是因为从情人的窗户跳出来摔伤了腿才这样的。（截肢后，他的朋友约翰·杰伊说他也许还“失去了点别的”。）莫里斯的缺点（还有他的优点）让他不能像杰弗逊那样在政途上风生水起。杰弗逊随他起草的《独立宣言》成为千古美谈，而莫里斯注定不能同他起草的建国文献共进史册。

莫里斯将自己最优秀的品质融入了宪法序言。制宪会议经过一个夏天面红耳赤的争论、协商达成了一些一致意见。一个细节委员会将这些一致意见集合起来形成一个最初的草稿，莫里斯就在这个草稿的基础上开始起草宪法。这个最初的草稿不过是列了一些州和一个法令，从北一路列举到南面的佐治亚，“我们来自以下诸州的人民：新罕布什尔、马萨诸塞、罗得岛……”，“制定、宣布并确立以下宪法……”

莫里斯用一句话来代替草稿中的这段文字。这句话短小精悍，独立成段，说明政府存在的目的，也就是构建一个更完美的政府、建立公正等等。莫里斯将草稿中列举的州统统删掉，只留下“我们美利坚合众国的人民”。

莫里斯这样做的部分原因是顺应一个尴尬的事实：罗得岛拒

绝参加制宪会议。7 月，纽约州的三个代表中有两个愤愤地回纽约州去了，只留下亚历山大·汉密尔顿，虽然宪法制定好以后汉密尔顿愿意在上面签字，但他觉得他自己一个人无法代表纽约州。于是，在只有 11 个州出席的情况下，制宪会议无法在不违背诚实原则的前提下在宪法开篇把 13 个州全部列举出来。

但是，“我们……人民”也不仅仅只是措辞上的权宜之计，只要是宪法惠及的人，只要是得到宪法授权的人都被包含在这几个字里。制宪会议期间的所有角力与权衡无非是要设计出一个能够公允地表达所有人意愿的政府，代表们无数次说过这一点。麦迪逊专门分析研究宪法的牵制与平衡，他说宪法在巧妙防御“民主弊端”方面的努力“符合民主的政府形式的要求”。汉密尔顿是制宪会议中的顶尖精英，他花了一天的时间不断演说，提倡参议员和行政管理人员终身制，他坚持说将此纳入宪法不会改变宪法的共和性质，因为依据宪法，所有的政府工作人员都是“由人民、或源自人民的选举程序”选出来的。后来，汉密尔顿说现在在座各位代表将永远决定共和政府的命运。

在宪法余下的部分，莫里斯两次提到人民，但都是暗示。政府的最后一个目的是确保“我们自己及我们的后代”（现在的人和未来的人）能安享自由带来的幸福。于是，在这个长句的句尾出现这句话的动词：“我们……人民……制定和确立”宪法。人民必须采取行动，他们必须制定和确立宪法，这样他们的子孙后代才可从中受益。

1787 年 9 月 12 日，委员会把莫里斯起草的宪法呈给大陆会议，接下来五天是对这个草案进行最后的争辩和调整。但是代表们对新的序言或新的宪法开篇没有提出任何异议。到林肯成年时，这一切都记录在了麦迪逊的《弗吉尼亚笔记》中。

所以当林肯在咨文中说到“人民”的时候，他实际上是在追随宪法序言的精神，并效仿它的措辞。他把美利坚合众国称作“一个符合宪法的共和国，一个民主政府，或曰一个民有、民治的政府”，接下来他继续写道，制定宪法的力量“在宪法序言便说明自己是‘我们……人民’”。对于眼前国家面临的战争，林肯写道，“它在根本上是人民之间的斗争”，是那些采用尊重人民的宪法的人和采用贬低人民的宪法的人之间的斗争。

如果镇压叛乱是人民的斗争，那遭殃的是什么呢？

其中之一是经济，林肯在特别咨文中讨论了这个问题。林肯非常在意这个问题，即所有人都有权为自己工作。当年不再被托马斯·林肯当作苦力租出去的时候，林肯就获得了这种权利。一个黑人女子如果她能吃上靠自己的双手挣来的面包，那她也可以获得这种权利。林肯这样写道：“联邦要改善人民的境况，把人为的重担从所有人的肩膀上卸下来，为人民追求美好目标扫清道路。”林肯的联邦是由千百万个白手起家的林肯和白手起家的黑人女子构成的。

林肯所谓的人民的斗争除了经济上的意义还有政治上的意义。在林肯看来，美式共和国的本质是民主，这对于他所领导的政府和他所指挥的战争都有着重要意义。

在特别国情咨文中，林肯直接把立宪共和制等同于民主

（“立宪共和制或民主”）。从政治科学的角度来看，这样说是草率的。历史上并非所有的共和制都是民主的，也并非所有的民主都长久地采用共和制的形式。国父们非常清楚古代社会的民主存在的种种弊端。现代社会的民主经历了阴险的变革——有专制意味的公开投票，一人投一票，且只能投一次。波拿巴家族，也就是拿破仑和他的侄子拿破仑三世，就是凭借这种民主掌握了法国政权。

虽然民主有种种危险的弊端，但它已经进入美国人的生活习惯和美国的政治体制，而且美国的共和制也日益民主。国家政党便经历了一系列民主革新，而且同宪法的革新史一样久远。1804年通过的宪法第十二修正案将一个总统候选人和一个竞选搭档（候选人都是由党派选出来）构成的竞选模式写进宪法。在林肯有生之年，第一个诞生的共和党后来更名为民主党，而这个党的代表人物安德鲁·杰克逊是个平民主义者。年轻时的林肯曾将杰克逊视为恶鬼，不过林肯最喜欢的两位总统候选人都是通过走平民竞选路线入主白宫的，这两位候选人分别是威廉·亨利·哈里森（1840 年参加竞选）和林肯自己（1860 年参加竞选）。

根据宪法，美国人民的声音会经过多重过滤：参议院使得各州平等；国会两院和一个行政体相互制衡；法官是由代表选出来的，而非彼此之间相互推选。林肯作为保守的律师和政治家赞同所有的这些机制。虽然在民主制度内，选举会带来系列后果，林肯还是决意将其贯彻到底。共和党恪守法规，其候选人在 1860 年入主白宫是人民的选择。无论它的政敌如何联手攻击，都无法把他从白宫赶出去。人民已经说出了他们的愿望，那么林肯就要达成他们的愿望，直到他们改变自己的愿望。因此他和他的政党在就职前没有做出妥协放弃他们的纲领，而且他们也绝不会退缩，除非人民通过投票指责他们。林肯在特别咨文中写道："应该由人民自己而不是人民的公仆来撤销他们慎重的决定。"

人民的斗争还有一层意义——道德层面的意义，人民有责任纠正自己的错误。这就是为什么林肯不断强调解放奴隶的同时补偿奴隶主，这样做不仅仅是为了贿赂奴隶主让他们解放奴隶，也不仅仅是为了缓解其失去财产的痛苦，这样做是为了让所有从奴隶制中获益的人都感受到奴隶主所感受的痛苦。林肯没有在特别咨文中提到这一点，但在 1862 年，他敦促国会通过一项法案，规定截至 1900 年通过补偿奴隶主的方式解放所有奴隶，这时他一清二楚地说明了自己的想法："我们每个人都会用到棉花和糖，并从棉花和糖的交易中获益"，谁能说在维持奴隶制的问题上"南方的责任比北方的大"？如果南北方都有责任，"那么结束奴隶制的代价由南北方共同承担岂不是很合理吗"？

用切实行动来纠正自己的错误，这就是林肯式的"人民主权"。

林肯一次又一次回到他的"人民的斗争"这一想法。他回想起 1862 年 7 月，他恳请边界州政界接受有偿解放奴隶的办法："我恳求你们……因为你们将会让这个由世界上最优秀的人组成的政府永远存在下去。" 1862 年 9 月，一个来自芝加哥的代表团让林肯颁布《解放黑人奴隶宣言》，林肯只是在等一次重大的胜利作为合适的时机颁布宣言，不过他带着几分酸涩对代表团说，联邦“已经找到了一个为之战斗的原则”——“立宪政府岌岌可危”。

联邦军在安蒂特姆离胜利仅几步之遥，这给了林肯颁布《解放黑人奴隶宣言》的契机，可接下来的战事除了失利便是僵持不下。联邦军在弗吉尼亚的弗雷德里克斯堡和钱瑟勒斯维尔更是遭遇惨败。在西部，尤利西斯·格兰特倾力要削弱维克斯堡的战斗力——维克斯堡在孟菲斯和新奥尔良之间，是邦联在密西西比河上的最后一处堡垒。连续数月进攻与佯攻，拼力挖沟建渠，格兰特终于在 1863 年包围了这座城市，但邦联军仍负隅顽抗。

在东部地区，邦联军决定再次向北推进。1863 年 6 月，联军渡过波托马克河进入马里兰并继续向北进入宾夕法尼亚中南部。林肯任命了一个新司令——乔治·米德（George Meade）——前去应战，7 月 1 日，联邦军和邦联军在哈里斯堡西南 45 英里处的葛底斯堡（Gettysburg）正面遭遇。经过三天激战，进犯者惨败后撤退。

联邦军喜获两次胜利——葛底斯堡大捷和维克斯堡大捷（邦联军最终向格兰特投降），又恰逢 7 月 4 日国庆节，联邦上下欢腾。这是个不可多得的回顾历史、总结政治经验的机会。一群人欢天喜地地聚在白宫门口，当然林肯抓住了这个好机会给他们做了演说。“有多久了？80 多年了，80 多年前的 7 月 4 日，在这个世界上第一次有一个国家宣布了一个不言自明的真理——人生来平等。”接下来林肯又详尽地讲了建国日和《独立宣言》。林肯说，1826 年 7 月 4 日，《独立宣言》两位“最杰出的”签署人，也就是《独立宣言》作者杰弗逊和美国独立的坚决拥护者约翰·亚当斯接受“全能的上帝召唤离开人世……而在刚刚过去的 7 月 4 日……一次规模巨大的叛乱”接连遭遇两次重创，“这次叛乱的目的就是想推翻人生来平等的伟大原则”。林肯分析了历史上三个重要的 7 月 4 日：1776 年美国独立；1826 年《独立宣言》签署人与世长辞但流芳百世；1863 年，《独立宣言》的敌人折戟沉沙。国父们已不在，但他们的杰作坚不可摧。

林肯说：“先生们，这是一个光荣的主题，在这样的时刻本该说些什么，但我想不到什么恰当的语言能配得上这伟大的时刻。”他会在别的时候找到合适的语言的。最后他赞美了联邦军队，又让随人群来到这里的乐队开始演奏。

和内战时的很多次胜利一样，联邦军在 1863 年 7 月 4 日的胜利算不上彻底的胜利。但维克斯堡大捷的确是个不小的胜利，因为它是实现“水蟒计划”的关键一步。联军在 7 月 9 日攻下路易斯安那州的哈得孙港，由此联邦控制了整个密西西比河下游地区——从伊利诺伊北角到墨西哥湾，邦联被切成两半。聪明的邦联人都明白这个损失是多么惨重。日记作者玛丽·切斯纳特说，她坐在火车上，突然有个人走进车厢，站得直直地读起手中的报纸，“‘威斯克堡陷落。’我感觉自己的头突然遭了一记重击。”

但是葛底斯堡战役后，米德的军队也遭到重创，无法乘胜追击退守弗吉尼亚的邦联残军。因此这次战役虽然重要，却并未最终确定胜负，只能是东部战场的一个战争阶段。

葛底斯堡战役是内战打响以来伤亡最惨重的一次，联邦军死了3 100人，邦联军死了 4 700 人。当时匆忙葬在战场的烈士的尸体被伤心欲绝的亲属或饥饿的野猪从泥土里翻出来。“胳膊、腿，有时是头，从坟墓里伸出来，不得安息。”多州联合组建了一个委员会负责重新安葬烈士，并打算在 11 月举行烈士陵园落成典礼。在仪式上演说的是爱德华·埃弗里特——乔治·华盛顿的热情赞美者，他在 1860 年副总统竞选中落选，虽已 69 岁但仍是美国最伟大的演讲家之一。林肯也受邀在埃弗里特讲话后“简单地说几句”。

埃弗里特讲了两个小时，而且讲得很精彩。他探究了南北冲突的原因，详尽描述了战争场面，并展望未来预言北方必胜、南北方终将重修旧好。埃弗里特的语言比亨利·克雷和克雷那代演讲家都高雅庄重。有时他的措辞让人不寒而栗，比如他在描述皮克特冲锋前的情景时说：“那可怕的沉默比杀声震天的战场还要可怕。”有时他则单刀直入、直截了当：“我把邦联挑起的战争叫作‘叛乱’，因为它就是叛乱，在这样严肃的问题上，它是什么我就叫它什么。”

埃弗里特和林肯一样没有忘却国父们，他最伟大的演说就是赞美华盛顿的。在葛底斯堡他再次赞美他：“我们的华盛顿，美利坚合众国的开创者……”他用“非凡的技能创建了一个稳固、繁荣而强大的国家”。但在这次演说中华盛顿不再是一个象征或一个符号，他有了仇敌，那就是邦联的领导人。埃弗里特一气之下把这些领导人称为“无法无天的坏蛋……为了卑鄙自私的目的，反对为人民谋福利的政府。(他们) 是这个时代的糟粕”。

仪式结束后的第二天，林肯致信埃弗里特。信中林肯告诉埃弗里特，他的演说中有两段他特别喜欢。一是赞美照顾伤员的护士那段，“乐善好义的教友们、心怀怜悯的牧师们，他们是仁慈的天使，马不停蹄地奔赴战场和医院，湿润战士们干渴的喉咙，缝合他们触目惊心的伤口”。埃弗里特在这段一开始说到护士时，既包括男护士也包括女护士，但接下来他特别赞美了女护士。而当林肯赞美这段演说的时候，说的则全是“我们高尚的女士们”。林肯在自己的演讲中很少倚重女性，他不像威姆斯那样把美国或自由描述成“她”，但某些女性让林肯侧目，让他同情——比如卢克利希亚·克雷和丽贝卡·托马斯，甚至是林肯想象出来的女性——比如埃弗里特演说中的护士或可以自由谋生的黑人女子。

林肯喜欢的另一段演说是关于宪法序言的。埃弗里特注意到宪法序言并没有列举“各州的名字”，而是申明其权威来自“美利坚合众国的人民”。过去两年，林肯不厌其烦地说的字眼正是这个。

林肯的演说 (仪式主办方称之为“献词”) 持续了 3 分钟。7 月 7 日，林肯对聚集在白宫门口的兴奋的人群做了演说，演说中提到了“光荣的主题”，林肯在葛底斯堡的这次演说可谓毫不愧对这个“光荣的主题”。有传言说，林肯是在赶往葛底斯堡的火车上匆匆地准备演讲词并将其写在信封上的。其实不然，这次演讲林肯事先做了认真准备。林肯希望战争局势现在就开始扭转，因此他借此演讲简要地解释了眼前这场战争的目的。林肯把这场战争同美国的历史以及美国的建国初衷联系起来。自从林肯在1854年皮奥里亚的演说开始，或者说自从他在1852年为克雷写挽歌开始，林肯就在不断地提及国父们，而这次演说则是对以往所有这些演说的提炼与升华。1838年，林肯在青年学园上曾提出了一个问题：逝去的国父们对后世有什么持续影响？现在林肯可以对这个问题做出更好的回答。

葛底斯堡演说算不上风格平实的现代演说的典范，这一点乔治·奥威尔在《政治和英语语言》（此文作于1946年，至今仍为经典）一文中有论述。在奥威尔看来，源自盎格鲁-撒克逊语的英语单词简单、直接，而源自拉丁语的英语单词表意复杂、玄深。加里·威尔斯（Garry Wills）注意到，林肯照自己的意愿游刃有余地使用源自拉丁语的词汇——“孕育于自由”（而非“在自由中诞生”），“献身一种理念”（而非“对真理许下承诺”）。但很难说林肯这次光彩夺目的演说是林肯与生俱来的能力使然，还是多次演讲磨炼出来的结果。但是这次演讲言简意赅，也更方便人们口口相传。

4个月前，他对白宫门口的群众演说时，以《独立宣言》开始，葛底斯堡的演说也是如此。不过这次林肯提前把数算准了，他没像上次那样发问“多久了？80多年了”，而是说“4个20年再加上7年——87年前……”他相信他的听众会在心里这样算：从1863年倒回去［（4×20）＋7］年，就是1776年。

这个开头还会让人联想到《圣经》。《旧约》中列举数字的时候多次出现“4个20”这种表达，描述人的年龄时也会用到。最闻名的一段是《诗篇》第 90 篇（人们通常认为这一诗篇是摩西写的），其中第 10 节讲的是人的寿命："我们的寿命是 3 个 20 年再加 10 年，要是身强力壮，可以活到 4 个 20 年，但他们的劳苦也要跟随他们这么久。生命很快会结束，我们也将离开这个世界。"

在为亨利·克雷写的挽歌中，林肯将克雷的寿命和这个国家的寿命联系起来。克雷在 1852 年逝世的时候是 75 岁，当时是美国建国 76 年。现在这个国家增寿到 87 岁了，比《诗篇》中说的人的寿命长，但还是有人会活到这个年岁。（大法官罗杰·托尼 86 岁还未退休。）

《诗篇》的主题是死亡（"生命很快会结束，我们也将离开这个世界"），在烈士的葬礼上说起这些再合适不过，每一个葬在这里的人都没有活到 70 岁或 80 岁，并且他们死得都很惨。但就算生活幸福无比的人早晚也会离开这个世界。

可林肯用的比喻不是关乎死，而是关乎生，尤其是新生。

他在演讲中描述了两次"新生"。第一次是 1776 年，这个国家"孕育于自由"。《独立宣言》就是出生证明，林肯引用了其中他最喜欢的一句话——人生来平等，这句话一清二楚地表明了他的想法和他推崇的原则。

接下来林肯说到了战争和其中的战役。埃弗里特已经对二者做了详尽的描述，所以林肯没有赘述，但林肯重点讲述了在葛底斯堡苦战的联邦军。林肯曾经做过一次关于战争的重要演讲，那是在 1861 年对新泽西州参议院演讲的时候，他回忆起了特伦顿战役。林肯先概述了威姆斯对战争场面的描写，然后说“那些人一定是在为某种不同寻常的东西而战”。他还说了这个不同寻常的东西是什么，即“这个联邦……和人民的自由”。在葛底斯堡苦战的将士也是在为某种不同寻常的东西而战。林肯说：“在这里奋力抗争的人们，不论是生是死都是为了‘那个理想’。”那个理想是什么呢？是证明一个孕育于自由的国家能够“经受考验”，是从容应对 11 州联手发起的叛乱，并在应对叛乱时不忘初心。特伦顿战役再次在葛底斯堡打响，并再次取得胜利。

林肯 1861 年在特伦顿的演说不仅仅只关乎战争或过去，他说生者面临着一项更重要的任务：联邦和自由必须像死去的烈士所希望的那样永久地存在下去。1863 年，在葛底斯堡，林肯认为生者面临着一个相似的任务：生者不仅要看着烈士妥善安葬，还要完成他们未竟的事业。

这个未竟的事业就是演说中说的另一个新生。“（让我们）坚定信念……在上帝的指引下，这个国家将迎来自由的新生。”

自从林肯说了“自由的新生”这个字眼，这个字眼就产生了深远影响。投机的人听到它蠢蠢欲动，胆小的人听到它战战兢兢。它到底是什么意思呢？它有确定的意思吗？它是不是意味着一切可能——比如说共产主义？独立战争期间，林肯最敬仰的外国人是卡尔·马克思。马克思是一个德国共产党员，他向霍勒斯·格里利的《纽约论坛报》投稿报道欧洲政治，同时向若干家欧洲报纸投稿报道美国政治，以此换取微薄的收入。在维也纳的《新闻报》上，马克思热情地赞扬了《解放黑人奴隶宣言》，称之为“联邦建立以来意义最重大的文件，它将旧的美国宪法撕成碎片”。

但是林肯无论说话还是写文章都力求谨慎。他通常不追求弦外之音、言外之意。如果他在葛底斯堡想表达的是改天换地这个意思，那么他会说“新自由的诞生”（或“各种新自由的诞生”）。但他说的是“自由的新生”，那么他说的自由就是老式的自由，是“我们的国父”信奉的自由，是国父们在 1776 年设想的自由。

这个自由需要新生，因为战争与杀戮让它伤痕累累。它需要新生的另一个原因是它的第一次降生留下了一个胎记，或者说一个毒瘤——奴隶制。（林肯在葛底斯堡并没有这样说，这话他只是偶尔说说，因为一旦说出口就很容易被误解为他在抨击国父们，而林肯认为国父们只是对奴隶制无计可施，并非无动于衷或另有居心。）林肯在演讲中说生者要维护国父们努力的成果，并让它充满生机活力，生者要实现国父们当初未能实现的宏愿。

这样，林肯纠正了自己多年前在青年学园演讲中所犯的一个错误。那时，林肯初入法律界，又暗暗崇拜潘恩。他虽在演讲中向国父们致敬，但同时也（不无伤感地）认为他们已经死去，成为历史。他们的确已经死去，如同亨利·克雷，如同那些重新下葬的烈士。但是如果死去的人在生前曾有理想，那么这个理想会永生，而死者也将随他们的理想获得永生。我们生者可以继承他们的理想，于是他们的理想便成了我们的理想。

演讲结束时，林肯提到宪法序言。一段仅有 272 个单词的简短演说却包含了两个建国文件（了不起）。他用到了自己在 1861 年特别咨文里的话——“民治、民享的政府”，对它进行润色，使其成为一个至高理想，并用这一理想结束这次演说："（让我们）坚定信念……民有、民治、民享的政府不会从这个世界上消失。"负责报道此次演说的美联社记者注意到，林肯说到这里时观众报以"经久不息的掌声"。

林肯这样措辞是在暗示序言中的一个重要含义。原则，哪怕是伟大的原则也需要有人来践行。如果想让民有、民治、民享的政府继续存在下去，人民就要坚定地维护它。首先他们要在宪法中确立并建立这样的政府，然后他们要明智地为它投票，必要的时候他们还要为它拿起武器。这就是"银器"的价值或曰意义：它是用来保护金苹果的。

林肯经常说他尊重人民。出于政治原因，他会说自己是人民大众中的一员。虽然他聪明睿达、高傲不屈、壮志凌云，但他始终没有脱离人民大众，有人对彼得罗利姆·V. 纳斯比和阿蒂马斯·沃德的笑话咬牙切齿，他却和民众一起对他们的笑话捧腹大笑。在 1861 年的特别咨文中，林肯赞美了"平民百姓与生俱来的爱国热忱"，"无须你多做解释，他们便知道摧毁（乔治）华盛顿建立起来的政府对他们毫无益处"。也许林肯言过其实了，平民百姓可能确实本能地了解自己的切身利益，但他们并不总是愿意行动起来捍卫自己的利益。他们需要解释，他们需要笑话（直截了当的那种），他们需要鼓舞，他们需要有人来领导。

林肯告诉斯皮德，多亏了《解放黑人奴隶宣言》，人们会永远记住他。但要是当初他没有赢得大选，他就永远无法颁布这一宣言（或保卫联邦），无法让一个政党团结在一起，无法证明他是正确的。为了这一切，林肯一方面埋头苦干，一方面老谋深算。对机会主义者他时刻提防，刚柔并济，相机进退；有公开的政治操作，也有私下的幕后交易。但让他以政治家的身份青史留名的关键是他善沟通会交流。如果他不曾说过那么多让人难忘的真言，他就不可能成就任何让人难忘的正义。

第十四章

1864—1865 年：战争与死亡

到林肯在葛底斯堡做演说时为止，内战已将持续了 2 年 7 个月，和 1812 年战争一样长，也几乎和墨西哥战争一样长。葛底斯堡和维克斯堡似乎是战争的转折点，战争似乎由此进入尾声，可是这个尾声会持续多久？战争的结局是什么？自由终获新生还是人困马乏后进行妥协？

还要付出何种代价？更多条性命，更多道伤口？1864 年，林肯开始将这场战争称之为“这可怕的战争”，这的确是美国有史以来最可怕的战争。

林肯一边思考这些问题，一边废寝忘食地处理政务和军务。在此期间，国父们一直伴随林肯左右，如今林肯的观点、方案都与国父们密不可分，但他们将会退守两旁，让另一位父亲走进林肯的世界。

林肯和他的将领实际遵照的战争方案正是“水蟒计划”：包抄邦联并逐渐收紧包围圈直至其投降。

1863 年联邦军遭遇挫折。一支联邦军试图从田纳西东南方向强攻佐治亚州，却在奇克莫加（Chickamauga）战败，被迫退至查塔努加（Chattanooga）。维克斯堡总部下令尤利西斯·格兰特命其挽回局势，并把阿拉巴契亚山以西几乎全部联邦军的控制权交给了他。11 月底，格兰特在查塔努加打败邦联军，联邦军因此可以继续向西推进。

此时是属于格兰特的历史时刻。1864 年 3 月，格兰特被召回华盛顿，接受任命统领联邦从东到西的所有军队。林肯对格兰特说自己一直想要的就是一个能够肩负重任且不辱使命的干将。格兰特让长期与他并肩作战的威廉・特库姆塞・谢尔曼（William Tecumseh Sherman）代替自己驻守在田纳西东部，而他则坐镇弗吉尼亚东北——联邦军作战指挥总部所在地。格兰特给谢尔曼的任务是拿下亚特兰大——邦联铁路系统的中枢，格兰特给自己的任务是打败镇守里士满的邦联军。

有很长一段时间，他们一次次血战却收效甚微。从 5 月初开始，格兰特在钱瑟勒斯维尔附近与邦联军大战一个月，作战地点分别是怀尔德尼斯（Wilderness）、斯波特瑟尔韦尼亚（Spotsylvania）和冷港（Cold Harbor）。这次战役格兰特将战线推至里士满以东几英里处，但仍未能突破邦联军的防线。6 月，格兰特渡过詹姆士河向南进发，试图包围彼得斯堡（Petersbury）（它是一个铁路交会点，对邦联首府物资供应和对外联络交流至关重要）。与此同时，从 5 月直至夏末，谢尔曼率军经过一系列战争从佐治亚西北角打到亚特兰大郊区。

两条战线同时开战，为的是阻止邦联军互相调兵增援。在这一系列战争中邦联军伤亡惨重，联邦军更是血流成河。到 9 月末，谢尔曼已痛失 4 000 将士，格兰特痛失 7 000 将士。（格兰特后来在回忆录中简短地写道："我总在后悔，不该向冷港发起最后那次进攻。"）虽然伤亡惨重，格兰特还是坚守在弗吉尼亚，而不是退回北方舔舐伤口。同时，谢尔曼在邦联最大的州建立了据点。

林肯鼓励他的将领继续拼死向前。在 8 月写给格兰特的简短的信中，林肯敦促他像斗牛犬一样咬住敌人不松口，咬断他们的咽喉，能咬死多少就咬死多少。

在政治上，林肯努力争取实现共和党的奋斗目标，应对内部分歧，带领共和党夺取胜利。

到 1863 年，共和党的政策已从控制奴隶制蔓延转变为彻底废除奴隶制。向这个目标迈出的最切实的一步是征募黑人充军。从 1862 年开始，堪萨斯和南卡罗来纳的联邦军里已经有黑人士兵，但是斯坦顿警告在南卡罗来纳征兵的联邦将领说："这事不能见光，因为大众暂时还不能接受这么前卫的做法。"

但是到了 1863 年 2 月，林肯认为公众的想法已经大步向前发展，他可以颁布《解放黑人奴隶宣言》了，而获得自由的奴隶"可以加入到联邦军军队中来"。这一宣言让北方的自由黑人受到鼓舞纷纷参军，这场战争现在明显也是他们的战争。1863 年，林肯写信给斯普林菲尔德的一个共和党同盟，信中林肯为这一政策进行辩护。他先假设有人抨击黑人士兵，然后用他最擅长的讽刺口吻说："你说你不愿意为解放黑人而战，可他们中有些人却愿意为你而战。不过没关系……"林肯说的是假话，但因为关系重大，所以他说得一本正经。每一项军事任务——从哨兵到死士——都有黑人的身影。到内战结束时，联邦军中有10%是黑人。

乔治·华盛顿在独立战争期间就曾领导过黑人士兵作战，描绘华盛顿军事生涯的一幅重要的油画就记录了这一点。这一巨幅油画是由伊曼纽尔·洛伊策（Emmanuel Leutze）创作的，名为《华盛顿横渡特拉华河》，曾于19世纪50年代在纽约市和国会的圆形大厅展出过。画中的主战舰上就有一个黑人桨手（可能来自第14马萨诸塞军团，这个军团的士兵是从马布尔黑德的水手中调集来的，大多是白人，但也有黑人和印第安人）。当华盛顿在特伦顿为自由而战的时候，他的身边也有黑人士兵。

但随后不久军队里就不见了黑人的身影，1792年的《民兵法》明确规定该法的条款适用于“身强力壮的自由白人公民”。安德鲁·杰克逊曾征募黑人帮他保卫新奥尔良，但那只是紧急措施。

自1863年开始，联邦军队中的黑人士兵将编制成隔离分队，由白人军官指挥。虽然如此，他们还是赢得了公民身份的一个重要标志：为国家安全而战。

在全国性叛乱猖獗的同时，共和党内部的叛乱也是此起彼伏，虽然和前者相比这微不足道，但也需要林肯花费心思去平息。共和党内整日怏怏不乐的是激进派共和党人，不管林肯做什么，他们都认为林肯晚了一步，认为要是自己处在林肯的位置会做得比林肯好。

也许他们能在 1864 年的总统大选中获得机会。美国前七位总统中有五位连任两届（华盛顿、杰弗逊、麦迪逊、门罗和杰克逊），但自从杰克逊在 1837 年卸任，就再也没有总统连任过。倒也不是没人尝试过：范布伦和皮尔斯就曾寻求过连任；泰勒和菲尔莫尔两位副总统由于总统任内死亡继任总统，任期结束后二者也曾竞选总统。但他们都失败了，总统宝座似乎开启了各领风骚仅四年的模式。

最想取代林肯的共和党人是萨蒙·P. 蔡斯。他有一台现成的政治机器：10 000 名财政部工作人员，他们会成为他的支持者，除此之外还有 2 500 名销售人员可以发展为他的支持者，因为他们向杰伊·库克（Jay Cooke）负责——杰伊·库克作为资助人负责售卖战争债券。但蔡斯操之过急。2 月，蔡斯的支持者给 100 位举足轻重的共和党人发了一个传单，内容是谴责林肯、赞美蔡斯。本来此事是要保密的，但有 100 个人知道的秘密根本守不住。这件事公之于众之后的主要影响就是让民众一下子倒向林肯。

而共和党第一位总统候选人约翰·弗里蒙特则涉入了春季的另一次激进派发起的谋反。3 年前，弗里蒙特在密苏里不合时宜地下达了解放奴隶的命令，后来还被指控贪污，由于这两件事他与林肯发生冲突，弗里蒙特对此怀恨在心。5 月末，400 名激进派民主党人在克利夫兰召开会议，提名弗里蒙特为总统候选人。

林肯深知这两人在政治上的弱点：蔡斯不善察言观色，弗里蒙特则狂妄自大。所以两人在积极筹谋时，林肯只是袖手静观，看着他们白忙一场，他甚至不屑出手报复。传单一事败露后，蔡斯提出辞职，但林肯没有应允。蔡斯 1862 年发动内阁密谋后提出辞职而林肯没有应允，这次也一样。当林肯的一位朋友对他说起克利夫兰会议时，林肯的反应是读了《圣经》中的一段话，这段话讲的是以色列未来的国王大卫，因为他将取代国王索尔，所以国王索尔对他十分愤恨，于是他就藏到了一个洞穴里。“凡受窘迫的、欠债的、心里苦恼的都聚集到大卫那里，大卫就作他们的头目，跟随他的约有四百人。”（《撒母耳记》22：2）400 个人对于一个亡命天涯的国王来说足够了，但对于总统选举来说可不够。

林肯有他的盟友，他们不辞辛劳帮助林肯连任。西蒙·卡梅伦让宾夕法尼亚州（该州是美国第二大州，它的支持非常重要）议会里所有的共和党人联名写信敦促林肯再次竞选。昔日林肯对颜面扫地的战争部长宽宏大量，如今得到了回报。

共和党于 6 月 7—8 日在巴尔的摩召开大会，在第一轮投票中林肯获得总统候选人提名。（506 票中有 22 票投给了格兰特——格兰特其实无意竞选，但最后为达成一致意见，这 22 张选票还是投给了林肯。）大会决定共和党改名国家联邦党，希望以此吸引主战派民主党人。为了这个目的，共和党还指定田纳西军事总督前民主党人安德鲁·约翰逊做林肯的竞选搭档，而不是现任副总统汉尼拔·哈姆林。

对于更换竞选搭档，林肯似乎无动于衷。并非事后诸葛，但在这样的问题上草率行事是不合适的。已经有两任总统死于任内（哈里森和扎卡里·泰勒)。这两位总统林肯都支持，但其中一位总统的继任人（约翰·泰勒）处事不当，让林肯的政党辉格党在如日中天的时候遭遇重创。

约翰逊既爱国又勇敢。到1864年，他已经放弃支持奴隶制，转而支持解放奴隶，但他的内心有太多的怨恨。这一点从他和小查尔斯·弗朗西斯·亚当斯的一次谈话就能看出来。小查尔斯·弗朗西斯·亚当斯是外交官老亚当斯的另一个儿子，南方脱邦时，他和约翰逊进行了这次谈话。约翰逊在谈话中讨论了他参议院同僚中的造反派。他先说到了佛罗里达的大卫·尤利（David Yulee)："这个卑鄙的混账东西！在众议院的时候我就知道他，一个可怜兮兮的小犹太，站在那里求我们，没错！就是求我们，求我们让佛罗里达作为一个州加入进来。好吧！我们让它进来了，罩着它，还帮它打印第安人。现在可倒好，这个可恶的叫花子居然在参议院大谈特谈它的权利!"接下来，他又说到路易斯安那州的朱达·本杰明（Judah Benjamin)："还有个犹太人，就是那个讨人厌的本杰明！在他眼里，国家就像一套旧衣裳。旧了就卖，但要是你能拿出二三百万给他，他连新的也会卖。"这是典型的反犹太言论——犹太人善变。有个事实能说明这一点：犹太人多出裁缝，而裁缝做衣服就要跟着时尚变化而变化。不过，约翰逊自己就是个裁缝，约翰逊憎恨自己，这让他更加憎恨犹太人。最后他谈到了得克萨斯州的路易斯·威格福（Louis Wigfall)："该死的无赖，身无分文。"（威格福破产了，但约翰逊自己也曾身无分文，这加深他对自己的恨意。）"最强硬的脱邦主义者连一根黑鬼的头发都没有。”居然指望这样一个人和林肯一起带领联邦赢得胜利，再协助林肯抚平战争给这个国家留下的创伤。

但人总是很少认为早亡的命运会降到自己的头上，副总统在那时不过是以防万一的宪法条例（现在也是），他的存在是必要的，不过大多数时候没什么用。所以林肯和约翰逊一同竞选。

最让林肯头疼的政治问题不是共和党内斗，而是疲劳的战争。格兰特取得的胜利燃起了北方的希望，可接下来数月战争进入僵局，希望之光也渐渐暗淡。

8 月，瑟洛·维德给苏厄德写信说林肯想要的胜利“是根本不可能的”。共和党连最极端的情况都提前想好了，要是林肯失去了纽约州、宾夕法尼亚州和伊利诺伊州的支持，那么他还有可能以 3 张竞选团选票的优势当选。如果内华达（正在经历淘银热）能赶在大选前成为独立的州，那么林肯就会有 6 张竞选团选票的优势。

8 月末，林肯给自己写了个简短的备忘录，简要地规划了如果他落选后的打算。他相信民主党政府不可能挽救联邦，那么他就要争取在民主党总统就职前的 4 个月里同当选总统联手挽救联邦。这个想法真是太绝望了——胜者为什么要和败在自己脚下的对手合作呢？但这样想是因为林肯不改初心，他将尽其所能，也是为了减轻对灰暗的未来的恐惧，他要尽力有所作为。他把这份备忘录折好，拿到了一次内阁会议上，虽然没有宣读，但他让内阁部长在上面签字，以便在将来以此来佐证他的良苦用心。林肯是这种微型舞台上表演的高手，但这次表演有情节剧的味道，时而还夹杂着自我怜悯，这都说明此时的林肯对未来不无担忧。

8 月 29 号，民主党在芝加哥举行党代会，这次大会让共和党人看到了一缕希望。第一轮投票，乔治·麦克莱伦胜出。这位“小拿破仑”看似是个不错的人选，他备受军队的爱戴，除了在战场上，他对他的士兵处处尽心尽力，他还有充足的理由厌恶林肯。但是，麦克莱伦想打赢战争，而这次党代会是主和派民主党人的天下。当大厅中的乐队奏响一支南方的曲子《迪克西》时，主和派民主党人大声叫好，他们的政治纲领是马上采取努力结束战争，麦克莱伦尽管接受了提名却拒绝遵照这个纲领参加竞选。民主党人你争我抢从不同方向同时攻击林肯，反倒让人觉得他们自己先斗了起来。

主战派民主党人和主和派民主党人在一个问题上意见是统一的，那就是种族主义。民主党竞选手册把林肯叫作“亚伯拉罕·西庇阿”（西庇阿为古罗马名门贵族，在共和国时期以军功显赫著称，曾带兵入侵非洲，并因此得名“非洲的征服者西庇阿”），还说林肯的第一戒条是“除了黑鬼以外，你不可以有别的神”。一幅民主党的讽刺画上画着共和党人和穿着低胸长裙、体态丰满的黑人女人跳舞。（接下来会发生什么，读者心知肚明。）那时人们的种族主义观念和对待种族主义的态度彼此不同，共和党人，包括最激进的共和党人在信件和闲谈中的话一不留神就会被指责为种族主义言论，但民主党人却在光天化日之下口无遮拦地谈论，并以此为傲。种族主义是一种政治纲领也是一个政治立场，民主党人都有黑人恐惧症。

民主党大会休会两天后，联邦军攻下亚特兰大，僵持不下的战争的局面总算是打破了，邦联已经以密西西比为界被切成两半。谢尔曼将军决定对其进行进一步切割，把卡罗来纳和墨西哥湾沿岸各州分开。

这一实实在在的胜利对选举动态的影响比其对战争动态的影响还大。林肯政府一下子咸鱼翻身，为了顺势赢取彻底的胜利，每一个细节林肯都不放过。9 月，为了安抚激进派共和党人，林肯让蒙哥马利·布莱尔辞去邮政部长一职，这样激进分子就会得到些许宽慰——就算没法把林肯赶出白宫，起码把布莱尔家族的一员赶出内阁。布莱尔家族胸宽似海，接受了林肯的请求。他们的想法是：只要林肯能再次当选，什么代价都在所不惜。10 月，大法官托尼 87 岁，也就是 4 个 20 年又 7 年，可谓福寿双全。蔡斯热切地想要接替托尼的职位，但林肯想在竞选活动中获得他的支持，所以直到当选后才让他如愿。

军人是共和党联盟的重要组成部分，麦克莱伦在军队中备受爱戴，不过林肯更是如此——比起军事作战上的领袖，精神和道德上的领袖更胜一筹。为了能让军人参加投票，所有办法都用上了。印第安纳州法令不允许缺席投票，谢尔曼就给印第安纳军团休假，让他们到领头羊州参加 10 月的竞选投票。

现金源源不断流向投票选举的平民工作人员。离竞选还有些时日的时候，满怀希望的维德致信林肯，告诉他纽约和布鲁克林“每一个区的物资都绰绰有余”。

大选日是11月8日，25个州参加投票。1860年支持林肯的所有的州这次依旧支持林肯，只不过林肯这次没像上次那样拿到新泽西的选举团选票。1860年大选以来，有三个新州加入联邦：堪萨斯、西弗吉尼亚和内华达（最后关头加入进来），林肯也获得了这三个州的支持。林肯还获得了密苏里和马里兰的支持，这样他一共赢得了212张选举团选票。在全民投票中，林肯的胜利也呈现出这种一边倒的局面——55%对45%（在伊利诺伊州，林肯获得与此相同的支持率）。邦联诸州当然都没有参加大选，所以才有这种一边倒的局面。但就算邦联诸州参加投票，就算麦克莱伦获得所有邦联州的支持，林肯也会赢得大选。林肯获得了超过220万张选票，比1860年多了35万张。

虽然对手机关算尽，虽然大选前忧恐不安，林肯还是成功当选了。林肯一次又一次在白宫接见平民，一次又一次撰文，一次又一次演讲，而且他的话总是井井有条，颠扑不破。虽然风云变化，战火肆虐，有一点选民是明白的：林肯是联邦的象征，是联邦伟大理想的象征。

惯例不允许林肯现身为自己竞选，不过面对复员前来白宫接受总统检阅的联邦军团，林肯还是简短地说了几句。他再次解释联邦在为什么而战，虽然不像葛底斯堡演讲时那样高亢洪亮，但依旧赤诚恳切。他对第148俄亥俄军团说："世界上再也没有哪个地方有这样一个自由平等的政府"，人民有义务把这个政府传递给"我们的孩子，再由他们一代代传下去"。自从学园演讲（《我们的制度万古长青》）到葛底斯堡演讲（《不会从地球上消失》)，林肯就一直有这样的想法。和过去 10 年一样，林肯再次回到国父那里，因为美国人薪火相传的正是他们的杰作。“我们在奋力维护父辈留下的政治体制。”这些讲话中，林肯终于说到了他真正的父亲。托马斯·林肯也生活在这个体制中，林肯说：“现在我身居白宫，你们的孩子和我父亲的孩子一样有这个机会……我们中间最卑微、最贫穷的人也有享受荣誉和高位的权利。”他的父亲给了他生命，在国父们创建的体制下，任何人想要攀登到他的位置只要有这个条件就足够了。

林肯再次当选，联邦军从中获得更多动力，这些都是林肯在一步步完成生命赋予他的任务。对逝者该怎么办呢？

林肯的祖父被印第安人杀害；在黑鹰战争中，林肯亲眼看到被揭去头皮的士兵的尸体。他自己的生活呢？在成为总统之前，这样和那样的疾病夺走了他的母亲、姐姐、未婚妻，还有他的小儿子。与死亡的这种过招在 19 世纪早期的美国再平常不过了。

内战带来的灾难不同寻常。林肯死后，威廉·赫恩登回忆林肯如何痴迷地思考问题时用到了一个很简单易懂的表达。他说林肯注意不到身边有人，“除非有人活生生地出现在他面前，拍拍他的肩膀说‘我们又见面了’”。战争跟他打了很多次这样的招呼——尤其在他成为总指挥之后。

1861 年 5 月，曾跟随林肯学习法律的埃尔默·埃尔斯沃思在亚历山大港牺牲，那是内战刚刚打响的时候。1861 年 10 月，在半岛行动前激烈的波尔灌木丛（Ball's Bluff）之役中，林肯又失去了另一位伊利诺伊朋友爱德华·贝克。林肯作为辉格党人活跃在伊利诺伊政坛的时候，贝克是林肯的同僚；林肯以他的名字为自己的次子命名；林肯举行第一次就职演说的时候，向群众介绍演讲台上的当选总统的就是贝克。林肯说听到贝克的死讯，他感觉就像“从沙漠里吹来一股旋风”，在贝克葬礼上他“哭得像个孩子”。

威廉·麦卡洛（William McCullough）原是伊利诺伊州布卢明顿法庭里的一个职员，这个法庭在林肯巡回庭审范围内。战争爆发后，麦卡洛让林肯帮他进入伊利诺伊骑兵团。他需要身为总统的林肯的帮助，因为他在干农活的时候失去了一只胳膊，林肯出手相帮。1862年12月，维克斯堡会战刚刚开始时发生了一次小规模战役，麦卡洛在这次战役中牺牲。林肯给麦卡洛女儿范妮的慰问信中说：“在这个伤心的世界里，悲伤会降临到每个人头上。年轻人对此觉得格外痛苦，因为悲伤总是来得猝不及防。年纪稍长的人则会慢慢学会接受悲伤。”林肯写道，只有时间才能减轻痛苦。但现在，时间只会带来更多死亡的噩耗。

华盛顿的政要们也未能免除战争带来的痛苦。在西蒙·卡梅伦担任战争部长期间，第一次布尔河战役夺走了卡梅伦的弟弟。在一次发生在马里兰的骑兵战役中，威廉·苏厄德的儿子小威廉胯下的战马被射杀。（小威廉逃过一劫，但断了一条腿。）爱德华·贝茨的四个儿子，一个在联邦军队，一个在密苏里民兵团，一个在西点，还有一个在邦联军队，对这个家庭来说，死亡超越了政治的界限。玛丽·林肯失去了两个同父异母的哥哥，还有一个在邦联军中作战的姐夫。当她邀请孀居的姐姐来白宫时，林肯受到谴责。在他敌人的眼里，林肯一会儿是个黑人，一会儿是个白人垃圾，一会儿又是个同情叛乱分子的软心肠。

作为总司令，林肯接触到的不仅仅只是家人和朋友的死亡。1864 年，林肯给孀居波士顿的莉迪娅·比克斯比（Lydia Bixby）写了一封信，这封信是林肯最著名的信件之一。林肯写这封信是因为他从军方得知，这位寡妇的五个儿子全部阵亡。这封信到底由谁执笔尚有争议，有人认为是林肯，有人说是约翰·海代林肯执笔。不管是谁执笔，信的内容写得很用心，但不管多么用心的内容在这样的时候都无济于事。“我希望能让您走出这巨大的丧子之痛，但我深知我的任何语言都是苍白无力的。您的儿子们用生命捍卫联邦，联邦对您感激不尽，希望这能让您感到些许宽慰。”不过，后来发现传到林肯耳朵里的这条消息是错的。比克斯比在战争中失去了两个而非五个儿子，剩下三个中有一个役满复员，一个临阵脱逃了，还有一个要么就是逃兵要么就死在了邦联的监狱里。但失去两个（有可能是三个）就不够心痛吗？哪怕失去一个，不也是莫大的痛苦吗？

诺亚·布鲁克斯（Noah Brooks）于 19 世纪 50 年代在伊利诺伊初次见到林肯，那时他还撰文报道林肯的情况。有一天，布鲁克斯陪同林肯去华盛顿一家医院看望伤病士兵，他们在病房里四处巡视，他们前面走着“一位穿戴考究的女士，在发传单。她把传单放在一张床上，女士走开后，床上的伤员抬起无力的手拿起传单扫了一眼，然后大笑了起来”。林肯带着布鲁克斯走到这位伤员的床边，轻声地责怪他说："那位女士肯定是出于好意，你怎么能笑她呢？"于是这位伤员解释他为什么忍不住笑出来："她给我传单上写着'跳舞的罪恶'，可我的两条腿都炸没了。"

这件事有几分林肯式的幽默，但这个幽默故事讲的不是林肯自己，而是一位失去双腿的士兵。

乔舒亚·斯皮德目击了一次林肯与战争的近距离接触。没有死亡，有的只是困在战争中的人们要面对的无奈和军事处决时的正义。虽然没有死亡，但是斯皮德心明眼亮，他知道这件事影响深远。

战争接近尾声的时候，斯皮德来到华盛顿见林肯。林肯让斯皮德在他的办公室等他，他要先接见来访的人，最后只剩下两个"衣裳寒酸的妇人"。其中一个妇人来自西宾夕法尼亚，她的丈夫因为拒绝服兵役被抓了起来；另一个妇人的儿子也因为拒绝服兵役被捕。"两人同时开口说话"，林肯让他们拿出请愿书。

年长些的妇人说："我们没有请愿书，我们自己不会写，也没钱请人写，所以我想我还是亲自来见见您。"

林肯叫来相关负责人，告诉这个负责人他经过仔细考虑决定赦免所有被指控的人（很明显还有很多人因同样的原因被捕）。林肯是这么说的："我想我得把这些人都放了。"

年轻的妇人感激地跪在地上，但林肯让她站起来。"别对我下跪。感谢上帝然后回去吧。"然后年长的妇人跟林肯道别："再见，再见，林肯先生。我今生恐怕再也见不到您了，让我们在天堂里相遇吧。"

林肯“立刻双手握住她的右手，把她送到门口……说：‘恐怕因为眼前的这些问题，我永远也去不了天堂了。但如果我能，我会去找您的。您祝福我能升入天堂，这是我收到的最美好的祝愿。’”

最后人都走了，就剩下这两位老朋友了。斯皮德说：“林肯，我知道你很多愁善感，刚才那一幕居然没要了你的命，这真是奇迹。”

林肯说，他每天都有没完没了的事要做，刚才的一幕是唯一让他心情愉悦的一件事。

林肯和斯皮德曾是有着 25 年亲密感情的挚交，婚姻和距离让两人渐渐疏远。斯皮德无法理解林肯为何这么强烈地反对奴隶制蔓延，而林肯也无法理解为什么斯皮德不能理解他。但联邦分解了，他们对彼此的不理解也立刻随之消失。在问题重重的肯塔基，斯皮德和他的哥哥就是林肯的耳目。1864 年 12 月，首席检察官爱德华·贝茨因为年事已高，身体又不好提出辞职，林肯就让斯皮德的哥哥接替了贝茨的职位。

让林肯和斯皮德成为亲密伙伴的纽带是女人和忧伤——因为他们而忧伤的女人和让他们忧伤的女人。此时在林肯的办公室是另一番景象：林肯、斯皮德、两个忧伤的女人（与性和婚姻没有关系）。艺术家看到这一感人的场景会深受触动，比如柯里尔和艾夫斯印刷厂会想把它搬上报刊，或者约翰·罗杰斯会想批量生产一组雕像群，名字就叫“战时慈悲”或“总统的善行”。

对刚发生的这一幕两人都有更深刻的认识。对林肯来说尤其如此，在他看来，这一幕有关施恩的情节剧其实是一个漩涡，征服、抵抗、解放、伤害、囚禁、疾病、死亡搅在一起并快速翻转。身为总指挥官竟能在这个漩涡中找到星星点点的快乐，这一定让这个宿命论者也难免为之一笑。

战争在继续，人和人的想法因战情变化而变化，这些变化有的鼓舞人心，有的骇人听闻，有的让人不知所措。相比之下，林肯家庭生活中的变化似乎不值得考虑，但这些变化确确实实困扰着他。1862年2月，林肯的第三个儿子——只有7岁的威利——死于伤寒症。林肯发现自己能在梦中与死去的威利交流，而玛丽则找通灵人帮她和威利联系。

不管威利生前还是死后，林肯夫人都是一个不幸的第一夫人。她一心想在华盛顿上流社会争得一席之地，所以她挥金如土置办衣服和家具，结果债台高筑，最后不得不由国会出面为她担保。而华盛顿上流社会不但没有因为她的行头对她另眼相看，还把她看作暴发户对她避之不及。更糟糕的是她有严重的偏头痛，没有这种病的人想象不到这有多痛苦。她曾用一个让人难忘的比喻来形容她的头痛——就像有一个印第安人把她的头骨活生生地拽出来。这些日常生活中的烦恼让林肯肩上的担子更重了。

林肯会把死亡和战争摧毁的一切看作为了一个高尚的事业付出的必要的代价。可就算这么想，这次战争也太恐怖了。[教友会教徒伊莱扎·格尼（Eliza Gurney）曾来白宫见林肯，1864年林肯写信给她，信中林肯把内战称作“这可怕的战争”。] 在皮奥利亚演讲中，林肯曾把奴隶制比作恶疾。国父们没有将其写入

“宪法，就像一个病人隐瞒了身上的粉瘤或恶性肿瘤，他不敢切除，怕流血过多致死”。现在正在切除这个肿瘤，许许多多美国人也因此流血丧命。

对战争的看法有两种。一是战争是完全光辉高尚的，它承载着历史使命。宣传家最乐意接受这种错误的看法，演讲家也时不时会受到这种看法的蛊惑。就连朴实真诚的葛底斯堡演说也可能被这样误读，不过误读这个演讲的不大可能是现场听众，因为新陵墓刚落成，烈士的尸体还没有下葬。误读葛底斯堡演说的是那些随着时间流逝忘却战争狰狞面目的人，或是那些缺乏想象力的人。

另一种看法是战争毫无意义，是纯粹的屠杀。现代历史上持这种错误看法的第一人是诗人拜伦勋爵。拜伦的《唐璜》中有整整一节都是讲争夺伊斯梅尔（Ismail，1790 年被俄国占领的一座土耳其城市）之战：

> 就这样，在伤亡累累的血泊中
> 他们翻腾前进，有时争取到了
> 一两码土地，让他们更接近
> 大家都奋力奔赴的一个阵脚；
> 有时又被密集的火力击退，
> 那弹雨真像是地域往下倾倒，
> 而不像天降的，他们跌跌绊绊
> 踩过一个倒卧在血泊里的伙伴。

两种错误的看法都有一定的道理。（有时为了实现高尚的目标需要采取下下策，战争便是如此。）但需要同时兼顾两种看法中的合理之处才能悟出关于战争的真谛。林肯就是这样，他敏于思考，能言善辩，这让他看到了战争的意义，但同时林肯又多愁善感（这一点，斯皮德比赫恩登更了解），这让他看到战争是多么可怕。

1864年接近尾声的时候，格兰特还在试图包围彼得斯堡。距离大选还有6天的时候，谢尔曼已经开始从亚特兰大向萨凡纳进军，直至到达亚特兰大海岸。

围绕战事上的这一戏剧性变化，两出政治剧也在上演。1861年，新当选的林肯曾说他更赞同制定一条宪法修正案（第十三修正案）宣布联邦政府无权让蓄奴州废除奴隶制。（林肯觉得这在宪法中是有暗示的，那为什么不明文写出来呢?）但国家分裂了，这个最后的妥协方案也随之破产。现在，战争终于要结束了，废奴主义者和激进派共和党人都要求出台一个与最初设想不同的第十三修正案——明确规定废止奴隶制。

查尔斯·萨姆纳仿照法国大革命的《人权和公民权宣言》提议修正案这样写："法律面前，人人平等，任何人都不得将他人当作奴隶。"但参议院司法委员会比萨姆纳明智，他们仿照的是一部法令，这部法令塑造了千万美国人的生活，包括像林肯这样白手起家的人，这部法令就是《西北法令》。"在美利坚合众国范围内……奴隶制和强制劳役都不得存在，但作为对于依法判罪的人的惩罚除外。”这一修正案不是禁止强迫“他人……服劳役”，而是禁止“奴隶制”，“奴隶制”三个字终于在走出宪法大门的时候明确出现在宪法里了。参议院以必要的三分之二大多数通过了第十三修正案，共和党（或者叫国家联盟党）大会在 6 月初通过这一修正案，但 6 月 15 日这一修正案在众议院搁浅了。

11 月的大选让原本就在国会占大多数的共和党继续壮大，但是其最早只能在 1865 年 3 月开始任职。(那时也要林肯召开特别会议才可以。）在跛鸭会期林肯再次敦促国会通过第十三修正案。

战争正在一点点切除奴隶制这个肿瘤。联邦军所向披靡，谢尔曼在圣诞前夕拿下萨凡纳，所到之处的奴隶也依据《解放黑人奴隶宣言》获得解放。再也不会有谁像大法官托尼当年那样主导法庭做出德雷德·斯科特案那样的判决来捣毁宣言。

但《解放黑人奴隶宣言》只是个战时策略，战争结束后该《宣言》就会受到法律上的质疑并无限拖延下去。对联邦效忠的边界州仍旧蓄奴（不过马里兰已经在 1864 年 11 月废止了奴隶制，密苏里接下来也会这么做)。任何有法律意识的人（包括林肯）都会想在战争结束前了结这件事。

林肯使劲浑身解数让第十三修正案获得通过。他一方面苦口劝说前辉格党人继承亨利·克雷的精神（是他崇尚法律的精神？还是他热爱自由的精神？现在这两种精神没什么区别，因为二者都指向一个方向)。另一方面，林肯用到了实实在在的诱惑。有一个国会议员改变初衷投票支持《宣言》，林肯任命他做驻丹麦大使。

同时，林肯积极回应邦联方面停止战争的倡议。其实是林肯促成南方这一态度变化的，1865 年 1 月，林肯允许老弗朗西斯·布莱尔去里士满和杰弗逊·戴维斯进行正式会谈。（戴维斯和布莱尔在内战爆发前是朋友。）正当美国内战如火如荼之时，法国的拿破仑三世在墨西哥扶持了一个傀儡政权。布莱尔认为南北方应该休战，休战期间邦联军和联邦军联手把法国人赶出去。戴维斯非常乐意派遣和平专员前去与林肯谈判。

和谈的传闻传进了国会，尚未获得通过的第十三修正案因此变得前途未卜。战争要结束了吗？南北双方会签订什么样的条款？这些条款会对奴隶问题制有什么样的影响？1 月 31 日，林肯就修正案一事给议员席位负责人写了一封短信，信中说没有邦联的和平专员来华盛顿，“也不可能会有”。修正案在国会获得三分之二赞成票，随后拿到各州签署认可。

2 月 3 日，林肯和苏厄德在弗吉尼亚汉普顿锚地附近河流的一条船上与邦联的和平专员会面。（林肯的确没有跟国会撒谎——汉普顿锚地不在华盛顿辖区内。）

戴维斯派出了三个专员，其中一个是林肯的老朋友亚历山大·斯蒂芬斯。自从做了邦联副总统，他就一直和总统不和。（有个例子最能说明这一点：1861 年戴维斯下令禁止向欧洲出口棉花，为的是让欧洲各国政府明白如果北方胜利将会对它们造成的影响，而斯蒂芬斯则主张继续向欧洲出口棉花，这样就会有充足的资金购买武器。斯蒂芬斯以前是辉格党的经济高手，他的主张是正确的。）斯蒂芬斯是邦联阵营主和派的早期领袖，一直寻找机会通过谈判解决问题。现在他和林肯又相聚了，16 年前两人曾并肩携手，现在两人对彼此依旧心怀敬意。

双方都渴望停止战争。战争明显已经接近尾声，但谁都说不准具体什么时候结束。谢尔曼拿下萨凡纳后向北进发，最终和格兰特会师。但或许撤回北弗吉尼亚的邦联军军队和卡罗来纳的军队会抢在联邦军会师前会师。就在汉普顿锚地会谈那天，在南卡罗来纳的索尔基哈奇河（Salkehatchie River）附近南北军遭遇。出战的一位联邦将领是小弗朗西斯·布莱尔——林肯派出的谈判专员的儿子。由于这次战役，谢尔曼的北上进程拖延了一天。18 名联邦士兵和 8 名邦联士兵战死，虽然只能算是一次小的交锋，但这相当于五个莉迪娅·比克斯比同时失去自己所有的孩子，而这只是整个战争的一个小小缩影罢了。

但是无论是旧情还是新的死亡都无法挽救这次会谈，双方连谈判的前提条件都没谈拢。戴维斯想要的是“两个国家”之间的和平，而林肯想要的是“一个共同的国家的人民”之间的和平。联手赶走墨西哥的法国人这一设想（布莱尔而非林肯的设想）化为泡影，谈判无果而终。

2 月 5 日，林肯向他的内阁提出了一个想法，这个想法他在汉普顿锚地会谈上提过，也是他以前就有的想法——有偿解放奴隶。他最新的具体想法是：如果邦联军在 4 月 1 日前投降，那么政府将拨给邦联 2 亿美元，要是邦联在 7 月 1 日前认可第十三修正案，政府会再拨 2 亿美元。林肯愿意花钱换取和平，因为战争每天耗资 300 万美元，所以林肯认为他的方案更经济。林肯也愿意承认在奴隶制问题上，北方同样负有责任。他在汉普顿锚地谈判中说："如果南方蓄奴是错误的，那么北方贩卖奴隶也是错误的。"内阁一致反对林肯的提议，因为他们相信结束奴隶制的唯一途径是打赢战争，于是林肯不得不收起他的提议。

战争继续。

第十五章

圣父

林肯的一生可以解读成一系列与父辈的对话，任何人的一生都是这样。

托马斯·林肯和他的儿子在很多方面都不相称，林肯不肯承认这位父亲。托马斯给了林肯生命，教会他如何讲故事、如何在摔跤时战胜对手、如何拒绝杯盏，可连这样的事实林肯也不肯承认。但是在几次检阅复员士兵的讲话中，林肯终于提到了他的父亲。

让林肯记在心上，并教会林肯成为伟人的父亲是国父们——林肯从书中和历史中了解到的国父们。小时候，华盛顿及其为自由披荆斩棘的故事让林肯热血沸腾；成年后，潘恩的怀疑主义和独特的幽默感让林肯兴奋不已；步入中年后，林肯虽然不喜欢托马斯·杰弗逊晚年的懦弱，但他却在杰弗逊的《独立宣言》中找到了对美国本质最准确的表达方式——合情合理、优美隽永，放之四海而皆准（我们认为下述真理……）。林肯热爱国父们的一切——宪法及其序言、《西北法令》、独立战争中的老兵和战争烈士的遗孀。对于自己不喜欢的东西，林肯要么将其加工成自己喜欢的东西，要么就对其视而不见。他让国父们死而复生，他不遗余力地让他的政敌和选民认同国父们订立的原则。从最初选举到如今号令千军，他时刻不忘国父们的原则。他一步步登上权力的顶峰，他希望用权力创造福祉。

但是也是国父们滋养了奴隶制这个毒瘤，他们不知道该拿它怎么办。为了阻止奴隶制蔓延，他们颁布法令阻止现有奴隶进入西北地区；为了切断奴隶供应，他们禁止奴隶输入。或许这样奴隶制就会渐渐凋萎，但其实不然，这个毒瘤越长越大，最终成为这个国家的顽疾。奴隶买卖从未获得官方认可，但奴隶制蔓延到了新建的州和新开辟的区域，先是进入路易斯安那，接着依次是密苏里、得克萨斯、新墨西哥、堪萨斯和内布拉斯加（本想将其挡在内布拉斯加之外，但最终未果。接下来会怎样呢？会蔓延到古巴吗？会蔓延到中美洲吗？）现在为了切除这个毒瘤，为了偿还国父们欠下的血债，美国人死了一万又一万，这其中有稚气未脱的年轻士兵，也有 50 岁还披挂上阵的独臂老人。

林肯该向谁求助？当然是向他自己。每个人都会向自己求助，但政治家则会向朋友、盟友、亲信和一切能用上的人求助。

在这种生死关头，还有一个父亲他可以求助：圣父上帝。

托马斯·林肯和他的两任妻子都是浸礼会教友。亚伯拉罕儿时曾与父母一起去教堂听牧师布道，听完后还在玩伴面前模仿牧师取乐。离开家独立后，潘恩告诉林肯不要去理会那些，宗教自相矛盾、荒谬可笑；耶稣是个私生子，《圣经》漏洞百出。林肯看出了这些矛盾，并且也加入到戏谑宗教的行列中去。但潘恩有他自己的上帝，这个上帝充满爱与仁慈，他通过自然和理性与我们交流，而林肯却没有这样的体验。上帝或是像上帝一样无所不能的某种力量冲走了他撒在田地里的种子，夺走了他的母亲、姐姐，还有他心爱的女人；上帝把毒药掺进牛奶，喝下这牛奶的人舌头就会发黄；上帝让女人神志不清又腹泻，待她们死后上帝又降雨糟蹋她们的坟墓。

还有很多这样的事可说。但尽管如此，上帝激发人们创作出了伟大的文章，对于像林肯这样的人来说这至关重要。潘恩嘲笑《圣经》——从风格到内容。他说《保罗书信》"闪烁其词，模棱两可，处处是俏皮嗑"；《耶利米书》"东拉西扯，夸夸其谈"；而《士师记》则是些"微不足道的小故事"。《圣经》中唯一让潘恩喜欢的一段文字出自《约伯记》，因为潘恩认为这段文字不是源自犹太文学。像林肯这样有鉴别力的人一下子就能听出潘恩的这个文学判断根本站不住脚。潘恩是书写辩论文章的高手——不管是真挚诚恳类的文章还是嬉笑怒骂类的文章，但《钦定本圣经》——这本林肯世界里的《圣经》，潘恩是无法理解的。

林肯最喜欢的段落出自《士师记》5：20，也正是潘恩最嗤之以鼻的段落——"西西拉"（他是迦南将军，在战争中战败，在熟睡中被希百的妻子雅亿杀害）时运不济。前因后果的展开向来让林肯着迷，所以看着西西拉一步步无可避免地走向灭亡，林肯不免动容。让林肯动容的还有书中触目惊心的画面和华丽的语言。莎士比亚的《恺撒大帝》中有一句话说"人生事业有盛有衰"。

翻译《钦定本圣经》的人和莎士比亚生活在同一片天空下，

所以他们翻译的《圣经》和莎士比亚的喜剧一样有着各种各样的事、形形色色的人。有些意向和表达太生动太鲜明了，已经脱离《圣经》成为独立的格言。“裂屋”这个比喻是耶稣使用的，他用这个比喻来驳斥那些谴责他借助魔鬼来布施神迹的人。耶稣说魔鬼不会驱赶魔鬼，就好比一栋房子不可能分成两半还屹立不倒，魔鬼们会同心同力的。但林肯和大多数人都是用这个谚语来说明分裂的危害。

多年后茱莉亚·塔夫脱·贝恩（Julia Taft Bayne）描述了小时候她看到的林肯读《圣经》时的样子，这是人们第一次通过孩子的眼睛看到这一幕。茱莉亚是华盛顿一位专利局官员的孩子，小时候她经常到白宫和林肯的两个儿子威利和泰德一起玩。她回忆说林肯把《圣经》放在起居室的桌子上，“他经常在午饭后读。读书时他坐在那里，不穿鞋但穿着袜子，有时把一条腿搭在另一条腿上看，一只脚前后摇晃……他读《圣经》时一副放松、慵懒的样子，就像一个人在品读一本好书”。她观察得很仔细，可即便到了晚年，贝恩小姐也并不完全理解她所观察到的这一幕代表着什么。很多人读书时都漫不经心，就像吃饭时随便翻几页书，饭吃完了读到的东西也就忘了。但林肯不一样，林肯是个故事大王、政坛上的诗人、身负重担的人，他以自己的方式消化一本书，哪怕是一本自己喜爱的书。

林肯的名字虽只是随便起的，但却让他在《圣经》中找到了一个位置。大多数总统的名要么就是《圣经》中常用的名，要么就是皇族常用的名。到 1860 年为止，总统中已经出现了四个詹姆斯、三个约翰、一个乔治、一个托马斯、一个安德鲁、一个马丁和一个威廉。长久以来不断有人使用这些名字，所以这些名字原本的特殊意义逐渐淡化了，就好比硬币用得太久上面的头像就渐渐模糊了。富兰克林和米勒德原本是姓，后来当作名使用。扎卡里（Zachary）这个名字有着浓浓的“圣经味”，它的写法不一，不同的写法代表的内容也不一样——可能是邪恶的国王，也可能是不大闻名的预言家，还有可能是施洗约翰的父亲。但“亚伯拉罕”这个名字是犹太人的第一位祖先，以色列人的父亲。内战时“亚伯拉罕老爹”成了林肯广为人知的绰号——一半是为了取乐，一半是影射他的胡子（犹太人的祖先都留胡子）。随着时间的推移，这个名字渐渐地开始象征林肯在这个纷争四起的国家所扮演的角色——领袖、阐释者和父亲。现在，林肯作为第二代国父与他一直敬仰的国父比肩。

上帝不仅仅只是激发伟大的创作灵感，他还是最原初的动力和起因。哲学家和神学家不厌其烦地论述上帝这个古老的角色［“起初上帝创造天地”（《创世纪》1：1)；“万物是借着他造的；凡被造的，没有一样不是借着他造的”（《约翰福音》1：3)］，只是林肯未曾读过，忧郁让林肯不堪其扰，生活中除了恶劣的天气便是残忍的疾病，现在又多了血腥的屠戮。林肯看着世上的你你我我都困在一个由因果编织的网中，自然会在内心诘问世人终将何去何从，是谁在操控这一切，目的何在。

1862 年 9 月，林肯写了些他对上帝意志的看法，可能是在约翰·波普第二次布尔河战役战败后写的。当时战争进入僵局。随后还会有若干次这样的僵局。林肯曾和内阁讨论过《解放黑人奴隶宣言》，但他要等北方打一场胜仗后再颁布。

眼前的战局和政局都犹如一潭死水，林肯想知道这到底意味着什么，他像解几何题那样列举了若干可能的解法。“上帝的意志高于一切”，这是公理，“这场战争，或者说任何战争的参战双方都会说自己在执行上帝的意志”，这是人的本性使然。但“肯定”有一方“是错误的”，因为“上帝不可能同时既赞成又反对同一件事”。这是最基本的逻辑，要是上帝意愿和战争双方都不同，那么双方就都错了。林肯在思考的就是这个问题。那么在 1862 年 9 月，上帝的意愿是什么呢？他可以在战争还没有打响的时候让现在互相残杀的人在内心领会他的意志，这样就不会有战争。他还可以随时让战争一方获胜，这样战争就结束了。可是战争一直在继续，于是林肯的结论便是：“这场战争是上帝的意志，而上帝现在还不打算让战争结束。”

这些琐碎的记录由林肯的秘书约翰·海和约翰·G. 尼古拉保存着，他们说林肯“不想让别人看见这些记录”。但写下这些想法后不久，林肯就把他的想法告诉了一位妇人。

这位妇人就是伊丽莎·柯克布赖德（Eliza Kirkbride）。伊丽莎于 1801 年出生在宾夕法尼亚一个贵格会家庭。40 岁的时候，她嫁给了风度翩翩的英国人乔瑟夫·格尼（Joseph Gurney）。格尼是贵格会传道士，积极倡导监狱改革，但结婚 6 年后格尼就去世了。1862 年 10 月，61 岁的孀妇伊丽莎·格尼和她的三个朋友“因为宗教的原因”来到白宫拜访总统。从照片上看，格尼夫人相貌平平，黑色的直发都拢到脑后，眼睛炯炯有神。

来拜见总统的人络绎不绝，有来请愿的、有来抱怨的，还有政客等等，其中不乏这种为宗教原因来的。有时，有些教徒虚张声势责问林肯，问他为什么不在明天就解放奴隶。1862 年 9 月 13 日，很可能就是林肯刚刚把他对神的意志的看法写下来那周，两个牧师来拜见林肯，一个是公理会牧师，一个是卫理公会牧师。他们代表芝加哥的基督教徒来到这里呼吁总统解放奴隶。在接下来的探讨中，林肯略带幽默而愠怒地说："这件事与我的职责直接相关，要是上帝能把他的意志吐露给别人，他为什么就不能把他的意志直接吐露给我呢?"看来林肯毫不畏惧。两位牧师回答说，也许上帝想"通过别人的建议和见解"让他明白他在想什么。"就听我们的吧，总统先生，我们会告诉你上帝想让你做什么。"

9 月 22 日，也就是接见两位固执的牧师 9 天后，林肯颁布了《解放黑人奴隶宣言（草案)》。所以伊丽莎・格尼 10 月来白宫不是来敦促林肯解放奴隶的，她的目的与此毫不相干，她要给林肯带来信念和解脱。

她没有事先准备就对林肯进行了一番劝诫。（贵格会认为，什么时候说话要看什么时候受到精神指引，而且这个教派认为女人和男人一样能够说中真理。）她是这么说的："有一条河流，河水让上帝的全体子民欢快愉悦。我看到实现愿望要历尽艰险，而人对此无能为力，所以我真诚地希望总统一天天治愈上帝的这条河水丰沛的河流，它滋养着世世代代的生命。治愈这条河流，上帝便会精神焕发，又可以好好地完成他各种各样艰巨的任务。”

随后这位格尼夫人突然更加亲昵也更加激动地说：“现在，我亲爱的朋友——如果我可以这样称呼你，愿上帝赐福于你……用他的羽毛和翅膀庇护你。正义之师折兵一千，斩杀一万敌人。”这其实就是在描绘5天前爆发的安蒂特姆战役，双方战死的人数分别是联邦2 100多人，邦联1 500多人。“再不会有这样的悲剧，因为他们在上帝那里找到了庇护。”说完，她跪下来为林肯和美国祈祷。

格尼夫人这番热情洋溢的讲话有两项内容：一是提振精神，二是《圣经》里的意向（生命之河来自《启示录》，上帝挡风遮雨的翅膀来自《诗篇》91）。这番话的确让人振奋，但不管是它的结构还是它的表达方式都没什么新意。但林肯却为之深深感动，为什么？

也许是格尼夫人的贵格会信仰打动了他，林肯认为他和这个宗教有点渊源，用他的话说就是他的家族“有点这个传统”——他的曾祖父约翰·林肯也是一个贵格会教徒。基督教的所有教派中，托马斯·潘恩只对贵格会稍有好感，因为贵格会仪式最简单，也最不受教条束缚。作为贵格会教徒，格尼夫人唤起了林肯对以往的某些回忆。

是她身上的母性吗？她只比林肯大9岁。但她是个寡妇，这似乎让她增岁不少。林肯总是对寡妇有着温柔的感情，比如卢克雷蒂娅·克雷、丽贝卡·托马斯，还有林肯的继母萨拉·布什·林肯——托马斯·林肯向她求婚时她也是寡妇。但是除了宗教信仰和性别，格尼夫人身上最特别的地方是她对林肯的同情，这一点非常明显。她想帮助他，想安慰他。

林肯的回答至今为人乐道：“我们的确是在经历一场巨大的磨难——炼狱般的磨难。”

接下来，林肯跟格尼夫人说了他对于上帝意志的看法，这是个人看法的亲切分享，不像在备忘录中那样客观、疏离。备忘录中林肯用到的措辞是“各方”“参战双方”，听起来像是置身事外地观察这场战争。而现在，林肯是完完全全地分享自己内心的个人想法。他说他是“圣父手中一个谦卑的工具”。不是那个高高在上的上帝，而是我们的圣父，有血有肉有双手的父亲。林肯继续说：“我曾寻求过他的帮助，但要是凭借他的恩赐我最终还是失败了，那我就相信他有别的安排，虽然我不知道这个安排是什么。”这里掺杂着抗议与谴责、痛苦与愤怒，此时的林肯仍未彻底接受这一切：我已经尽力，可还是失败了，我相信这是上帝的意愿。

接着林肯说，他本不想发动战争，他希望战争能结束，但“战争还在继续”。因此“我们必须相信他任由这一切发生时另有原因，神秘的、不为人知的原因。”林肯认为上帝的意愿有两面性，它一方面给人带来慰藉，另一方面却又恰恰相反。它肯定是明智的（因为上帝是明智的），但谁也不知道这意愿到底是什么。

谈话结束时林肯用了一个勉强平衡的句子：“我们只好相信创造世界的上帝仍旧主宰世界。”他本可以说“创造世界的上帝仍旧主宰世界”，或者说“我们相信创造世界的上帝仍旧主宰世界”。但是林肯开句时的几个字眼意味深长，如果把“只好”换成“不能”，那么这个句子的意思就会完全不同。如果是这样的话，这句话就像是拜伦勋爵描写围攻伊斯梅尔时会用到的话，用来描写战争中尸横遍野的情形。但林肯用了“只好”，这说明他依旧信奉《创世纪》和《约翰福音》中的一个公理——上帝统治一切。这也是一种宽慰，但既然上帝的意志神秘莫测，林肯只能在黑暗中继续摸索。

随后几年，林肯一直和格尼夫人保持定期联系，但不频繁。1863 年 8 月，格尼夫人写信给林肯，信中的语气与此前同林肯见面时一样亲切。她是这样开头的：“尊贵的朋友，亚伯拉罕·林肯”，接下来她写道：“对您肩上的重担和责任我深表同情……我相信您内心充满矛盾与焦虑。”没错，6 周前爆发了葛底斯堡和维克斯堡两大战役（正义之师又折兵一千，杀敌一万）。信末，她赞美林肯和他的家人“依旧信仰清醒的上帝”，信尾署名是“您坚定的朋友……”。

一年后，也就是 1864 年 9 月，林肯回复了。林肯首先说到他永远也不会忘记她 1862 年的来访和 1863 年的信。“对这个国家善良基督徒的每天不断的祈祷和宽慰，我深表感激。我感激他们，也感激自己。”有的人提供的帮助是有用的，有的人提供的帮助是没有用的（比如来自芝加哥的两位牧师），格尼夫人的帮助属于前者，这一帮助让林肯得到了宽慰。

接下来林肯回到了上帝的意志这一话题。他像一个在做功课的小学生，在两种答案之间摇摆不定：一是上帝统治一切，一是他对上帝的意愿百思不得其解。公理是："万能的上帝的安排是完美的，而且一切都将服从这一安排……"而他的困惑在于："……人类会犯错，也许不能准确地预知上帝的意愿。"接着林肯又以相反的顺序重复了一遍。他的困惑是："很久以前我们就渴望这场可怕的战争能有个妥善的结局……"而公理却是："……但是上帝无所不知，他有别的安排。"我们甚至能听见林肯在自问："我获得教训了吗？"萨拉·布什·林肯记得她的继子如何靠重复来学习新东西，"他一遍又一遍地重复，先用一种方法，然后再换个方法"。

随后林肯说到了他的两个希望。一个是希望能够了解上帝，"我们还是应该承认他（上帝）是多么明智"；另一个是希望上帝能够赐福，"毫无疑问，战争狂潮过后，他会为我们带来盛大的恩赐"。第一个愿望（了解上帝）能否实现取决于我们自己；第二个愿望（赐福人间）能否实现取决于上帝。

两年前格尼夫人为林肯和这个国家祈祷，现在林肯以格尼夫人的祷告词结束了这封信，林肯说那是"向我们天堂中的父亲"做的祷告。一位母亲能做的是和父亲一起让生活和美太平，虽然她不一定做得到。

对上帝意志的思考，林肯只对这位富有同情心的寡妇说过，但 1864 年春天，他开始让更多人了解他这方面的想法。

他的办法是写一封旨在让大众能够读到的信。3 月，有三个肯塔基人、两名政客还有一个新闻编辑来到白宫和林肯探讨政府招募黑人士兵的事，这在肯塔基州是有争议的。林肯叙述了他如何一步步有条不紊地朝这一政策迈进，如何不断平衡他的两种信仰——宪法和军事需要。那位《法兰克福联邦报》的编辑——阿尔伯特·G. 霍奇斯（Albert G. Hodges）让林肯把他的话写下来，林肯照做了，还在手写稿后面加了跋（“此话没有出现在交谈中”），跋的内容就是他关于上帝意志的思考。

一开始，林肯就表明他所信奉的公理。“三年激战过后，这个国家的现状既不是哪个党派，也不是哪个人预先设计或期望的。这完全是上帝的意愿。”上帝统治一切。

随后，林肯把他的一个最新的思考也写了下来。“如果现在上帝希望扫除一个巨大的冤屈，并希望南北双方因共同制造这一冤屈而付出代价，那么公正的历史将为我们设立一个新的目标，以此来证明上帝的公正与善行。”

这一思考是新的，因为它似乎找到了上帝秘而不宣的安排背后的意义。过去曾是一片黑暗（起码对林肯来说是这样的），现在终于出现了一缕光明。

这一新发现似乎和林肯一直以来的一个希望很像——北方也许要通过金钱补偿来结束奴隶制和战争。多年来，他一直提议各种补偿方案，日后他会继续提议。买下奴隶主手中的奴隶要比在战场上打败奴隶主省钱省时，而且这一做法在道德上也更站得住脚，因为“我们北方人”在消费和获利时就和种植园主、奴隶贩子还有奴隶猎手一样也涉入了奴隶制。

但林肯新的思考和他以往的计划只是表面上相似。在给霍奇斯的信中林肯没有细说，他只说：“我们北方……应付出相应的代价。”他给霍奇斯的信是在 1864 年 4 月写的，那时格兰特已将来到东部，一场新的战役即将打响，也许会有一场决定胜负的较量。如果是这样，成千上万名将士又将命归黄泉。但如果不是一场决定胜负的较量，而是来来回回的拉锯战，那么命归黄泉的人数就要翻番。林肯给霍奇斯的信中预见了这两种可能，还间接承认已有几万条性命被战争夺走（“三年激战”）。林肯为什么要用这句话结束这封信呢？他不需要“公正的历史”和“上帝的公正与善行”来见证一场金钱交易，哪怕交易额大到 7 亿美元。历史和圣父关注的是苦难与死亡。

林肯黑暗的世界中出现一缕光——一缕血光。

林肯最终将自己对上帝的意志和内战的想法公之于众是在 1865 年 3 月 4 日他的第二次就职演说上。过去他只向报纸读者暗示过这些想法，只跟贵格会的寡妇讨论过这些想法，现在他要在大庭广众之下对着人山人海讲解这些想法。

就职前的那个月在卡罗来纳爆发了史无前例的激战。谢尔曼所向披靡，2 月 17 日攻克查尔斯顿，2 月 22 日攻克威尔明顿，南方主要海滨城市接连落入其囊中。玛丽·切斯纳特写道：“报纸对我来说再也没什么用了，有生之年我一张报纸也不会再看了。”格兰特还是没能切断彼得斯堡最后的供应线——一条通向西部的公路和铁路，但他扩大了包围圈，战斗力已遭削弱的邦联军也不得不扩大防御圈。这一切又伴随着死亡——几百人，不是几千人。

林肯就职那天是雨天。首先是副总统安德鲁·约翰逊在参议院会议厅宣誓就职。约翰逊筋疲力尽，不仅因为他从田纳西长途跋涉赶到这里，还因为他喝醉了（为了壮胆）。他的就职演说一塌糊涂，林肯甚至让工作人员确认约翰逊要不要再讲一次。

当各方显贵移步室外观看林肯就职演说的时候，天放晴了。林肯的就职演说在国会大厦东门廊举行，四年前林肯的第一次就职演说也是在这里举行的。首席大法官有了变化，不再是罗杰·托尼，而是萨蒙·P. 蔡斯。林肯演说的长度也有了变化，他的第一次就职演说是所有总统就职演说中最长的，而这次就职演说只有 700 字，是所有总统就职演说中最短的。

演说分四个部分。林肯首先说明他不谈论他的政策和计划，双方交战四年，期间各种关于战争的资讯、演说、公告和新闻报道铺天盖地，林肯没有新的补充。

演讲第二部分说明了战争的起因：四年前，叛乱分子想巩固并扩张奴隶制，而（刚由共和党接手的）政府想限制奴隶制。叛乱分子想瓦解联邦，政府想维持联邦。双方都不妥协，“于是战争爆发了”。

第三部分是林肯的宗教思考和推理，这部分包括了他最初对上帝意志的思考，还包括更早以前他和赫恩登对宿命论的探讨，以及年轻时对托马斯·潘恩的敬仰。

在这部分他先是详尽地说人是多么无知、多么无能，而上帝是多么无所不能。无论是叛乱分子还是政府都没想到这场战争会持续这么久，改变这么多。“双方读同一本《圣经》，向同一位上帝祷告”，但是“双方的祈求上帝不能回应，也没有任何一方得到满意的回应，因为全能的上帝自有他的主张”。

在中间部分，林肯谴责南方，并说出自己一生对无酬劳动的憎恶。“看起来很奇怪吧，居然有人敢请求公正的上帝帮助自己去榨取他人的血汗，掠夺他人的劳动成果。”这话源自自己青壮年时期被自己的父亲当作免费苦力来用的感想，这话是为了黑人女子能够享用自己的双手挣来的面包，这话林肯通过不同的方式说过很多遍。他突然又回到正题：“但我们还是不要随意论断吧，以免我们自己也被人说三道四。”这是耶稣的告诫：“你们不要论断别人，免得你们被论断；你们用什么量器量别人，别人必用那个量器量你。”（《马太福音》7：1—2）作为总司令，林肯愿意手刃千百万叛乱分子，但作为总统，他不愿随意论断。

为什么？他在解释时援引了耶稣的另一句话，又加上自己的两个灵活的长句。“这世界有祸了，因为将人绊倒。绊倒人的事是免不了的，但那绊倒别人的人有祸了。”林肯引用这句《圣经》经文最典型地体现了他的决定论和他有错必惩的观点。罪过、犯罪一定会发生，那些犯了过错的人一定要受到惩罚。不管犯了过错的人是不是别无选择地犯了这个过错，只要有过他就要受到惩罚。

耶稣是在谴责摧毁天真孩童的信仰的人，林肯则在谴责他的同胞。“我们如果肯相信奴隶制是那些罪过之一，是按照上帝的旨意降给我们的罪过，而这罪过已经到了上帝指定的期限，上帝现在要让这罪过消失。所以他把这场可怕的战争给予南北双方，他要惩罚那些犯下罪过的人们，那么笃信上帝并把许多神圣的属性赋予上帝的信徒们能说上帝的行为与他的神圣相违背吗？我们满怀着希望，我们热忱地祈祷，愿这战争的鞭笞早日过去。然而，假如上帝要这场战争延续下去，直至 250 年来利用奴隶的无偿劳动所积聚的财富全部散尽，直至奴隶在皮鞭下流淌的每一滴血都用刀剑下的血来偿还，那么，如同3 000年前《圣经》中所说的，'我们仍要称颂上帝的判决是公允合理的'"。

这就是为什么林肯一直设想有偿解放奴隶，为什么对阿尔伯特·霍奇斯做了那样有血腥味的暗示。所有美国人都犯了过错，那么所有美国人都要付出代价。美国奴隶制最猖獗的地方是南方，但到了 19 世纪北方也有了奴隶制，而且是北方人掌舵的贩奴船让奴隶制兴旺发达。(1862 年处决的奴隶贩子那纳撒尼尔·戈登就来自北方缅因州的波特兰)。债权人的财富有很大一部分都流入了北方的磨坊小镇、北方的经纪人和商人、北方的银行手中。所有人都有罪，所有人都要付出代价，那些人都将遭遇祸患。林肯说耶稣教导我们不要论断别人，但在这里林肯对美国人做了论断，而且是最严苛的论断。

第二次总统就职演说是林肯最伟大的演说。皮奥里亚演说和库珀联盟学院演说林肯都费尽心思，但几乎所有的长篇演说都会有一个问题，就是拖沓冗长，林肯的这两次演说也未能幸免。葛底斯堡演说可谓无可挑剔，但再无可挑剔也不过是三言两语的小演说。而第二次就职演说，虽然简短，但内容广博精深——比林肯最长的演说还要广博精深，它包含了人、历史和上帝。

这次演说的语言庄重典雅，贝恩夫人当年看见林肯跷着二郎腿、晃着脚读的《钦定本圣经》被林肯彻底领会消化了。林肯能够游刃有余地在耶稣、《诗篇》作者和他自己的话中来回切换。

这次演说也是最值得仔细剖析的一次，尤其是演说的第三部分内容。

总体上来说，这次演说格外引人注意的两点是：高屋建瓴，收放自如。林肯似乎不再置身他领导的政府，他是一个看客，一个坐在勘探热气球里的看客，或者是油画大师托马斯·科尔(Thomas Cole)寓言画中的梦想家。他开篇就隐去了自己的存在，他没有用“我的第二次宣誓就职总统”，而是用“这第二次”。“这”次就职演说不就是“他”的就职演说吗？他甚至尽可能地隐去了战争双方的存在，他只说“于是战争爆发了”，战争是怎么爆发的？林肯要遣船补给萨姆特堡，南卡罗来纳炸了补给船，于是联邦和邦联双双操起武器。战争爆发是因为美国人要打这场仗。

最想要打这场仗的美国人是林肯总统。林肯宁愿动武也不愿奴隶主将这个国家一分为二，也正是因为他的这个意愿，埃尔默·埃尔斯沃思、爱德华·贝克、威廉·麦卡洛、比克斯比家的儿子们、炸断腿的年轻人和其他成千上万的年轻人昂首走向战场、走向伤痛、走向死亡，或眼睁睁看着这样的不幸降临到战友或朋友的身上。怪不得林肯想躲开这个责任，因为只要战争爆发，那么带来战争的那个人就要有祸患。

但让林肯在这样的公众演讲中担下所有的罪责是不合理的。

他是这场战争的重要推手，但不是唯一的推手。其他很多人都难脱干系——有普雷斯顿·布鲁克斯和约翰·布朗这样的狂徒，也有威廉·苏厄德这样的雅士，有布莱尔家族这样温善的人，也有亚历山大·斯蒂芬斯这样聪明的人。或许林肯采取一种置身事外的语气是对的。

林肯第二次就职演说中有一些人没有登场，这一点也与以往不同。过去十多年里，林肯不断地演讲，而这次在演讲中他没有提及国父们，这几乎是前所未有的（“裂屋”演说也没有，这一点很重要）。国父们制定了宪法、《西北法令》《独立宣言》，国父们了解这个国家，国父们是林肯思想上和政治上的后盾，国父们给了林肯他所信仰的原则，但是国父们没有出现在林肯的第二次就职演说中。在学园演讲中林肯说国父们已经远去，但起码他们激发了人们忧伤的思考，但这次国父们去得无影无踪。现在他们和他们缔造的国家只是“250 年无偿使用他人劳动的”奴隶制中微不足道的一个小点。

最后一个出席第二次就职演说的父亲是上帝，林肯让上帝成为一个无可替代但又无法靠近的父亲。在林肯看来，上帝要求世人赎罪。在基督教中上帝接受耶稣受难，以此为世人赎罪。同理，上帝现在要求千千万万美国人用死亡来赎罪——为他们自己赎罪，也为他们的父亲还有父亲的父亲赎罪。

将基督教教义应用于政治，这说明此时的林肯已经从年少时对潘恩的迷恋中彻底走出来了。潘恩“厌恶”赎罪，他觉得这让“无所不能的上帝像个感情用事的人，他杀死自己的儿子因为他没什么别的办法来惩罚自己”。林肯的上帝也像是个感情用事的人，他杀死了千千万万个人的儿子，其中很多都是无辜的。来自佛蒙特或威斯康星的人从没见过奴隶，更别提拥有奴隶了，但也许他们喝咖啡时加了糖，或穿了棉线衬衫，所以他们就该命丧布尔河。来自田纳西或弗吉尼亚的人，用副总统的话说就是连奴隶的一根头发都不曾拥有过，但他们也该在马纳萨斯送命。第二次演说中这场道德账算得让人咋舌。

林肯对自己的推理也深感不安，这从他谨慎的选词上看得出来。第三部分的两个长句都是“如果”打头——“如果我们假设”“但如果是上帝的旨意”，林肯把自己的推理放在假想的状况里，接下来的推理也是这样。林肯也不言明是他将上帝描绘成这个样子，“相信上帝在你我中间”的教徒“都认为”上帝有林肯所描述的这些“特征”。言下之意就是要是你觉得我描绘的上帝有什么不妥，别找我理论，找那些“教徒”理论。也许，哪怕在1865年，林肯内心的某个角落还是觉得那些“特征”让人反感。

最后还有一个问题，那就是正当性的问题。林肯为什么要借就职演说布道呢？多年来总有牧师给他建议，尽管很多建议不是愚蠢就是不切实际，但是不管他们提的建议是不是用得上，他们都是在尽职尽责做自己的工作。林肯的工作是美国总统，谁让他在演讲台上充当耶稣呢？

也许最能为这次震撼人心，却又执迷不悟、让人不安的演说辩解的理由就是逝者已逝，林肯想要找出这些死亡背后的意义，他希望上帝知道，而且他认为自己已经寻到上帝意志的蛛丝马迹。经历这么多屠戮后还要继续相信上帝的意图是黑暗的，这是无法忍受的。而相信这场屠戮没有任何意义更难忍受，因为这证明这一切是最后的诅咒，是真正的天谴。与其如此，不如藏起这种绝望。对林肯来说，从宗教那里为眼前的一切找些意义总比让灵魂深处的黑洞无法填埋要好。

第二次就职演说还有第四部分，也是最后一部分，只有 114 个字。“我们对任何人都没有恶意，对所有人都怀有善心，我们坚信上帝赋予了我们明辨是非的能力，让我们努力完成我们正在进行的事业，包扎这个国家的伤痕，关怀每一位战死的烈士和他们的妻儿，尽一切力量争取和维护我们国家及各个国家公正且长久的和平。”

结尾处的“各个国家”只是为了演讲的意义完整。（可能指涉地缘政治，即不会考虑休战以同墨西哥的法军作战。）但除了这四个字，其他每一个字都有着具体切实的意义。

上帝在此次演讲中最后一次出场的身份不是深不可测、感情用事的惩罚者，也不是伊丽莎·格尼所说的拯救者，而是一个会告诉美国人是非的人。林肯格外想知道的是如何打赢这场战争，如何照顾战死的烈士和他们的妻儿。最重要的是，林肯想让上帝告诉他如何恢复“我们国家”的和平。这和第三部分血债血偿的思想不一样，而且这是他向包括北方和南方在内的整个国家传达的讯息（“对任何人都没有恶意，对所有人都怀有善心”）。

这段总结陈词镇定沉稳，甚至神圣高洁，一扫上一段灰暗的情绪（虽然没有解释何来那种情绪）。

第二次就职演说标志着林肯对父与子的思考进入了新的阶段。他放手国父，直面上帝。他与上帝展开较量，就像年轻时他和生父与摔跤对手展开较量，就像雅各布与天使展开较量。刚开始林肯表现不佳，一次又一次被摔倒在地。但疼痛过后，他和这个国家要肩负重建和平的重任，现在他们必须像真正的男人那样应对这一切。

第十六章

1865：胜利

盖世英才（三）

林肯第二届任期的首要任务是结束战争，战争怎样结束决定着和平将如何开始。

联邦一直担心邦联在弗吉尼亚和卡罗来纳的残余部队会凭借内部通信线路串通起来，但这种可能性越来越小了，因为联邦军派驻了更多的人手，同时邦联军一方面死伤严重，另一方面弃战的人也逐日增多。3 月最后一周，彼得斯堡的防守军在斯特德曼堡（Fort Stedman）发起突围（斯特德曼堡垒是联邦军的重要堡垒之一），但他们失败了，这样一来攻下彼得斯堡（和里士满）是早晚的事了。

但林肯还有一个担心，邦联最终可能放弃抵抗，但它未必会正式投降，叛乱的士兵各自回家，接下来便是一场游击战。林肯想要的是确定无疑的投降。如果有可能的话让邦联政府正式投降，如果有必要的话让邦联将军正式投降。他想要自己亲自认可邦联军投降，而不是由他的将领在战场上逼迫其投降。为了确保这样的结果，林肯要让战败的邦联军受到宽宏大度的对待。他对他的将领说："我不想让任何一个人受到惩罚，从头至尾都要开明地对待他们。"

3 月底，林肯从华盛顿乘船经詹姆士河来到格兰特在锡蒂波因特（City Point）的总部。他想让他的将领清清楚楚地了解他的想法，如果有可能的话，他想亲自见证邦联投降。4 月 2 日，格兰特冲破面前邦联的防线，彼得斯堡和里士满第二天便陷落。

4 月 4 日林肯去了邦联首府，他悄悄抵达那里，身边只有一个小护卫。一群黑人妇女认出了他，想上前亲吻他的脚。林肯对她们说："这样做不对，你们只能跪拜上帝。"这是多么大的诱惑啊！撒旦承诺给耶稣的不过是世上所有的王国，而这些人则是把全部敬意献给了林肯，但林肯谢绝了这样的敬意，此刻的林肯顶天立地。

林肯参观了杰弗逊·戴维斯的办公室和邦联国会大厦，但是叛乱政府已经转移了。曾在汉普顿锚地与林肯会过面的和平专员约翰·坎贝尔没有撤离，林肯跟他讨论要安排正式投降，但讨论没有结果。林肯回到锡蒂波因特，在 4 月 8 日晚乘船回到华盛顿。旅途中，林肯给随行的人读了《麦克白》中的几句话。麦克白杀死邓肯后却又羡慕被杀死的邓肯，他说："比起内心忍受折磨，还不如和死人在一起。于阵阵狂热的生活之后，邓肯进入了他的坟里……叛逆已经下了罪恶的毒手……内虑外患，一切都不能再侵犯到他。"这次林肯在诗中（而非宗教中）继续和自己的责任这一问题较量着，他既是摧毁一切的麦克白，也是被谋害并最终不必再忍受精神折磨和背叛的邓肯。不管是国王还是总统，他们的内心片刻不得安宁。

林肯回到华盛顿并获悉了一个天大的喜讯：北弗吉尼亚的邦

联军（这支叛军让6位联邦军将领一筹莫展，并让马里兰和宾夕法尼亚也参与叛乱）于4月9日在里士满以西90英里处的阿波马托克斯镇（Appomattox）向格兰特投降。格兰特按照林肯的指示，让投降的士兵继续保留他们的武器和战马，以备春耕。他们的将领罗伯特·E. 李（Robert E. Lee）“有些感动地”对格兰特说这样的宽宏大量“会让他的军队非常高兴”。

如果用华盛顿的总统生涯来衡量林肯的总统生涯（是林肯首先提出这样作比），那么虽然经历了四年的战争，但林肯的任务只完成了一半。

华盛顿带领的那场战争——独立战争，仍是美国历史上历时最长的战争（1775—1783年，是林肯带领的这场战争的两倍）。得胜将军回到弗农山庄后很快就意识到需要建立一个新的政府，华盛顿在制宪会议上花了四个月的时间，然后又花了一年的时间谨慎运作让制宪会议制定的文件得以通过。作为开国总统，他连任两届，让新的体制开始运转。只有在完成这两项任务之后，他才成为亨利·李所谓的第一个和平时期的总统，也是第一个战争时期的总统。

林肯已经平息一场叛乱，现在他要治愈这个国家的伤口。林肯在第一届任期内展露出平复派系争斗的卓越才能，无论是激进的萨蒙·P. 蔡斯和查尔斯·萨姆纳，还是温和的威廉·苏厄德和布莱尔家族，他都能为其所用。他对非共和党的联邦主义者的驾驭能力没有这么强，他们质疑他的政策，又阻挠他连任，但是他还是成功当选、连任，并让他的政党在国会中占了多数席位。

现在林肯要拥抱南方，一个他从没去过的地方——除了年轻时去过新奥尔良，以及最近去过里士满。他从未赢得一张南方的选举团选票，或者说他从未赢得一张肯塔基和弗吉尼亚以南的选举团选票，那里的任何一张选票他都没有获得过。

这三分之一的国土对林肯来说是陌生的，但他要拥抱那里新获得解放的黑人。如果战火将奴隶制化为灰烬，奴隶也因第十三修正案获得解放（到邦联军在阿波马托克斯镇投降为止，已经有20个州宣布这一修正案生效），那么自由黑人要享有什么样的地位呢？

对于这个问题，林肯起初并没有什么头绪。他先是遵循克雷的想法，考虑让黑人离开这个国家。先想让他们去利比里亚，然后又想让他们去巴拿马的奇里基海岸，他还想过在牛岛（Cow Island）建立一个美国的黑人殖民地。但这些计划都落空了。在林肯的第二次就职演说中，他几乎没有谈黑人，他们不过是一场道德剧中千人一面的背景人物，他们遭受的不公惹怒了上帝。在这次演说中白人虽有罪过，但他们勇于承认自己的罪过，而黑人只不过是烘托白人悔过之心的受害者罢了。

但1865年以前那些稍纵即逝的想法并不是林肯对于黑人的美国社会地位问题的全部看法。黑人在内战中英勇作战、功不可没，这让林肯感觉到他们应该也可以享受公民的权利。1865年2月，黑人废奴主义者马丁·德莱尼（Martin Delany）被任命为陆军少校，这是军队有史以来第一个黑人军官。林肯派他去斯坦顿，并让他把一个便签交给那里的长官，上面写着："一定要和这个黑人谈谈。他很了不起，也很聪明。"

为了将南方重新揽入联邦的怀抱，林肯不得不欢迎昔日的叛乱分子，虽然他们杀死了无数北方将士，以及这些将士的家人和朋友。但战败似乎让邦联格外团结起来。在西弗吉尼亚和东田纳西，有很多人都痛恨种植园主作为政治寡头统治他们的州，安德鲁·杰克逊便是其中一员。林肯不得不和那些分裂主义者打交道，他甚至要竭尽全力地与他们打交道。

在萨姆特堡垒战役前，林肯错误地估计了落败的南方人的荣誉感和穷途末路时的孤注一掷，后来林肯又期望南方能慢慢回到联邦的怀抱。林肯对脱邦主义者的强烈的脱邦心理置若罔闻，但这有一个好处——他不会将他的敌人妖魔化。脱邦主义者误入歧途，没能正确地认识到奴隶制在共和国中的地位，是因为他们受到某些居心险恶的政客的蛊惑。他们误入歧途还因为他们在奴隶制社会中长大，所以忘记了人人平等。（他在皮奥里亚演讲中说："我们若是处在他们的环境中，我们也一样。"）那么为什么要在事后惩罚他们？有些南方人注意到林肯对他们没有复仇之意。在汉普顿锚地会议上，罗伯特·亨特（Robert Hunter，三位邦联和平专员中的一位）问了一个不太容易回答的问题：林肯是否将邦联领导人视作叛徒？林肯说"差不多"。亨特听后回答说："那么林肯先生，我们大致可以得出结论，只要您在位我们就不会被绞死。"这个人在裁决时会高抬贵手的。林肯还努力展示他温柔的情怀，弗吉尼亚陷落后，林肯参观了那里的战地医院，他坚持要和受伤的邦联军战士握手。

在第一届任期内，有人谴责林肯亲黑人（于是林肯也变成了黑人）、亲南方（用本杰明·维德的话说，林肯是个“白人垃圾”，是叛乱分子的姻亲）。在第二届任期内，林肯得想办法对得起这两种身份，起码也得对得起其中的一种。

4 月 11 日，也就是李将军投降两天后，庆祝战争胜利的人们聚到白宫的草坪上听总统演讲。在这次演讲中，林肯阐述了他对战后南方的想法。虽然这不过是个非正式的聚会，但林肯的演说不是现场有感而发，而是早有准备。

林肯主要说的是路易斯安那，路易斯安那在新奥尔良陷落不久后就一直试图回归联邦。1863 年，林肯曾发布声明：在战前大选中（1860 年大选）有至少 10％的选民支持宪法和《解放黑人努力宣言》的州将受到联邦的认可。林肯不敢保证这种州政府的代表会获得国会的席位，他指出这将取决于国会两院。他的计划没有给自由黑人投票权这一内容，因为这至少 10％的选民是按战前的状态算的（那就都是白人）。路易斯安那响应了林肯的声明，在 1864 年 2 月选出了一个新政府。［林肯给新州长麦克·哈恩（Michael Hahn）写了封短信，问退伍的或“非常聪明的”“有色人种”是否会被准许投票。］但是，通过了第十三修正案的跛鸭会期却不肯承认路易斯安那新政府。国会这一决定有政治上的原因——国会想在重新接受脱邦州方面领跑，也有原则上的考虑——激进共和党人认为路易斯安那没有给黑人他们应得的权利。

在白宫演讲中，林肯把路易斯安那比作一只鸡蛋，并问到砸碎鸡蛋和孵化鸡蛋哪个能更快地孵出一只鸡来。

林肯支持路易斯安那新政府的一个原因是南方白人及其在废奴中扮演的角色。如果新路易斯安那政府获得认可，那么第十三修正案就会多一张赞成票。（该州已经在 2 月 17 日认可这一修正案。）修正案在国会两院分别获得必要的三分之二投票后，还要经过全国三分之二的州的认可才能写进宪法。要是只需要 25 个留在联邦内的州参加投票决定是否通过修正案，那么 2/3 这个目标很容易达到。但林肯认为这样通过的修正案“会受到质疑，而且一定会一直受到质疑”。但如果是所有州中的 2/3 投票通过，也就是 36 个州中有 27 个投票通过，那么这个修正案就永远不会遭到质疑或挑战。

早在担任伊利诺伊州议会议员期间，林肯就认为奴隶主应当赞同废除奴隶制。黑人是自由人，只不过蒙受了冤屈，他们不应该通过武力或外力来摆脱冤屈。战争碾碎了诸多良心上的不安。奴隶制是通过冲突和身为总司令的林肯颁布的《解放黑人奴隶宣言》废除的，但要让所有的州——包括前邦联州通过第十三修正案，就要获得前叛乱分子的一致同意。自由终将到来，但要有他们的参与。

林肯支持路易斯安那新政府的另一个原因是因为黑人。他当众重复了他私下对哈恩州长提出的建议：“我本人更希望”队伍中的有色人种和“非常聪明的”有色人种能够投票。但这个目标要如何实现呢？是“继续朝这个目标再迈一步”（林肯此处的意思是承认一个废除奴隶制又赞同第十三修正案且运转正常的政府）

还是“重蹈覆辙”呢？林肯认为，如果新的路易斯安那政府获得认可，那么“有色人种就会受到鼓舞，从此谨言慎行、努力发愤”，并敢于赢得属于他们的权利。此时林肯脑海中的黑人要比他第二次就职演说中木讷的奴隶有生气，实际上此时的林肯听上去像白手起家、能言善辩的辉格党人，只是现在他要从零开始为有色人种辩护。

聚在白宫草坪上的人群中有一个人领悟了林肯这次演说的深意，这个人是约翰·威尔克斯·布斯（John Wilkes Booth）。布斯对一位朋友说：“这话的意思就是要为黑人争取公民权。这将是他的最后一次演说。”

当时约翰·威尔克斯·布斯再过一个月就 27 岁了，他生于一个著名的演员世家。他通常扮演的都是俊勇的英雄，他看上去也很俊勇。他有着拜伦勋爵那样苍白的皮肤和黑色的卷发（在 19 世纪这是阳刚之美的典型特征），鼻子下面蓄着一抹骑兵胡子。这个家族中最卓越的演员是他的哥哥埃德温，他对莎士比亚剧中角色的刻画自然、亲切又深刻。约翰·威尔克斯·布斯不是个卓越的演员，而是个行动敏捷的狂热分子，擅长剑术和激烈的演说。他注定在政坛上而不是舞台上留名。

布斯兄弟在马里兰长大，两人政见不一，很多马里兰人都是如此。埃德温支持联邦，而约翰·威尔克斯则强烈支持奴隶制和南方。1859 年 12 月，约翰·威尔克斯不远万里来到哈珀斯费里见证约翰·布朗被绞死。他痛恨布朗信奉的原则和他的所作所为，不过他钦慕布朗临刑前的冷静沉着。

内战期间，布斯和邦联底层特务机构取得了联系。马里兰东海岸到处都是特务——只要从弗吉尼亚乘船渡过波托马可河便可到达那里。1864 年布斯蓄谋绑架亚伯拉罕·林肯，再秘密把林肯送往弗吉尼亚，用他做人质换回邦联的战俘。11 月，他留下了一封密封的信，以便他计划败露后世人可从他的信中了解到他实施计划的原因。

布斯在信的一开始就写道："我一直认为南方是正确的。"南方是正确的，因为南方正确地理解了种族之间的不同。"这个国家是为白人而非黑人而建。"奴隶制对黑人和白人都有好处，"看看在此以前我们获得的财富和权力，再看看这里的黑人，比起他们在其他地方的同胞，他们获得了提升与启发。"接下来布斯说，南方是正确的，还因为南方正在遭受凌辱和压迫，在这种情况下就要奋起反抗，这一点开国元勋已经为我们树立了榜样。"憎恨专制，热爱自由与正义，打击不公正与压迫，这是国父们对我们的教导。"

这场战争中的恶霸是林肯。"四年前林肯获得总统提名就是发动战争的明确信号——一场践踏南方权力和制度的战争。林肯当选总统就证明了这一点。"所以布斯认为挟持林肯为"战俘"是正确的。然后布斯在这份遗言上签了字——"自发行动起来履行义务的邦联人。"同时，布斯还纠结了一帮同谋与他一起实施阴谋。

绑架林肯这一想法是很轻率的，杰弗逊·戴维斯就曾叫停另一次类似的阴谋，因为这很容易杀死而非绑架目标。但布斯的辩解并不疯癫，这是邦联和北方主和派民主党人的典型逻辑：黑人天生低人一等，南方是受害者，林肯就是迫害者。林肯在白宫草坪演讲中说到了“黑人的公民权”，布斯对此深恶痛绝正是出于这样的逻辑。

1865 年邦联战败，由此一来，绑架林肯是行不通了，即便是在理论上也行不通了。绑架以后把他交给谁呢？用他来赎谁呢？于是布斯（把道德抛到一边）走上了那条让他名声大噪的道路。

暗杀是政治家惯用的手段。16 世纪末法国爆发了宗教战争，暗杀大行其道，反对派和狂热主义者谋杀了两位国王——亨利三世和亨利四世，还有诸多领导人物。到了 17 世纪，现代单一民族国家兴起，圣战热情降温，谋杀这一手段也渐渐式微。从那以后，战争是国家间的事情，统治者本人也无须为他们的政策担负所有罪责。美国内战期间就不曾有暗杀。本尼迪克特·阿诺德（Benedict Arnold）叛变后，华盛顿同意绑架他，甚至还在英军占领的纽约安插了一名间谍（名义上是逃兵）来实施绑架，但华盛顿只是想抓住阿诺德，将他带回来审判，而不是谋杀他。（但阿诺德临时变更计划，绑架他的人也没能得手。）

到了 19 世纪，暗杀似乎只是疯子的所为。1812 年，英国首相斯宾塞·珀西瓦尔（Spencer Perceval）被一个精神错乱的商人射杀，这个商人在俄国经商时遭到虐待，他认为英国政府应该给他补偿。1835 年企图暗杀安德鲁·杰克逊的人也是个疯子，他相信自己是英格兰国王。在库珀联盟学院演讲中，林肯把约翰·布朗比作刺客，并暗示他精神不正常："一个狂热分子思考人民受压迫的状况走火入魔，最后想象上帝派他来解救这些人。"耽于思考的狂热分子与理智无缘，更和政治没有交集。

布斯将绑架调整为暗杀，只是用另一个古老的政治手段。他本能地要抓关键，这可能是跟他毕生的舞台生涯有关。林肯是核心人物，他是一切行动的源泉，他是联邦事业的灵魂、圣哲和调和剂，林肯雄辩有力的演说和炉火纯青的政治技巧无人能及。在一切行将结束之际，哪怕是在一切已经结束之后杀死他都是对联邦致命的一击。

布斯的新计划不仅仅只是暗杀林肯。他还安排他的两个同谋分头刺杀安德鲁·杰克逊和威廉·苏厄德（苏厄德月初遭遇马车事故正在家中卧床休养）。林肯得死，林肯内阁的资深成员也就是他的副总统和国务卿也得死。动手的日子是 4 月 15 日，林肯要携家人前往离白宫 6 个街区远的福特剧院观看广受欢迎的喜剧《我们的美国亲戚》。作为知名的演员，布斯可以提前进入剧院，选好刺杀时的进出路线，还可以在表演期间进入剧场而不受责问。在第三幕剧期间，布斯进入林肯的包间，对着林肯的后脑勺开枪。

然后布斯纵身跳到舞台上，挥舞着匕首（他的防卫武器）大喊永远打倒专制——弗吉尼亚州的座右铭。帕特里克·亨利在 1775 年独立战争前夕的伟大演讲中说："不自由，毋宁死！"布斯说完做了个手势，假装将一把匕首刺入自己的胸膛。现在布斯刚下完毒手，手里还挥舞着真正的匕首，这是最高超的政治编剧才能。（只有一个细节不妙，布斯往下跳的时候，被林肯包厢外挂的彩旗绊了一下，所以着地不稳，摔断了一条腿。一个目击者说他逃离时就像“一只牛蛙在蹦”。这是个错误，历史舞台上的演员不该像牛蛙一样蹦着走路。）布斯就这样蹦着逃下舞台，进了暗巷，现场的人太过震惊没能及时阻拦他，所以他骑上事先备好的马扬长而去。

这次行动算不上大获全胜。派去刺杀约翰逊的人胆怯了，整晚四处游荡；刺杀苏厄德的刺客则进入了这位国务卿的家和他休息的房间刺伤了他，但没有危及生命。但林肯被击中后就一直昏迷，第二天早晨去世。接下来的 11 天，布斯四处躲避追捕，最后在弗吉尼亚的一个谷仓里被抓获并击毙。

4 月 17 日，谢尔曼和最后一支主要的邦联军部队协商投降一事，他把自己刚刚获悉的林肯遇刺的消息告诉了邦联军司令乔瑟夫 · E. 约翰斯顿（Joseph E. Johnston），约翰斯顿这位诚实的战士说这是这个时代的耻辱。

约翰斯顿很诚实，但他缺乏想象力。布斯这一击比十几次钱瑟勒斯维尔战役的影响还要大。如果布斯当初希望的是同时杀死约翰逊和苏厄德，以此端掉联邦政府的所有要员，动摇这个刚刚取得胜利的政府，那么他的同谋让他的愿望落空了。但是他自己却完成了最关键的一击，他杀死了那个赢得战争胜利的人。更重要的是，他杀死了那个有可能赢得战后和平的人。奴隶制终结了，可旧制度的很多问题也许会残存下来，布斯向他的邪恶拥护者指明了前行的道路。这并不是说他的拥护者需要一个无法无天、丧心病狂的榜样，人的内心从不缺乏邪恶的念头而是说布斯给他们树立了一个成功的范例。

没有军队，没有政治授权，单凭自己的信念和意愿，布斯在未来百年的美国政治上留下明晰的印记。约翰·布朗打游击战和制造恐怖数一数二，但他的宗教观念将他送上穷途末路；亚历山大·斯蒂芬斯是个心明眼亮的政治哲学家，可在政府中却不得施展其才华。但这个约翰·威尔克斯·布斯正是林肯在 1838 年便预见到的盖世英才。

可是不能把道德弃之一边，林肯不允许这样的事发生。在库珀联盟学院演说中林肯说："让我们相信正义就是力量，并带着这样的信念，勇于按照我们的理解履行我们的职责。"在第二次就职演说中的结尾，林肯祈祷："我们坚信上帝赋予了我们明辨是非的能力，让我们努力完成我们正在进行的事。"

坚守正义总是很难，上帝总是对我们半遮半掩。林肯一生遇到了很多当机立断的人，但林肯对他们不是警觉，便是怀疑。过去的境况和安排可能会束缚正义。国父们知道奴隶制的存在，他们不把它明确写入宪法，但也没有废止它。一种正义会与另一种正义相互制约。奴隶主是自由人，所以不能强制其废除奴隶制；奴隶不应被视为财产，但实际上他们就是被当做财产，于是他们的主人就有权得到补偿。所以有必要处处小心，谨遵法律，有必要说服选民、赢得大选。解决奴隶制问题的最优途径是政治途径。

幽默大有用处，它让人看到自己的和别人的局限。诗歌也是如此，只不过换了种方式，它描绘生活的种种失望，又让人们建立希望。可以说上帝也是如此，我们不知道上帝的安排，但我们认为他知道自己的安排。

奴隶制必须废除，很明显这是件正义的事，何况一个裂开的屋子终会倒塌。但在林肯看来这个制度要等到 1893 年或 1900 年或 100 年后才能废除。在此之前最重要的是不要造成新的伤害，不要让这个毒瘤扩散。

但 19 世纪 50 年代的政局发展，再加上战事的发展，让这个毒瘤非切除不可，所以林肯也履行了他的职责。大放血之后每个人都会得到恩赏，就算布斯的恶性将其推迟，总有一天人们还是会得到恩赏的，万能的上帝有他自己的安排。

跋

一位老人

19 世纪中期的局势已经注定林肯的第二届任期将面临重重困难，就算布斯暗杀未遂，我们也没有理由认为林肯会有幸免遭这些难题的困扰。

第二届任期举步维艰。因为第一届任期内埋下的种子将在第二届任期内开花结果；因为第一届任期的干将不是退休，就是筋疲力尽，还有可能是深陷仇怨无法脱身；还因为其他的政客都意识到连任两届的总统在第二届任期内都是跛脚鸭。虽然宪法没有禁止连任三届，但是按照惯例，总统最多只任两届，8 年的总统生涯是对身心的摧残，所以没有人试图打破这个惯例。

如果认为就算林肯活着，他也不会比他的继任者做得更好，这样想就错了。作为总统，安德鲁·约翰逊做得怎样，从他接受小查尔斯·弗朗西斯·亚当斯采访时那番口无遮拦的话便能看出一二。他把对南方的怨怒转到控制国会的激进派共和党人身上，他的怒火一直没有平息过，将近 4 年的时间悉数浪费在政治冲突中。约翰逊之后的尤利西斯·格兰特连任两届（1869—1877），他已经竭尽所能了。内战结束时，林肯生怕南方会出现新邦联暴动，林肯的梦魇成真了，北方选民后来已经疲于应对了。1876 年的选举和1824年的选举一样，选举团内未能决出大多数（也可以说决出了两个大多数，因为共和党和民主党都宣称自己赢得大多数)。危机最终是通过妥协化解的：白宫交给共和党，南方交给南方人。南方人不再兴风作浪，但决意用铁腕来管理自己的地盘。

但奴隶制真的终结了。(到1865年12月，宪法第十三修正案获得了必要的27个州的批准。) 400万带着镣铐的男男女女被松绑了，奴隶制不会在古巴或中美地区打着美国的旗帜昌盛发展。美利坚合众国也不是两个国家，它是一个整体。共和政府能够抵御规模浩大、貌似合理却误入歧途的叛乱。正如林肯在皮奥里亚演讲中说的那样，美国的共和外衣就算没有被洗得洁白，也比以前干净了。

1878年2月12日是林肯69岁诞辰，国会联席会议收到一份礼物——一幅油画，画的是林肯向他的内阁宣读《解放黑人奴隶宣言》。这幅画是来自纽约州北部的年轻画家弗朗西斯·卡朋特(Francis Carpenter)，他曾请林肯和林肯内阁成员作为他的绘画模特。1877年一个富有的艺术赞助者买下这幅画捐给国会。

画中不管是政敌还是无足轻重的小人物都围坐在桌子旁，有的留着奇异的胡子，有的戴着高高的假衣领，画中的苏厄德像是穿了别人的衣服。在这样重要的场合，林肯也整洁了很多。卡朋特还在这幅群体油画中做了些具有政治象征意义的调整：从观者的角度，激进派的朋友蔡斯站在左边，苏厄德和蒙哥马利·布莱尔则站在右边，林肯坐在中心偏左的位置。曾崇仰国父的人现在是这个国家的父亲，团聚在他身边人的也是，他们不及林肯那么重要，但他们要么协助林肯，要么羁绊林肯。

林肯是这个国家的父亲，他很有可能因此成为一个偶像，就像人们不小心把乔治·华盛顿和其他国父变成偶像。他们成了画中的人物，成了邮票、钱币和纪念碑上的头像，供人敬仰却空洞遥远。后辈要想理解林肯就要研究林肯和国父间的关系，研究林肯的言行。幸运的是，他的言论意义隽永（有时人们会因为他华丽的言辞而忘记这一点），他的行动影响深远。

在 1878 年林肯诞辰纪念会上有两个人发表了演说。一个是来自俄亥俄州的众议院议员詹姆斯·加菲尔德（James Garfield），他很快就会成为美国总统（上任后不久便遭杀害，但刺杀他的不是一个激进分子而是一个疯子）。另一个是来自佐治亚州的众议院议员亚历山大·斯蒂芬斯。

斯蒂芬斯战后的政治生活非常活跃。他曾因参与叛乱于 1865 年 5 月被捕，并监禁了 5 个月。获释后不久就被佐治亚州选为参议员，但参议院拒绝承认他的资格。（国会对前邦联州的态度要比林肯对待路易斯安那州强硬得多。）斯蒂芬斯著有很多内容详尽的回忆录和记录。到 1872 年时，国会的态度缓和下来，佐治亚州选他为众议员——他上次做众议员是 1859 年，1847 年他在众议院初遇林肯。

1878 年 2 月 12 日，斯蒂芬斯刚过 66 岁——他的生日比林肯早一天，他的身体向来不好，现在他只能坐轮椅。斯蒂芬斯的演讲同他的身体一样虚弱无力，不是因为他年事已高，而是因为他错误的信仰。他赞美南方诸州，因为在它们的帮助下宪法第十三修正案最终写进宪法。（27 个通过宪法第十三修正案的州里有 8 个来自前邦联，它们赞同林肯的明智决策。）但对奴隶制的性质和贻害，斯蒂芬斯则是闪烁其词。他承认“它有它的过错，整个国家——北方、南方都为它付出了沉重的代价”。可他又认为奴隶制造就了“最高尚的美德。但把它的过错和美德都永远埋葬吧”。他对一切听之任之，林肯曾钦慕的那种聪明才智已然不再。

他对林肯的记忆温柔而芜杂，“他慈爱、慷慨、宽宏大量……他心中的每一个角落都填满了浓郁的‘人情味’”。

这次演说不冷不热，似在自我辩解，又似流露感伤，但演说进行到一半的时候，年迈的斯蒂芬斯忽然灵光一现，说了一句对错参半的话，但虽是对错参半却让人印象深刻。

这句话是在探讨卡朋特的那幅油画的主题时说的。这句话的观点和林肯在诸多场合表达的一个观点如出一辙。林肯在 1864 年写道：“我不能说我控制了事态发展，我要坦率地承认是事态发展控制了我。”1865 年，林肯说“万能的上帝自有安排”。斯蒂芬斯说，《解放黑人奴隶宣言》源自林肯毕生信仰的原则，但它也是事态发展的产物，它是战时的权宜之策，但林肯死后通过的宪法第十三修正案让它有了永久的正式身份。

然后斯蒂芬斯说：“生活就是一层迷雾，命运在黑暗中与我们相遇。”这句话中富有真意的是后半句，上帝、时代、机遇还有人将问题、危机、机遇、恩赐、恐惧抛给我们，有一些我们能预见，有一些我们不能。这一切来势汹涌，无可回避，但我们全力以赴与之较量。

可这句话的前半句却说错了，虽然对大多数人来说没有说错。我们生活在由传统、教训和当前舆论编织的网中，我们成长的环境、我们学到的教训、我们在街头巷尾听到的议论，这些并不总能正确指导我们的行为。对亚历山大·斯蒂芬斯来说生活的确是一层迷雾——陷入脱邦的泥潭，辅佐与自己政见相左的总统，一切过后还要为自己的过去辩解。

但林肯不想生活在迷雾中。情绪最低落的时候，他相信自己被下了诅咒，他认为（也许这是错的）他注定要失败，一切早有安排，他是因果网中的困兽。但他从未放弃要看清一切、认识一切、理解一切。赫恩登注意到林肯无所不包的好奇心，时钟让他好奇、汽车让他好奇，但最让他好奇的是那些伟大的事情。他想知道美国是什么、人是什么、上帝的安排是什么。和孩童时代一样，他一遍遍地研究国父和上帝给他的教导直到他将其彻底领会。他学到的是人生来就是自由的、平等的，每个人（全体人民）都要懂得并捍卫这个真理。于是，作为一名有领袖抱负的政治家，他竭尽所能驱散了眼前的迷雾。

图书在版编目（CIP）数据

林肯传/（美）理查德·布鲁克海瑟著；谷华译．—北京：中国人民大学出版社，2017.3

ISBN 978-7-300-23545-5

Ⅰ.①林… Ⅱ.①理… ②谷… Ⅲ.①林肯（Lincoln，Abraham 1809—1865）-传记 Ⅳ.①K837.127=41

中国版本图书馆 CIP 数据核字（2016）第 269435 号

林肯传

［美］理查德·布鲁克海瑟（Richard Brookhiser） 著

谷华 译

Linken Zhuan

出版发行	中国人民大学出版社				
社　址	北京中关村大街 31 号	**邮政编码**	100080		
电　话	010－62511242（总编室）		010－62511770（质管部）		
	010－82501766（邮购部）		010－62514148（门市部）		
	010－62515195（发行公司）		010－62515275（盗版举报）		
网　址	http://www.crup.com.cn				
	http://www.ttrnet.com(人大教研网)				
经　销	新华书店				
印　刷	北京联兴盛业印刷股份有限公司				
规　格	145 mm×210 mm　32 开本	**版　次**	2017 年 3 月第 1 版		
印　张	12.375 插页 3	**印　次**	2017 年 3 月第 1 次印刷		
字　数	226 000	**定　价**	48.00 元		
